管人很重要 用人更重要

企业管理中最简单有效的用人智慧

王　剑◎著

基层晋级
管理经典
高层提升

GUANREN HEN
ZHONGYAO YONG
REN GENGZHONGYAO

九州出版社
JIUZHOUPRESS

图书在版编目（CIP）数据

管人很重要，用人更重要 / 王剑著 . -- 北京 : 九州出版社，2014.1（2018.7 重印）

ISBN 978-7-5108-2613-9

Ⅰ. ①管… Ⅱ. ①王… Ⅲ. ①企业管理—人事管理 Ⅳ. ① F272.92

中国版本图书馆 CIP 数据核字（2014）第 012078 号

管人很重要，用人更重要

作　　者	王　剑　著
出版发行	九州出版社
地　　址	北京市西城区阜外大街甲 35 号（100037）
发行电话	(010)68992190/2/3/5/6
网　　址	www.jiuzhoupress.com
电子信箱	jiuzhou@jiuzhoupress.com
印　　刷	北京市兴怀印刷厂
开　　本	710 毫米 ×1000 毫米　16 开
印　　张	19
字　　数	200 千字
版　　次	2014 年 4 月第 1 版
印　　次	2018 年 7 月第 3 次印刷
书　　号	ISBN 978-7-5108-2613-9
定　　价	39.80 元

前　言

作为一个有抱负的管理者，要想成大事创大业，最不可或缺的条件是什么？毫无疑问，两个字：人才。作为老板，仅有聪明的头脑、超人的胆量以及渊博的知识远远不够，还必须会管人、会用人，善于利用和集结个人的智慧，为企业的长远发展谋福利。

卡耐基说过：“你可以将我所有的工厂、设备、市场、资金全部夺去，但只要保留我的组织和人员，几年后，我仍将是钢铁大王。”这就表明，只有拥有了人才，用好了人才，才有可能取得成功。一句话，人才对于企业的作用是难以用金钱来估量的。

管理界多年以来流行这样一句口号：“人，是我们最重要的资产！”会用人是最大的本事，“得人才者得天下。”古往今来的事实证明，只要善于汇聚众人的智慧，把各种各样的人用好，做到“人尽其才、各尽其能”，管理才会有效，企业才会兴旺发达。

一项全球民意调查显示：44%的人认为自己绝对是大材小用，还有20%的受访者认为自己是小材大用。人的能力有高下之分，因而如何管人用人，对企业的领导者来说，其实是一个不大不小的难题。大材小用，难免挫伤员工的工作积极性，从而导致人才流失；小材大用又会引发矛盾，造成工作上的混乱。

这项调查的目的是想告诫管理者：在人才的使用上，一定要合理、客观，尽量避免人才浪费与赶鸭子上架的现象发生。有好钢就要用在刀刃上，如果用错了地方，不仅人才的优势很难体现出来，还会阻碍员工个人价值的实现。从长远的角度来说，对公司的发展也是一种损害。

人常说“向管理要效益”。然而，管理并不是一件简单的事，管理的主要对象是人、财、物，其中人是最主要也是最根本的因素。垃圾是未被利用的财富，只要我们善于挖掘人才，能够了解其长处、洞察其优势并深知其短处和不足，就能在选人用人的过程中做到扬长避短，从而把人才潜力最大化。

唐僧师徒的取经团队就是一个成功的典型，唐僧知道孙悟空本事大脾气也大，一定要管紧，所以必要时要念紧箍咒；猪八戒虽然小毛病多但本事也不小，偶尔批评批评就行；沙僧人老实憨厚，耐力有余而自信不足，要时常给予鼓励。每个团队都有孙悟空式的干将，也有猪八戒、沙僧式的员工，而领导者需要做的就是充分发挥大家的长处，让员工们各安其位，自己则负责定战略和市场，把握大局，如此一来，团队的战斗力就自然而然地提高了。

管人、用人的“黄金法则”是凝聚人心，即管心。作为管理者，要想搞好管理工作，必须要赢得人心，要在员工为企业做出贡献的同时，给予其相应回报，并为其提供更大的舞台和发展空间，才能让大家拧成一股绳，劲往一处使，从而拉动企业的快速发展。

没有竞争的地方只会一潭死水，在这样的环境下，即便是追求卓越的优秀人才，也会如“温水煮青蛙”一般慢慢丧失斗志，沦为平庸之辈。企业管理者要想提升员工们的整体战斗力，鼓励内部竞争是关键。只有创造“靠真本事才能出人头地”的竞争环境，才能把人员的潜能激发出来，才能实现企业的飞跃式发展。

很多管理者对“窝里斗”持怀疑甚至打压的态度，也是不可取的。“窝里斗”也是一种内部竞争，只要斗得是真本事、硬功夫，也能让员工产生危机感，从而主动保持毫不松懈的斗志。所以，企业领导要理智看待“窝里斗”，勾心斗角、争权夺利绝不能姑息，正当的业绩竞争也绝不能反对，而是要举双手赞成。

总之，管人用人所涉及的内容十分庞杂，短短千字是述不尽的。如果你想升级为一名顶尖的管理者，提高用人效能，掌握正确的管人用人方法，相信这本书会让你获益不少。只要你真正领会了其中的深义并加以正确应用，你会发现：管人用人其实并不难！

目 录
CONTENTS

第一章　不懂用人，你就自己累到死

不可否认，很多管理者是干实事的一把好手，因为他们坐上管理者的职位之前，大部分是在基层摸爬滚打的，个人能力超强、实战经验丰富。他们走上管理岗位后，不习惯只带人，不干事，他们往往会继续发扬高效干事的光荣传统，以向下属证明自己。但问题是，他们的时间、精力、能力是有限的，单靠一个人去干事，却不懂得带领团队干事，所取得的成效是有限的，甚至干到最后累死了，也无法把企业管理好，鞠躬尽瘁、死而后已的诸葛亮就是这种人。因此，对管理者而言，会用人比会干事更重要。

第二章　好的领导者必须是一个造梦大师

企业发展离不开美好的愿景和伟大的蓝图，离不开宏伟的目标和合理的计划。管理者应该把企业的愿景和蓝图告诉员工，把自己的梦想，把企业的梦想和目标传达给员工，与员工一同分享，以激发员工无限的斗志和工作激情。要让员工看到企业是充满希望的，这样员工才会有希望。同时，管理者要帮员工进行职业规划，让员工不再迷茫，而是每天都有奔头。在这种情况下，员工才会积极进取，为企业的发展贡献力量。

第三章　管事先管人，管人要管心

一个只会管事的人只能叫“总管”，一个会管人的人才称得上是领导者。管人的精髓在于管心，管好了人心，你才能人心所向，才能让员工从行为上精神上都有一种自动自发的意识，使大家为团队的目标积极主动地开展工作，并形成一种职业化的习惯，最终实现员工的自我管理、自我发展和自我进步，当然，最大的赢家是企业这个团队。所以，管事先管人，管人要管心，从心开始做管理，你才能成为优秀的管理者。

第四章 善做伯乐，慧眼识人：发现为己所用的人才

在任何一个企业、团队里，往往需要各式各样的人才。任何一个人，不可能方方面面都出色，也不可能每一个方面都差劲。因此，用人之道的根本在于识人，发现、发挥下属的一技之长，才能取得事半功倍的效果。一个成功的领导者，不在于自己有多大本事、能干多少事，而在于善做伯乐、慧眼识人，清楚地了解每个下属的优缺点，将他们放在正确的位置上，让他们做正确的事情。这样才能轻松管好人才、用好人才，推动企业发展。

第五章 小公司如何留住骨干——抓住关键的20%

人才是企业发展的根本。在当今社会，谁能得到优秀人才的辅佐，谁就能在激烈的竞争中杀出一条血路，打下一片江山，留住骨干人才，抓住这最为关键的20%，企业才有未来，才有希望。重金或许可以吸引人才，也可以在一段时间内留住人才，但是如果你想让人才长期辅佐你，你就必须在高薪的前提下，注重培养与人才的感情，以情感人，以情留人。金钱留人和感情留人相结合，才是网罗人才最靠谱的策略。

第六章　抓住人才的鱼钩：会激励、善批评，把庸才变将才

心理学家指出，每个人的潜能都是无限的，但大多数人的潜能只发挥出很少的一部分。怎样才能让隐藏的潜能得以发挥呢？最有效的方法是激励。激励的方式有很多，表扬激励法、批评激励法、榜样激励法、薪酬激励法、赏识激励法等等。企业管理者如果能正确地运用这些激励手法，那么即便你带领的是一群庸才，你也能把他们变成干将。

第七章　慈不掌兵：老板不“狠”，公司不稳

在军队管理上，有一句流传甚广的古训叫“慈不掌兵”。用著名军事大师孙子的话说，就是“厚而不能使，爱而不能令，乱而不能治，譬若骄子，不可用也”。由此可见，慈不掌兵不是对士兵没有仁爱之心，不是对士兵凶狠残忍，而是不能对士兵仁慈过度、一味放纵。作为老板，该对员工严格的时候要严格，该狠心的时候不能心慈手软，这样才能消除企业发展过程中的一切消极因素。

第八章　如何打造一支打不垮、挖不走的铁血团队

团队打江山，要的是打硬仗，既然是打硬仗，那么团队必须有血性，有强硬的作风。如果一支团队动不动就搞分裂，遇到一点困难就要散伙，遇到了外界的诱惑，比如有人被高薪吸引，就跳槽跑了。那么，这样的团队就难以产生持久的战斗力。作为管理者，你要做的就是像揉面团一样建设团队，把利益、人情、制度等因素揉进去，揉出一个劲道十足、任尔东西南北风也打不垮、冲不散的团队。这样的团队，才叫铁血团队。这样的团队，才能所向披靡，战无不胜。

第九章　令出如山：不能让自己的命令打任何折扣

在军队里，将领命令一经发出，士兵们就必须彻底执行，不能有任何耽搁。可是在企业中，管理者命令一经下达，员工会立即执行，不打折扣、不找借口，百分之百地执行吗？如果你的回答是肯定的，那么恭喜你，你有一支高效的执行团队；如果你的回答是否定的，那么你也无需烦恼，因为本章可以帮你打造一支高效的执行团队，让你令出如山，让员工不再打折扣地执行。

第十章 没有规矩，不成方圆——制度才是真正的老板

车水马龙的道路上如果没有红绿灯的规范，就会陷入混乱；公司里如果没有制度的约束，就无法正常运转。身为企业的管理者，要想保持企业的稳定发展和高效运营，就必须建立一套合理的制度，用制度管人，按制度办事。只有这样，才能让"坏"人在制度的约束下不做坏事，慢慢地变成好人，而让好人在制度的保护下，能够充分发挥自己的激情和干劲，为企业的发展注入无穷的能量。只有这样，企业才能长久地发展。

第十一章 合理授权：让有能力者成为你的左膀右臂

有一句话说得很好："紧攥着拳头里面什么也没有，张开双手你才能拥有全世界。"把这句话用到企业管理者授权上，再恰当不过了。当一个管理者紧攥着权力不肯放手时，他不是权力的拥有者，而是权力的奴隶。只有当他把权力授予下属，让下属有空间释放自己的能力时，管理者才是真正的权力拥有者。要知道，权力不是用来控制人的，而是用来激励人做事的，所以，学会授权才是管理者最应该做的事情。

第十二章　少管是最好的管，无为而治是管理的最高境界

所有拙劣的管理者都有一个通病，那就是绝对相信自己，却不放心下属，他们经常疑神疑鬼，并且无节制地干预别人的工作。试问，这样做真的对企业的长远发展有好处吗？古人云：“无为而治，乃治之本也。”身为管理者，应该坚持“少管精管”的原则，给员工足够的自由度，重视下属积极性与创造性的发挥，而不是裹住他们“思维的灵性”，使得他们举步维艰。

第一章 Di Yi Zhang

不懂用人，你就自己累到死

不可否认，很多管理者是干实事的一把好手，因为他们坐上管理者的职位之前，大部分是在基层摸爬滚打的，个人能力超强、实战经验丰富。他们走上管理岗位后，不习惯只带人，不干事，他们往往会继续发扬高效干事的光荣传统，以向下属证明自己。但问题是，他们的时间、精力、能力是有限的，单靠一个人去干事，却不懂得带领团队干事，所取得的成效是有限的，甚至干到最后累死了，也无法把企业管理好，鞠躬尽瘁、死而后已的诸葛亮就是这种人。因此，对管理者而言，会用人比会干事更重要。

1. 巧妙用人比费尽心思管人更重要

有一位非常负责的管理者，每次分派工作都会从开始到结束，事无巨细，指示得非常清楚。比如，安排下属布置会议室，他会对下属小张说："摆100把椅子。"对下属小李说："买10斤茶叶。"对下属小黄说："买10箱水果。"对下属小邓说："会标上的字要用毛笔写，找谁写……写多大……"

也许开始下属们尚能接受，但时间一长，大家肯定不会太情愿，因为他们会觉得上司就像一个喋喋不休的老太婆，什么事情都管，管得那么细，让他们没有一点自主权，干起活来挺没劲的。尤其是当上司的主意并不高明，他们提出意见上司又不采纳时，他们更不愿意按照领导的意思去办，但又迫于无奈，只好硬着头皮去执行。试问，在这种情况下，他们会迸发出强烈的积极性、责任感吗？会把任务执行到位吗？

管理者们要明白，反感被别人管是人的本性。生活中，我们经常听见小孩说："你凭什么管我？""我不要你管！"就连小孩都有排斥的情绪，更何况成人呢？而且管人还有诸多危害，对下属的成长极为不利，对企业效益的提高也不利。

首先，过度管理会打击下属的积极性。原本解决问题的办法有100种，管理者让员工用某一种，而这种办法并非最好的，但员工只能照办。渐渐地，员工会懒得思考办法，只知道按照管理者给出的办法执行，这样员工的创造性就慢慢丧失了。

有一位心理学家曾说：“对创造者来说，最好的刺激是自由——有权决定做什么和怎么做。”管理者越俎代庖，无异于给下属的思维上锁，锁住了他们的积极性，也锁住了他们的创造性。

其次，过度管理会导致下属不自信，不利于锻炼下属的实际工作能力。许多管理者继承了为人父母者的品质，对待下属就像父母对小孩一样，生怕员工把事情办砸了，千叮咛、万嘱咐。这很容易影响下属的自信心，不利于下属提高工作能力。

员工的成长过程，就是一个犯错、摸索、尝试的过程，走一些弯路、摔一些跟头有什么关系呢？反而会让下属变得更坚强、更成熟。如果处处呵护着下属，下属就会变成未经世面的“弱智儿”。

真正高明的管理者才不会事无巨细地管，他们往往只告诉员工期望得到什么结果，而不会告诉员工应该怎样去做。比如，让员工推销一批商品，他们只会告诉销售目标、产品的价格、相关的经济合同等，而不会告诉他们去哪儿推销，怎么向客户推销。这样下属就可以充分地发挥自己的主观能动性，开动脑筋想办法完成任务。所以说，巧妙用人比费尽心思地管人更重要。

通用集团前 CEO 杰克·韦尔奇曾经说过：“掐着员工的脖子，你是无法将工作热情和自信注入他们心中的。你必须松手放开他们，给他们赢得胜利的机会，让他们从自己所扮演的角色中获得自信。当一个员工知道自己想要什么的时候，整个世界都将给他让路。”

有个年轻人学做西装，师傅只简单地告诉他一遍怎么做，然后就让他自己做。当他遇到困难时，他就会请教师傅，但师傅只是提醒他、引导他、暗示他，而不会直接告诉他怎么做。师傅说：“你自己想半天甚至一天，实在想不出来我再教你，这样印象深刻，否则，你问我我就马上告诉你怎么做，你明天就会忘掉，到时候还是不会，还要问我。”

这位师傅不愧是一个教练型的领导，他懂得巧妙带徒弟，激发徒弟的思考意识，而不是原封不动地把方法告诉徒弟。如果你想成为优秀的管理者，那么你很有必要学习这位师傅的带人方法。

不可否认的是，“带人”也是“管人”，但它比管人更高级，涵盖面更宽。如果管理者只是单纯地管人，就算你费尽心思、绞尽脑汁，也不可能把人管好，而且你管得越严，越适得其反。只有懂得从管人上升到带人，才能把企业管好。要想用好人，不妨从下面几个方面努力：

（1）用“理人”代替“管人”

管理管理，重要的不是“管”，而是“理”。中国人经常说：“你为什么不理我？”“半天都没人来理我。”中国人对别人的不理睬、忽视很在意，因此，管理者要注意这个问题，少管下属，但要多理他。

你理下属，下属也会理你，这就叫“敬人者人恒敬之”。而管就是看不起，表明我比你能力强，比你职位高，你要听我的，这会让下属没面子。总之，要想员工尊敬你、服从你，你就要多理他，少管他，让他知道你器重他。

（2）用“安人”代替“管人”

仅仅是“理”人还不够，要想下属努力工作，最高的境界是“安人”。你把下属安抚好了，即使你不理他，他也会好好工作。所谓安人，通俗的解释是把人安顿好，人一安顿好，就没事了。安顿好了下属，就容易打动下属的心。这表现为尊重并信任下属、敢于放权，不要一开口就说：“我看你也做不好。”这样下属真的会做不好。你要说的是：“你放心去做吧，我相信你能做好。”这是一种激励人的方法。

（3）用“传帮带”代替“管人”

“传帮带”是独具特色的用人方法，“传”是指传授、传承，“帮”是指帮助，“带”是指带动、带领。在传帮带中，管理者与教练的角色合二为一，然后运用自己的经验、智慧帮助下属成长，带领他们共同完成使命。

2. 带出一群精兵强将是企业发展壮大的关键

很多管理者个人能力很强，在某一领域甚至称得上是专家，但是他们不一定能带领好一支团队。因为他们习惯了做执行中的主角，喜欢大小权力一把抓，喜欢让员工当他们的助手，最后他们取得了突出的业绩，而员工的表现却很一般，整个团队的战斗力也没有得到提升。

美国著名管理学家哈默有一个朋友，他在公司是领导者，每天除了要与客户进行电话联络外，还要处理公司的大小事情，桌子上的公文一大堆，每天他都忙得不可开交。

后来，这位朋友对哈默说："我做的事情太多了，我的员工却只做简单的工作，也不愿意动脑筋思考问题。"

哈默对他说："我不否认你的个人能力，但作为领导者，你是不称职的，虽然你很优秀，但是你却没有让员工变得更优秀，你的团队依然停滞不前。这对公司发展是意义不大的，因为公司的壮大靠的不是一个或几个领导者，更多的应该靠广大员工，靠整个团队的付出。"

一个优秀的管理者，即使不吃不喝、不睡觉，一天也只有 24 小时可供使用。若不能充分调动员工的积极性，让员工变成精兵强将，那么单靠管理者个人的力量，是不可能推动企业发展的。因此，管理者的工作重点应该是建设团队，让团队成员变得更优秀，这才是企业发展壮大的关键。

怎样才能让团队成员变得更优秀，让团队力量壮大呢？毫无疑问，答案是正确地用人，选好人，用好人，用对人，并让每个人都有强烈的团队意识，相互间保持协作与支持。同时，作为公司的最高领导者，要在中层管理者心中树立这样一种管理理念：带出一群精兵强将才是你应该做的事，表现自我、突出自我，忽视对员工进行培养，是不值得提倡的。这样，中层管理者们才不会以个人的业绩为荣，而是以他们各自团队的业绩糟糕为耻。

刘先生和吴先生分别是一家公司两个营销团队的主管，两人水平不相上下。工作上，刘先生认真负责，工作之余，他有强烈的学习意识。一年下来，他的个人业绩在全公司名列前茅，而且拿了很多重量级的资质证件，他以为这样可以在不远的将来，为自己的职务晋升增加筹码。

然而，一年后总公司市场部经理一职空缺，公司打算从内部提拔人才担任市场部经理，刘先生信心满满，很多员工也认为市场部经理一职非刘先生莫属。可是当公司宣布市场经理的人选时，刘先生彻底傻眼了，这个人不是他，而是吴先生。

刘先生非常气愤，他找到公司老板，说："我的市场营销能力大家有目共睹，去年我的业绩全公司第一，我这么出色，为什么不让我，而是让吴先生做市场总监？"

老板平静地对刘先生说："我知道你的业务能力很强，而且你考了很多资质证书，这证明你个人水平、能力十分出色，但并不代表你带领团队的能力出色。你看看，去年你的业绩非常突出，可是你的团队总业绩却很糟糕。这一年你的团队业绩与前年相比，没有任何增长，而吴先生担任营销主管的一年里，让他团队的总业绩比往年翻了 5 倍，虽然他个人的业绩不如你，但是他给公司带来的效益却是你的5倍，这个你不得不承认。”

听到这里，刘先生无话可说了。这时，老板对刘先生说：“也许你完全有能力培养出优秀的下属，也让你的营销团队变得更加有战斗力，希望你今后朝这方面去努力，而不是一味地追求个人的业绩。要知道，公司考核你的业绩主要是看你所带领的团队为公司创造了多少利润，而不只是根据你个人的业绩来考评你。”

刘先生说：“那么我该怎么做呢？我有时候担心下属的业绩会超过我，所以我总是抢着接单。”

老板说：“在这方面，你可以向吴先生学习，他花费了大量的精力和心血，为公司培养了5名非常优秀的业务骨干，他们在销售方面的技能非常出色，甚至都超过了吴先生，但是吴先生丝毫不担心他们超越了自己，因为他始终看的是团队的业绩。”

一个优秀的管理者不但要自己会打仗，更要让下属们都成为精兵强将，成为独当一面的人物，这样公司才会有希望。因此，管理者要努力把下属培养成人才，培养出一个有战斗力的团队，而不仅仅是追求个人业绩。在这方面，杰克·韦尔奇为广大管理者做出了一个榜样。

杰克·韦尔奇曾经说过：“我的主要工作是培养人才。我就像一个园丁，给公司750名高层管理人员浇水施肥。”管理者不仅要对企业和上级承担责任，还应该对下属负责，指导他们完成工作任务、帮助他们成长。当下属的能力不断提高，当他们变得越来越优秀时，团队的战斗力自然会提高，企业才会茁壮成长。

3. 要把庸兵变干将，自己先要做干将

一家企业生存和发展的关键在于员工的执行力，有执行力，企业的战略规划才能落实到行动，才有可能变为现实。ABB 公司的董事长巴巴维克曾表示："成功靠的是 5% 的正确决策加上 95% 的高效执行。"微软总裁比尔·盖茨也坦言："微软在未来 10 年内所面临的挑战就是执行力。"

执行力不仅是决定企业生存和发展的关键，还是评判一个人能否成为干将的关键要素。不少管理者都想把下属变成有执行力的干将，但他们自己却光说不练，说起战略规划一套一套的，但就是没有行动力。这种"语言上的巨人、行动上的矮子"很难把庸才变成干将。

我们不否定"光说不练"型管理者的能力，但问题是能力不代表执行力，如果他们有能力，却不解决实际问题，那能力再强也没有意义。而有些管理者不但个人能力强，而且执行力也强，他们在把庸才变成干将之前，自己就是一个优秀的干将。在这方面，电视剧《亮剑》中的主角李云龙就是一个典型。

李云龙身上有一名优秀领导者具备的 3 种重要能力，分别是思考力、判断力、执行力。这三种特质是一个干将必须具备的素质。在《亮剑》中，有这样一个故事：

李云龙为了带领战士们战胜装备精良的日本鬼子，他采用了近乎实战的训练方法。他说："宁可让战士们在训练中受伤，也不让他

们在战场上送命。”接着，他灵光一现，提出了一个创造性的想法，他决定成立一个特种技能突击队。

什么意思呢？那就是让有武术刺杀技能的战士组成一个专门的刺杀格斗突击队；让擅长投手榴弹的战士组成一个专门的掷弹队；让枪法准的战士成立一个狙击手突击队。通过这种方式，让战士更加专业化，使战士们能够发挥自己的优势，做自己擅长的事。

这个案例充分体现了李云龙的思考力。李云龙的这种用人思路，对现代企业用人特别有借鉴意义。因为尺有所短、寸有所长，让人才在自己擅长的岗位上做事，他们才会最大化地释放能量，这也有利于他们提高执行的积极性。

在惯性思维下，要想成立一个特种技能突击队，一般的做法是让各连队以班为单位逐级上报战士的特殊技能，但这会延长时间周期。李云龙是怎么做的呢？他的做法是请人煮一锅猪肉，然后把全体战士都召集过来，向大家宣布：我们要成立特种技能突击队，你们谁有特殊技能，马上上报，只要符合特殊技能要求的，都可以吃到猪肉。

要知道，在当时的革命年代，吃一锅香喷喷的猪肉，是一件非常难得的事情，对战士们具有非常大的吸引力。因此，战士们纷纷自告奋勇踊跃报名，李云龙当场将符合要求的战士安排到各个技能突击队，并奖赏他们猪肉。

从这个故事中，我们可以看到李云龙在把想法变成现实方面的执行力。他想好了就干，毫不犹豫，而且采用的办法非常直截了当，见效十分明显，没有任何拖泥带水。如果把李云龙视为现代企业的管理者，毫无疑问他是一位优秀的管理者，是一位充满执行力的干将。下属们在他的带领下，一定会成为冲锋陷阵、披荆斩棘的勇士。

身为企业领导者，只有你积极去行动，去解决问题，用高效的执行力证明自己是一个干将，你才有可能影响你的下属，带动你的下属提高执行力，让他们完成从“庸才”到“干将”的转变。

莱特原本是底特律一家汽车公司的一名普通销售员，但由于他做事积极主动，经常迎难而上攻克高难度的销售目标，最后他被公司提拔为销售部的经理。下面，我们就来看一下莱特是如何获得提拔的。

受经济危机的影响，美国汽车业受到了重创，汽车市场疲软，公司为了渡过危机，经过详细地核算之后，提出了年度600万美元的销售额。如果完不成这个销售额，公司将会出现亏损。

销售部经理认为这个目标根本不可能实现，私下里开始怨天尤人，下属们也充满抱怨。为了使公司降低年度销售指标，他经常找各种理由与上级交涉，强调完成这个销售指标的困难。公司拒绝降低销售指标，销售经理这才不得不将600万美元的销售指标平均分配给各个销售员。

莱特作为一名普通的销售员，没有任何抱怨，他想如果拖延下去，肯定完不成指标，如果现在立即去执行，还有可能完成指标，就算最后真的完不成，也可能会接近那个目标。于是，他开始拼命地推销。

离年终仅剩一个月，销售部经理和其他员工只完成各自目标的一半，但莱特已经圆满完成了自己的销售目标。由于销售业绩不好，销售部经理提出了辞职，莱特由于表现出众，被公司任命为新的销售部经理。

上任后，莱特更加忘我地工作，他的行为影响了其他销售员。与此同时，他积极指导和帮助下属们，就这样，在元旦的前一天，大家竟然完成了剩下的50%销售额。

在这个案例中，原销售部经理由于拖延、抱怨、没信心，致使最后没有完成销售目标，而莱特一接到任务就立即行动，没有半点拖延，从而高效地完成了销售额。在他得到老板赏识的同时，他也影响了其他销售员。尤其是当他成为销售部的经理之后，在他的带领下，公司的销售团队呈现出一片欣欣向荣的气象，销售员们一个个精神饱满，士气高涨，公司的销售业绩持续提升。由此可见，把庸才变成干将，管理者自己首先要做个干将。

4. 将帅无能，累死三军

有这样一句话：“兵怂怂一个，将怂怂一窝。”将帅无能，累死三军。带兵打仗，最怕将领是个窝囊废。所谓的“怂”，指的是没胆识，没魄力，没智慧，没勇气，没果断抉择的能力。这样士兵的才能得不到发挥，大家的气势会被打压，积极性会受到影响，整支部队都将变成窝囊废，怎么能打胜仗呢？

在这一点上，三国时期十八路诸侯联合讨伐董卓，就是一个最典型的案例。诸侯方有袁绍、孙坚、曹操、刘关张、马腾等，董卓方有吕布、华雄等，而吕布有勇无谋。无论是从双方的力量对比上来看，还是从得人心方面来看，诸侯方都占尽优势，应该说灭掉董卓不在话下。可是，由于当时各路诸侯推荐袁绍为盟主，而袁绍就是一个无能的将帅，优柔寡断、疑心很重，加之不会用人，不但没有剿灭董卓，反而搞得联盟中纷争迭起、人心离异，最终讨伐董卓一战不了了之。

袁绍的无能折射出企业管理中一个老板对企业发展的重要性。从袁绍身上，我们可以看到四大不足：

第一，价值不明，策略呆板。十八路诸侯就像一个多样化的团队，各路人马之间没有足够的信任，没有统一的思想，而且各怀企图。然而，袁绍没有考虑到这一点，只是草草地开了个盟会，然后就匆匆上阵与董卓叫板。却不知，匡扶汉室，讨伐逆贼董卓是一个正义行为，应该以此为理念，宣扬一项崇高的事业，向各路诸侯描绘美好的蓝图，从而统一大家的作战思想，并告诉大家：事成之后，封官论赏。这样十八路诸侯的作战积极性就会被激发出来，就不会发生临阵退缩的现象。

第二，联盟紊乱，没有分工。讨伐董卓是一个巨大的战役，对一个组织来说，应该有明确分工。比如，给孙坚、曹操、刘备等人一个“副总”头衔，给他们明确的任务，然后研究一个作战策略。这样就可以很好地凝聚大家的力量，有序地展开讨伐董卓的行动。但是袁绍不愿意放权，自己在那儿瞎指挥，结果讨逆以失败告终。

第三，没有纪律，赏罚无方。董卓方的华雄将诸侯方的多位将领斩于马下，气势极为嚣张，对盟军产生了很大的震撼力。之后关羽主动请缨，温酒斩华雄，美谈从此传开，威震全军。这样的功劳应该给予重奖，但是袁绍没有奖赏关羽；鲍信、鲍忠不听指挥，一味抢功，造成重大失误，应该受到责罚，但是袁绍没有责罚他们。袁绍私心甚重，后勤供应不足，致使孙坚战前失利，造成讨董局面的被动，袁绍也没有责罚他们。袁绍的做法，很容易打消盟军的积极性，尤其对刘关张的信心打击更大。

第四，没有远见，不识人才。用人先识人，只有先识别人才，才能把人才安排在合适的位置上，让他做最适合的事情。关羽自荐迎战华雄，袁绍却因关羽的出身卑微而担心被人嘲笑，这是严重的狭隘和不识才。大敌当前，袁绍却以出身取人，以级别论人，甚至害怕被人笑话，严重不懂识人。

现在看来，袁绍带领十八路诸侯讨伐董卓之所以失败，也没有什么奇怪的。不过，袁绍的无能形象对企业管理者一定有深刻的启示。那就是，要想让企业获得长足的发展，老板就必须成为一个铁腕将领，要有魄力，有胆识，有远见，有识人用人的能力，绝不能目光短浅、畏畏缩缩、犹豫不决、前怕狼后怕虎。

陈先生是某食品企业的老板，他花重金聘请了一位销售总监，并给他提出了年销售额比头一年提高50%的目标。销售总监上岗之后，第一个月忙着市场调查，制定企业的年销售计划；第二个月忙着组建销售团队，建立管理和考核制度；第三个月，当销售业绩有所起色时，陈先生坐不住了，他说销售总监三个月都没有给企业带来利润，于是把他辞退了。

老板们经常说的一句话是：“我用人，是帮我创造利润的。”这句话当然不错，但是任何一个新人，都需要一段时间来适应企业，特别是高层管理者，更需要时间理解企业的组织结构、战略决策、产品特性、竞争对手等等。因此，老板应该对新人多一点耐心，要善于看到新人的潜质，而不是想当然地解雇员工。否则，就是不懂用人，没有远见。

拿破仑曾经说过：“不想当将军的士兵，不是好士兵。”同样的道理，不想成就一番事业的老板，也不是一个好老板。然而，仅有成就一番事业的愿望是不够的。老板必须具有智慧，必须善于用人。因为一个人的能力是有限的，只有结合大家的智慧和才能，才能成就大业。在这一点上，我们可以对比楚汉两大英雄人物项羽和刘邦。

项羽和刘邦都想成就一番霸业，可是项羽勇气可嘉，但智谋不足，他只知道冲锋陷阵，和别人硬拼硬打。纵然他武艺高强，以一敌十、敌百，纵使他能率领几千人马打败别人几万人马，但最后依然逃脱不了灭亡的命运。而刘邦则不同，他非常自知，明白自己的能力有限，于是他最大限度地运用有能之人。通过对萧何、韩信、张良的大胆放权，最后消灭了项羽，建立了汉王朝。

在现代商战中，联想总裁柳传志就像刘邦那样善于用人。作为联想集团的领军人物，他能充分发掘人才，大胆放权。他还善于学习和总结，懂得审时度势，能在复杂的事情中理出头绪。柳传志认为，领军人物必须具备几点素质，那就是“做人要正”、“有大志”、“善于学习和善于总结”和“审时度势”。当一个老板具备了这些特质，企业才能更好地谋求长远的发展。

5. 要让所有的员工知道，他们来就是要把公司做大

很多企业管理者在选择人才时，认为人品、能力等是最重要的。然而，人品、能力虽重要，但如果员工的价值观与企业不符，他们也不能给企业带来效益。举个例子，某些员工来公司，就是想来“打酱油”、“混日子”、“滥竽充数”的，他们人品挺好、不害人，他们能力出众，但却不积极发挥，试问，这样的员工你要吗？

再举个例子，某些员工来到企业，就是想来赚钱的，而你的企业正处于创业阶段，无法给他们满意的薪水，你对他说：“你是一个有才华的人，我们企业可以为你提供一个展示才华的舞台，在这里你会有美好的前景，将来公司实力增强了，那时你就是公司的元老，公司一定给你股份。”在你诚恳的劝说下，员工留下来了。但每个月员工拿着可怜的薪水，他会甘于现状吗？恐怕他很难留下来与你同舟共济。

每个企业都有自己的价值观，对于风险性的企业，比如投资公司，很多时候领导者本人的价值观就代表着公司的价值观。如果领

导是保守、谨慎的人，那么公司的价值观就偏向谨慎，这个时候如果你所选择的人才是一个崇尚冒险的人，显然与你公司的价值观不符；如果你公司的价值观是实干，而人才的价值观是得过且过，显然两者也不相符。因此，在选择人才时，一定要重视人才的价值观、人生态度等因素。当员工的价值观与公司的价值观一致时，企业团队才能展现出强大的战斗力。

阿里巴巴的总裁马云曾说："我们要让所有的员工都知道，他们来就是要把公司做大，把分公司的办公室从小单元房搬到当地最高级的写字楼。"从马云的话中我们可以看出，阿里巴巴的价值观是朴实不炫耀、节约不铺张、真实不浮夸、崇尚实干。关于这段话的由来，马云说过这样一番话，原话内容如下：

很多企业刚开张，人还没几个，就在一个高档写字楼租下了一个很大的办公室。这样，新招的员工看到这环境，就会觉得这家公司肯定不错，好好在这里发展，会出人头地的。这就是让新员工对公司有过高的心理期望值。其实，刚办的企业要发展，本身肯定有许多的困难，而新来的人却是冲着你的好，你的规模来的，对面临的困难总是估计不足。于是，久而久之，这家公司的人会变得越来越少，最后撑不下去。

我们在宁波招聘员工时，有一个女孩子，找到当地一个很偏僻、又黑又破的居民区单元房的5楼时，不相信大名鼎鼎的分公司会在这上面的7楼，于是，又跑下楼打电话给她的男朋友，吩咐说"要是半小时后我没打电话给你的话，你就到这来找我"。

就目前来说，可以说我们并不缺钱，而我们大多数分公司的办公地点，却都是在居民点的单元房里。不要说是福州，就是东京、纽约，我们都有能力租当地最贵的办公地点，而我们没有。为什么？我们要让所有的员工知道，他们来就是要把公司做大，这是眼下的目标，也是终极的目标。

马云的思维与众不同，创业多年以来，他一直坚持在居民楼办公，这种节约精神是当年留存下来的。在他看来，员工的价值观与企业的价值观不匹配是一种巨大的不幸。看看现实中，“为什么公司给员工加薪，员工还会离去?”这种不对称的离职，让很多管理者困惑，这个困惑背后所折射出来的问题大多是员工不喜欢这个企业，或者这个企业对员工没有吸引力。

对企业而言，如果价值观含糊不清，那么要想吸引优秀的人才，也是一件非常困难的事情。员工价值观与企业价值观的匹配，就像婚姻中的两个人是否志同道合一样，只有当员工认同你的企业文化、认同你的价值观时，大家在一起合作才会有默契，甚至他们愿意为了这份事业而牺牲小我的需求。这就是价值观的力量。

很多欧美企业的管理者在实践中发现，当企业有明确的价值观时，可以大大提高企业的效率，减少企业内耗。因为通过企业价值观所形成的员工行为模式，可以在短时间内让员工做出判断：哪些事情是企业允许做的，哪些事情是企业不允许做的。那些优秀的企业价值观告诉我们：当员工的价值观与企业的价值观匹配时，制度的约束机制就会变成员工自觉的行为，员工的行为体现就会成为企业的形象标签。这一点在沃尔玛体现得特别明显。

沃尔玛的老板每次坐飞机，都是坐经济舱，住酒店，也是住常规的酒店。公司的复印纸，更是两面都使用。每一分钱，都要去节俭，这种近乎苛刻的节俭，通过老板的率先垂范，达到了上行下效。这种看上去很“抠”的老板，正是源于他的价值观：为顾客节省每一分钱。在相同利润率的前提下，这样可以使沃尔玛为顾客提供更多的优惠。因为如果企业不崇尚节俭，企业成本就会增加，这个成本必然会通过提高产品售价来弥补，如此一来，最终受损的是顾客。显然，正是全体员工对沃尔玛价值观的认同，才有了沃尔玛的长青基业。

那么，怎样判断员工的价值观是否与企业价值观匹配呢？马云说：“员工是否喜欢这个公司一下就能看出来。如果员工对公司信心特别强，那么每一件小事他都会努力想办法，他会想着怎样为公司省钱。”因此，看一个员工是否喜欢企业，管理者完全可以根据员工日常的言行来判断。这样可以避免招来不合适的人才，也便于及时发现与公司价值观不匹配的员工，免得赔了夫人又折兵。

6. 引入“鲶鱼”，让团队“慌”起来

有这样一个企业案例：

有一家企业发展了将近15年，团队成员大部分是当年和老板创业的老员工。由于企业前期获得了高速发展，这些老员工都躺在功劳簿上，安于现状，缺少开拓创新精神。老板意识到这种情况需要改变，于是引进新的人才，但是没过多久，这些新人就被这个氛围影响了，也变得懒散。上班盼着下班，出门跑客户也是走过场，蜻蜓点水，难以取得实效。跑不到客户，拉不到订单，就抱怨市场竞争激烈，抱怨产品质量缺少竞争力等等，而不是考虑自身的原因。

老板急了，为了激发团队的活力，提高员工的工作积极性。他想尽了办法，绞尽了脑汁。他先是提高员工的薪资待遇，提高销售团队的提成比例，之后又实行末位淘汰制。这就是所谓的“一手拿着胡萝卜，一手拿着大棒”，可是效果并不理想。因为很多员工都有功勋元老做后台，想淘汰也淘汰不掉……

很多企业发展到一定程度，都会碰到该案例中所揭示的问题：

元老级的员工自恃功高，开始变得安于现状，缺少开拓精神；团队成员稳定，缺少活力和激情。对于这种现状，企业老板该怎么去改变呢？其实，企业只需要几条“鲶鱼”，有了鲶鱼，大家就会产生危机感，就会跟着动起来，团队就会增加活力。再加上“末位淘汰”和“胡萝卜加大棒的策略”，企业就很容易盘活。

什么是“鲶鱼”呢？这里有一个关于鲶鱼的故事，先来看一下：挪威人喜欢吃沙丁鱼，市场上的活沙丁鱼非常抢手，而且价格比死沙丁鱼高很多。可是，渔民捕到沙丁鱼之后，很难将它们活着带回来。因为在途中，大部分沙丁鱼都会因窒息而死亡，但是有一个渔民总能把大部分的沙丁鱼活着带回渔港。他是怎么做的呢？

原来，他在装满沙丁鱼的鱼槽里放进了几条鲶鱼。鲶鱼是食肉鱼，进入鱼槽后，由于环境陌生，它们便四处游动。沙丁鱼见了鲶鱼十分紧张，左冲右突，四处躲避，加速游动。这样一来，沙丁鱼就能活蹦乱跳地回到渔港。这就是著名的“鲶鱼效应”。

鲶鱼效应告诉我们，运用鲶鱼作为激励手段，可以促使沙丁鱼不断游动，以保证沙丁鱼活着。在企业管理中，管理者也可以引进“鲶鱼型人才”，以此改变企业内部，改变企业相对一潭死水、死气沉沉的状况。

无论是传统型的团队，还是自我管理型的团队，一旦时间久了，团队内部成员相互熟悉了，团队就容易缺少活力和新鲜感，于是大家就容易产生厌倦、惰性、倚老卖老。这个时候，如果企业能从外部引入“鲶鱼”，制造一些变动的、不安定的气氛，引起大家紧张，那么团队就会在这种刺激下爆发新的战斗力。在这一方面，日本的本田公司就做得非常出色，值得我们借鉴。

有一次，本田公司的创始人本田宗一郎先生对欧美企业进行考察，发现很多企业都有三种类型的人才组成：一是干才，对企业来说，不可缺少，大概占了两成；二是勤劳的人才，这种人约占6成；

三是终日东游西荡，拖公司后腿的蠢材，占两成。

本田先生对照一下自己的公司，觉得自己公司第三种人更多一些。他想让前两种人才增多，让大家更具有敬业精神，想让第三种人才减少。但是怎么做呢？如果将他们完全淘汰，一方面会受到工会的制裁，另一方面又会使企业蒙受损失。而且这些人也有能力，只不过他们的工作态度不好，或能力与公司的要求有些差距。因此，完全淘汰他们，显然行不通。

后来，本田先生从鲶鱼效应中受到启发，于是实行了人事改革。首先，他从销售部入手，因为销售部经理的观念与公司的理念差距太远，而且他的思想守旧，严重影响了部署工作。必须引入一条"鲶鱼"，打破销售部气氛沉闷的现状。

经过周密的计划和不断地努力，本田先生选定了松和公司年仅35岁的销售部副经理武太郎。武太郎担任本田公司销售部经理之后，凭借丰富的市场营销经验、过人的学识，还有惊人的毅力和工作热情，很好地带动了整个团队成员。大家的情绪被带动起来，团队活力大增。很快，公司的销售额直线上升，本田公司的产品在欧美市场的知名度也不断提高。

从此，本田公司每年都会从外部引入一些30岁左右、精干的、思维敏捷的人才，有时候还会聘请常务董事一级的"大鲶鱼"。这样一来，公司上下的"沙丁鱼"都会有触电般的感觉，大家都会"慌"起来，于是积极地对待工作，使得本田公司的效益蒸蒸日上。

值得注意的是，企业从外部引进鲶鱼，其职位一般不会太低。这种人才就是我们常说的"空降兵"，他们一到公司，就被委以重任，负责某一块具体的业务。尽管他们的到来能让团队紧张起来，但是他们的到来也会在一定程度上阻碍了原成员晋升的机会，有可能扼杀原本就非常努力的员工的激情。因为这些人努力工作、表现突出，也是为了获得晋升，为了更高的职位，为了更大的发展空间，但是当“空降兵”到来时，就容易打击他们的积极性，甚至有可能把他们直接逼走。为了避免这种现象发生，企业领导者最好把眼光从企业外部转移到企业内部，从内部发现鲶鱼型人才，这样所产生的激励性更大。

7. 给猴子一棵树，给老虎一座山，用人须扬长避短

有这样一个关于成功的寓言故事：

为了和人类一样聪明，森林里的动物们创办了一所学校，想全面提升各个动物其他方面的能力。前来学习的动物有很多，比如，小鸡、小鸭、小鸟，还有小兔、小山羊、小松鼠等等。学校为它们开设了5门课，分别是唱歌、跳舞、跑步、爬山和游泳。

上跑步课时，兔子特别兴奋，它一口气就围着操场跑了一圈，然后还兴奋地说：“我最喜欢做的事就是跑步。”而其他动物一个个撅着嘴巴，一脸不开心。回到家里，小兔子告诉妈妈：“这个学校真棒，我太喜欢了。”

第2天，上游泳课时，小鸭兴奋地跳进水里，小兔子顿时傻了眼，因为它们祖上从来没有谁会游泳。第3天上唱歌课，第4天上爬树课，小兔子又遇到了类似的问题，它越来越不喜欢这些课程了。

这个寓言故事有深远的寓意，它诠释了一个通俗的道理，那就是不能让兔子学游泳，不能让猪学上树。要想成功，就应该让它们做自己擅长的事情，兔子就应该跑步，小鸭子就应该游泳，小松鼠

就应该爬树。懂得扬长避短，才能让员工最大限度地发挥自己的优势，才能使企业更容易走向成功。

联想集团的总裁柳传志曾说过一句很有意思的话："管理的真谛就是——给猴子一棵树，给老虎一座山。"给猴子一棵树，给老虎一座山，指的是为人才提供一定的条件或环境，更确切地说是给人才提供合适的岗位，使他们的能力得到最大限度地发挥。给猴子一棵树，猴子可以轻松地攀登；给老虎一座山，老虎可以自由纵横。这就是企业管理中最简单、最有效的用人智慧。

金无足赤，人无完人。在这个世界上，没有一无是处的人，也没有十全十美的人。身为管理者，要做的就是找出下属的优势、强项、长处，然后针对这些优势，赋予他一定的职责和任务，让他们的优势得到充分的发挥。这样员工工作起来就会轻松快乐，企业也能轻松获得惊人的经济效益。

在一次商界聚会上，有一位老板扬言要把手下的3个"不成材"的员工炒掉。他的大意是：张三整天吹毛求疵，李四整天杞人忧天，害怕公司出事故，王五是个话痨子。

这位老板的话被另一位老板无意中听到了，他莞尔一笑，说："既然你不想要这3名员工，就给我吧！"那位老板慷慨应允。

第2天，那3名被"抛弃"的新人来到新公司报到，新老板给他们安排工作："张三负责质量监督和管理，李四负责保安工作，王五负责企业产品宣传和推广工作。"三人一听，欣然受命，马上兴冲冲地去工作了。

由于做自己喜欢做、擅长做的事情，这3个人的创造性得到了很好的发挥，不久，公司的效益直线上升，公司的产品质量问题骤然下降，公司的安全隐患、危机问题，也得到了很好地解决。

这位老板的做法与三国时期曹操的做法非常相似，曹操在用人时，也善于知人善任，唯才是举。曹操知道哪些人是人才，知道他们是哪方面的或哪种类型的人才，然后把他们放在最合适的位置上。比如，崔琰、毛介为人清廉正派，曹操让他们选拔官吏；枣祇、任峻任劳任怨，曹操就让他们负责屯田……正是由于曹操的知人善任，他帐下的大批谋士和猛将才能在自己最擅长的职位上为其效命。

俗话说："不怕有短，只怕无长。"每个人都有缺点，也有优势。身为领导者，应该具备一双善于发现员工优点的慧眼，还应该有一个善于包容员工缺点的心胸。当员工的某个优点能为企业带来巨大的效益时，领导者不妨忽略员工其他方面无关紧要的缺点。这样才能让员工最大限度地发挥"优势效应"。

在美国南北战争初期，林肯任用了很多没有重大缺点的将军，但这些将军也没有突出的军事才能，可以说他们的表现中规中矩。结果，从1861年到1864年的这3年中，北方军虽然在人力和物力方面有巨大的优势，但在战场上却没有取得任何进展。

后来，林肯改变了用人策略，他大胆任用了具有军事天才的格兰特将军为北方军的总司令。当时有人劝告林肯："格兰特有贪杯的毛病，难堪大任。"但是林肯却说："如果我知道格兰特将军喝的是什么品牌的酒，我一定会给其他将军们每人送上一桶。"

对军人而言，喝酒自然是有害的，但是军人最重要的任务是打胜仗，是运筹帷幄、决胜千里之外。而且在南北战争时期，打胜仗是最关键的任务，格兰特的贪杯相对于他的运筹帷幄简直微不足道。所以，林肯选择了忽视其缺点，大胆运用其优点的用人方式。事实证明，林肯的任命决定是明智的，格兰特上任之后，南北战争的形势马上向有利于北方军的方向倾斜，最终北方军在这次战争中笑到了最后。

让猴子爬树，猴子自然会爬得游刃有余，它还会把爬树当成一种享受；让老虎镇山，老虎会让整片山林太平无事，让山林茂密繁盛。所以，不要苛求员工有这样或那样的缺点，而要重点发现员工的优势，引导员工扬长避短，把优点发挥到极致。当员工做自己擅长的事情时，他们才会获得巨大的成就感和价值感，才能为企业带来巨大的效益。

8. 以文化凝聚人心，让团队文化融入每个人的血液

有一项针对“影响美国企业最重要的因素”的研究，其结论是：一个特定的企业文化决定了企业绩效。很多企业不断地宣传公司的文化，并将其视为吸引和留住员工的一种手段，而事实上，这种手段是非常有效的，并且重视企业文化的打造和宣传，对提升企业的绩效非常有益。因此，对管理者而言，建立优秀的企业文化，用文化凝聚人心，让文化融入每个员工的血液，是管理中的重要任务之一。

松下电器公司历来重视企业文化的建设，当员工进入公司时，首先要接受的就是公司的文化。公司会对员工进行价值观训练，并且从学徒时期开始，反复向员工传达公司的文化，直到员工退休为止。

松下公司有一个特别的规定：每个月的公司小组会议上，每个工作小组都要选出一名员工做10分钟的报告。报告的内容主要是介绍公司的价值观，介绍公司与社会的关系。在松下公司，有一句话非常流行：“如果你因诚实犯了一个错误，公司是非常宽容的，公司会把这个错误当做一笔学费来对待，要求你从中吸取教训。但是如

果你违背公司的原则，那么你会受到严厉的批评和处罚。”这句话很好地反映了松下公司重视员工的价值观培养。

在松下公司的文化中，人性化的文化处处可见。松下幸之助在创办松下公司时，就设计了“职工拥有住房制度”，该制度规定：当员工35岁时，要让他们有自己的房子。这项惠民政策是松下企业文化的重要内容，为此松下幸之助个人捐赠了2亿日元，设立了“松下董事长颂德福会”基金，用于对员工表达人文关怀。

松下的企业文化中，还有一条“遗族育婴制度”，这项制度旨在对意外死亡的员工家属支付年金，保证其子女顺利地接受教育。在这种文化的熏陶下，松下公司的员工以公司为家，对公司充满归属感。

很多企业都注重对新人进行入职培训，所谓的入职培训，除了一些技能的传授，更多的是企业文化的灌输和渗透。有人说，企业这种做法就像是在和员工谈恋爱，目的是让员工认同自己的企业文化、了解公司的价值理念，最终爱上公司，融入团队。

通俗地讲，企业文化的灌输过程，就是文化的洗脑过程。但真正的文化灌输，不能仅体现在入职培训上，也不是把文化写在纸上、挂在墙上。很多公司把企业文化的宣传和灌输视为一个过场，他们讲自己的文化，员工听的效果如何，他们没有去了解。其实，企业文化的传播更应该通过日常的工作潜移默化地影响员工，这样员工才能渐渐接受，从而认同和接受企业文化。

在这方面，世界500强企业做得非常成功，一方面他们的企业文化充满人性的关怀，非常清晰明了。另一方面，他们的企业文化传播方式容易让员工接受，比如，摩托罗拉公司就重视通过“家庭日”活动来传达公司的文化，以影响员工及其家属。

摩托罗拉为提高公司的凝聚力，经常举办“家庭日”活动。所谓“家庭日”，指的是把员工的家属邀请到公司来参加活动。活动内容丰富多彩，活动主题贴近生活。在“家庭日”活动中，既有精彩的节目，还有丰富的奖品。在整个活动过程中，大家始终沉浸在温馨的亲情中，使员工非常受触动。

通过这种方式，摩托罗拉很好地凝聚了人心。当员工试图跳槽时，第一个站出来劝阻的不是公司的领导，而是员工的家人。他们的家人很可能会认为，在摩托罗拉工作是一件引以为荣的事情，劝说自己的家人不要离开摩托罗拉。

另外，摩托罗拉还注重人性化的管理模式。公司专门设立了道德专线，主要作用是为员工提供信息、忠告和建议。当员工遇到疑虑或问题时，可以通过这条专线来求得帮助。道德专线最大的特点是公正，在处理一切问题或疑虑的时候都会非常谨慎和彻底。该专线没有设置来电识别功能，目的是让员工更坦诚地表达自己的爱恨情仇，且不用担心招来嫉恨和报复。

摩托罗拉的企业文化充分说明，优秀企业文化有助于增强企业的凝聚力，使大家产生强烈的归属感，从而为公司的发展赢得了强大的民心支持。

当然，优秀的企业文化有一种号召力和威慑力，会散发出一种无形的力量，从而影响员工的言行。当然，它的影响力不是单独发挥功效的，而是与企业制度相配合产生作用的。

身为公司的管理者，想要把有着不同价值理念的员工团结起来，就有必要构建优秀的企业文化，并灌输到员工的思想意识中去，使大家有一个全新的统一的价值理念。与此同时，在企业文化的指导下制定合理的制度，用制度约束员工的不良行为，使大家有统一的行为准则。这样，公司的凝聚力才会强大起来，公司的战斗力也会呈现倍增效应。

第二章 Di Er Zhang

好的领导者必须是一个造梦大师

企业发展离不开美好的愿景和伟大的蓝图，离不开宏伟的目标和合理的计划。管理者应该把企业的愿景和蓝图告诉员工，把自己的梦想，把企业的梦想和目标传达给员工，与员工一同分享，以激发员工无限的斗志和工作激情。要让员工看到企业是充满希望的，这样员工才会有希望。同时，管理者要帮员工进行职业规划，让员工不再迷茫，而是每天都有奔头。在这种情况下，员工才会积极进取，为企业的发展贡献力量。

1. 好的领导者必须是一个造梦大师

有人说，优秀的领导人需要“两把火”，一把火燃烧自己，让自己在任何情况下，都能保持激情；一把火燃烧团队，激励别人，使整个团队都保持专注。古往今来，所有伟大的领导者都是优秀的造梦大师，他们不但自身保持激情和斗志，还善于帮员工造梦，以激励员工。

什么是“造梦”呢？它主要表现为帮员工树立愿景和目标，让员工明确自己的职业奋斗方向，使员工告别浑浑噩噩的工作状态，每天都为自己的梦想和目标而努力，这样他们才能充实地工作和生活，才能拥有一个充满希望的前程。

庆盛控股集团在短短的 3 年时间内，净利润翻了好几番，这种惊人的速度，可以说在同行都是难得一见的。每个“庆盛人”的脸上都流露出发自内心的自信、乐观和激情，他们和公司一起实现了脱胎换骨。庆盛的管理秘方是什么呢？答案是：梦想激励法。

每个庆盛的领导者，都是一个优秀的造梦大师。他们利用梦想成就自己的同时，也成就了一个个普通的员工，使他们在自己的职业旅途上不断进步，不断取得更多的成就。王绍伟就是梦想激励的受益者之一，年仅 30 岁的他已经是庆盛控股集团的人力资源部经理。如今，他也是一位颇具能力和经验的管理者，但是谁也不知道，他刚进公司时，只是一位基层的机修工。

王绍伟是一名中专毕业生，1998 年刚来到庆盛控股集团时，是一名小小的机修工。作为一名外来建设者，王绍伟当时的想法很简单，他只想踏踏实实地工作，并没有想到日后有多大的晋升空间。由于在工作中表现出色，王绍伟在1999年做了值班长，2002年他成为车间主任，2005年被调到企业管理部工作。再在不久的后来，他成了庆盛控股集团的人力资源部经理。

王绍伟表示，他之所以有今天与公司领导者的帮助分不开，因为领导者一直在帮他“造梦”，鼓励他实现梦想。在王绍伟看来，他的传奇晋升在公司并不少见，王绍伟就是一个鲜活的例子。他大学毕业后在公司工作三年，如今已经是公司的办公室主任，比起许多还在基层打拼的同学，他已经算得上是相当不错了。

王绍伟非常清楚自己成功的原因，他说，从进公司的第一天起，公司就为员工培训“梦想”，正因为如此，他才会对人生充满美好的期待。在培训结束后，公司还帮他一步步实现了梦想，并让他有了新的梦想。

与抽象的梦想相比，具体的、可以实现的目标对员工更有激励作用。身为管理者，在帮员工制造梦想的同时，更应该将梦想具体化，为员工制定实现目标的计划，激励他们一步一个脚印去努力，将目标变成美好的现实。

成立于2000年的某高科技公司，主要为电脑的软硬件服务。公司创立仅两年，公司的全年销售额就突破了1000万大关，在当地已经威风八面。这家公司之所以发展迅速，与公司老板的经营管理理念是分不开的。

老板是一个优秀的执行者，也是一个充满浪漫气息的人，他喜欢“做梦”，还喜欢为员工造梦。他经常和员工谈论梦想，鼓励大家树立目标并为之努力。他将梦想划分为三个阶段，第一阶段是短期的目标，第二阶段是中期的愿景，第三阶段是长期的理想。为此，公司有时候还会特意召开管理会议，在大会上，老板动员每位管理者说出自己的梦想，然后让大家一起讨论如何才能实现这个梦想。与此同时，老板也鼓励他们唤起部属的梦想，帮部属树立具体的目标。

有的下属会说："我的目标是在两个月内挣到10万元钱。"有的下属说："我的愿望是和爱人去巴黎旅游。"有的下属说："我的目标是两个月内买一款最高端的笔记本。"每次听完大家的目标或梦想，老板都会组织一个讨论会，他说："大家的梦想很好，但首先要确认一下，能否在短期内实现，为实现这个目标，你们计划怎样做?"

通过引导和激励，老板将公司每个月、每个季度的营销目标分解到各个部门，每个部门在各自目标的激励下，在部门领导的统帅下，各个部门奋发向上。当大家完成目标时，公司会给予相应的奖励，超过目标的额度越大，所获得的奖励越多。有时候，公司结合各部门的目标完成状况，组织各部门员工外出旅游，这很好地激励了大家，使全体员工充满激情地对待工作。

一个健康的企业应该有自己的企业梦想，一个伟大的企业，应该帮员工创造梦想，并激励员工实现自己的梦想。如果管理者能让每个员工在梦想和目标的指引下去工作，那么企业将充满希望。如果你的员工在你的企业没有梦想，没有目标，只是为了赚钱，那么他就不可能把企业当成自己的家，把工作当成自己的事业，就不可能迸发出激情、释放出潜能，员工的执行力、企业的效益就难以获得保障。所以，好的领导人必须是造梦大师，是目标激励大师。

2. 没有希望，员工就会炒你的鱿鱼

在楚汉争霸中，有一个"萧何月下追韩信"的故事。相信看过《楚汉传奇》的人都有印象，这个故事具体情节是这样的：

刘邦率军到了南郑，拜萧何为丞相，曹参、樊哙、周勃等为将军，准备养精蓄锐，再和项羽决一死战。但是他手下的士兵思乡心切，每天都有士兵逃走。刘邦为此很着急，一天，有人来报："丞相逃走了。"

刘邦一听，顿时急坏了。要知道，萧何可是刘邦的左膀右臂。可是到了第二天早晨，萧何回来了。刘邦见他之后，又高兴又生气，责问道："听说你逃跑了？怎么回事？"

萧何说："我怎么会逃走呢？我是去追韩信了。"

韩信是淮阴人，项梁起兵之后，路过淮阴，韩信就投奔了他，可是他在楚营里没有得到重用，只当个小兵。韩信多次向项羽献计献策，可项羽都自大地不肯采纳。最后，韩信失望地离开了项羽，转而投靠刘邦。那么，既然投奔了刘邦，韩信为何还要逃走呢？究其原因，同样是没有得到刘邦的重用，韩信感觉很失望，所以才会出逃。

但是萧何识才，他知道韩信是难得的将才，最后在他的力荐下，刘邦拜韩信为大将军。当然，后来在韩信的辅佐下，刘邦最终打败了项羽，夺得了天下。

没有希望，韩信也会选择逃亡。当人才得不到重用，聪明才智没有平台展现时，人才会感到没有希望；当企业制度陈腐，起不到惩恶扬善，反倒是惩善扬恶时，人才也会感到没有希望；当企业管理者平庸无能，狂妄自大时，人才也会感到没有希望。你是怎样的管理者呢？你能给员工希望吗？

身为企业管理者，你不妨经常扪心自问："我能不能服人？我能不能给人希望？我能不能识别人才？能不能让人才有机会展现自己的才华？"当你在做出决策、出台某项制度时，不妨问一下自己："我的这项决定会浇灭员工的希望，还是会点燃员工的希望呢？"如果你经常这样反思自己，思考自己的决策是否明智，那么久而久之，你就会更多地考虑你的决策对员工造成的影响，从而使你的领袖能力增强，使你的影响力越来越大。

拿破仑曾说过：“不想当将军的士兵一定不是好士兵。”每个人的内心都有一种进取的愿望。都希望不断地获得提升。在企业中，每个员工都希望得到更多的赏识和器重，获得更多的晋升机会。尤其是那些优秀的人才、高级人才，他们十分看重事业上的成就感，渴望获得赏识，渴望获得晋升的机会。如果一个有能力的员工，在公司工作 3 年，依然还是普通职员，那么他就会感到没有希望，最终他会选择离开公司，去寻找让他感到有希望的公司。

行为科学家赫茨伯格曾经指出，工资、工作条件、工作环境等因素属于“保健因素”，激励作用不是特别强大，而职位提升、工作成就、自我实现等因素，是真正的激励因素。所以，管理者非常有必要建立合理的晋升制度，为员工的职业发展铺平道路，只要员工努力，就能获得相应的晋升。这样，员工就会看到希望，就会充满激情和干劲。当然，如果你发现员工有特别的才能，破格提拔也是可以的，这样可以极大地鼓舞人心。

在日本索尼公司，有一套明确的内部晋升制度，这套制度是由索尼公司的创始人盛田昭夫亲自建立的。盛田昭夫喜欢与员工聊天，还鼓励员工为公司的发展提出建议。有一次，盛田昭夫与员工一起吃饭时，发现有个年轻的员工郁郁寡欢、满腹心事。于是，盛田昭夫主动坐到这名员工对面，亲切地和他聊了起来。在盛田昭夫的引导和鼓励下，这名员工终于说出了不开心的原因。

“我毕业于东京大学，有一份待遇十分优厚的工作。进入索尼之前，对索尼公司崇拜得发狂。当时，我认为进入索尼是我一生的最佳选择。但是，我发现我不是在为索尼工作，而是在为科长干活。坦率地说，我这位科长是个无能之辈，更可悲的是，我所有的行动与建议都要得到课长批准。我自己的一些小发明与改进，科长不仅不支持，还挖苦我异想天开、有野心。我现在对在索尼的工作失去了兴趣，也很后悔自己放弃了那份优厚的工作来到这里！”年轻员工如是说。

盛田昭夫听了这番话，顿时震惊了，他想：公司肯定还有类似的问题，管理者应该关心员工的苦恼，了解员工的处境，让员工对公司有希望，而不能堵塞员工的上进之路。于是，盛田昭夫决定进行人事改革。

后来，索尼公司规定：每周出版一次内部小报，刊登公司各部门的“求人广告”，员工如果觉得在原来的职位上工作不开心，可以自由且秘密地前去应聘，他们的上司没有权力劝阻。另外，公司规定：每隔两年就让员工调换一次工作，对于那些能力突出、精力旺盛的员工，不应该让他们被动地等待提拔，而应该主动晋升他们，让他们有机会施展才华。

每个人才都渴望得到领导者的重视，得到公司的认可，得到职位上的晋升机会。这就要求管理者擦亮眼睛，用心去发现人才。如果你无法发现人才，那么赶紧制定一套可行的人才晋升机制，让有能力的员工在这套制度的保护下，从团队成员中脱颖而出。这样，才能留住优秀的人才，企业长久发展才有希望。

除了晋升能让员工看到希望，管理者还可以从授权、物质奖励、人文关怀等方面下手，表达对员工的认可和肯定，让他们感受到自己的重要性。这样，也可以激发他们为企业效力的积极性。

3. 与员工分享公司的愿景，向员工描绘蓝图

每一个伟大的公司都有一个看似遥不可及的愿景，比如：

阿里巴巴的愿景是：让所有的商人都用阿里巴巴；

联想集团的愿景是：未来的联想应该是高科技的联想、服务的联想、国际化的联想；

麦当劳的愿景是：控制全球食品服务业；

索尼公司的愿景是：为包括我们的股东、顾客、员工，乃至商业伙伴在内的所有人提供创造和实现他们美好梦想的机会；

IBM 的愿景是：无论是一小步，还是一大步，都要带动人类的进步；

通用机器（GE）的愿景是：使世界更光明；

微软公司的愿景：计算机进入家庭，放在每一张桌子上，使用微软的软件；

福特公司的愿景是：汽车要进入家庭；

迪斯尼公司的愿景是：成为全球的超级娱乐公司；

苹果电脑公司的愿景是：让每人拥有一台计算机；

……

这些愿景看似很难实现，但是却能给员工带来强烈的使命感，使他们充满奋斗的信念。如果企业没有这个愿景，就会像在一个没有终点的跑道上赛跑，不知道自己到底要追求什么。

马克·利普顿的《愿景引领成长》中，这样写道："愿景可以团结人，愿景可以激励人，愿景是拨开迷雾指明航向的灯塔，愿景是困难时期或不断变化时代的方向舵，愿景是可用于竞争的有力武器，愿景能够建立起一个命运共同体。"

如果说企业价值观是企业愿景的核心，那么共同的愿景就是团队的灵魂。共同的愿景可以把个人的愿望与团队的愿望结合为一体，充分激发个人对事业的追求，使每个个体都能为超出个人利益至上的目标去奋斗。

愿景在企业发展过程中有巨大的作用，归纳出来有这样几点：

（1）指导作用。愿景可以指导企业有意图、有秩序地变革活动，使所有活动都指向有期望的结果，把无效的执行降到最低，提高团队的绩效。

（2）激励作用。愿景是企业在变革创新过程中克服困难的强大动力，当员工明白企业的愿景与核心价值观之后，了解公司未来的前景之后，他们就会对企业产生信心，激发出个人的满足感，从而调动自身的积极性，努力发挥出自己的潜能。

（3）凝聚作用。企业的愿景可以吸引那些与企业有相同价值的员工，同时排斥那些与企业愿景不同的人，从而加强企业的凝聚力。

（4）警示作用。愿景可以指出企业未来的发展方向，帮助企业看到未来可能遇到的困难，这样有利于企业及早做出谋划，未雨绸缪。

身为企业管理者，有义务、有责任与员工分享企业的愿景，帮助员工深入地了解企业的愿景。你可以在公司的会议上清楚地表达公司的愿景，锁定企业发展的方向，争取获得每个员工的支持，并让大家把企业的愿景当成自己个人的愿景。

在这一点上，惠普公司的执行总裁路·普莱特就做得很好。一位哈佛教授曾这样评价惠普公司的执行总裁路·普莱特："他说话从不大声，也不是个外向的人，但是他不断地和员工沟通企业的愿景，而他内敛的表达方式，让他的很多同事不仅了解，而且支持他的想法。"

当然，你不可能让 100% 的员工都认同企业的愿景，但是没关系，只要大多数人认同就可以了。对于那些不认同企业愿景的人，可以通过对企业愿景的不断分解，来影响他们改变观念，让他们认同你的企业愿景。

4. 帮助员工进行职业规划，鼓励员工创造更大的成绩

人生需要方向，事业需要规划。在这个社会，应该说绝大部分人不甘于平庸，不甘于原地踏步，他们希望自己的人生不断地丰富精彩起来。在职业发展上，很多有进取心的员工都希望有一个明确的职业规划，可现实是，很多人茫然地“混迹”在公司，“混迹”在自己的岗位上，他们找不到方向，感觉事业上失去了动力。

作为企业的管理者，你有必要重视员工的职业规划问题。也许有些管理者会说：“我招聘员工过来是为企业创造价值的，他们的职业规划与我们无关，如果我们去重视每个员工的职业规划，我们哪有时间和精力管理企业？”

这话听起来颇为有道理，但细想一下：员工如果没有职业规划，职业前景一片茫然，没有目标和动力，他们会在你的公司长久地效力吗？可能性微乎其微，即便员工长期效力于你的公司，他们也可能是抱着“就这样吧，混下去吧”的心态对待工作。也就说，当员工没有清晰的职业规划时，他们就会迷茫，就会失去前进的动力，并且很有可能频繁地跳槽，你是留不住他们的。

对企业发展而言，如果留不住人才，尤其是那些优秀的人才，那么企业的发展就会充满诸多变数。要知道，优秀的人才是企业发展的基石，如果基石不稳固，企业大厦怎么能牢牢矗立于激烈竞争的市场中呢？

某公司的部门经理辞职了，公司需要从团队内部选一名合适的

人担任此职位。这件事让老板十分烦恼，因为他选出了两名候选人，其中老赵在公司工作时间很长，属于第一批老员工。无论是从资历上，还是从工作能力上，他都非常优秀。如果让老赵做部门经理，大家会心服口服，工作将会顺利地开展。因为在员工的心目中，这个经理也是非老赵莫属。

小韩到公司仅一年多，表现也十分出色，其个人素质、业务能力，在员工中都有突出的表现，更可贵的是，他是一位可塑性十分强、接受新事物能力很强的员工，他的知识结构、管理素质、性格等各方面也符合部门经理的岗位要求。

面对两名出色的候选人，老板左右为难，思前想后不知道该提拔谁。最后，他通过竞选的方式来考核他们的综合素质，结果，在考核中，小韩胜出，并顺利当上了部门经理。

虽然老赵表面上表示服气，但是从他之后的工作表现上，他明显对这次竞选失败感到失望，他的工作积极性大不如从前。每次老板找他谈话，他都表示认识到了自己的问题，也会努力。但是两个月后，他毅然选择了辞职。老板最后一次挽留他，问他为什么要辞职时，他给出的回答是："我找不到努力的方向，看不到自己的职业前途。"

自从老赵辞职之后，公司在短时间内出现了一阵"员工辞职旋风"，大家表示：老赵在工作上兢兢业业，对公司做了很大的贡献，却没有获得晋升，他们从这件事上感觉到在公司没有希望。

可以说，员工找不到努力的方向，看不到自己的职业前途，这是目前职场中普遍存在的问题。大多数管理者并未意识到自己在这其中肩负的责任，没有意识到有什么必要帮助员工进行职业规划。即使当员工辞职时说"我找不到方向，我看不到自己的职业前途"时，他们也无法认识到员工需要一个清晰的职业规划。

在上面的案例中，老赵辞职的根本原因也不是没有被提拔为部门经理，而是他找不到努力的方向，感觉不到职业的前途。试想一下，一个在公司效力多年的老员工，基本上到了一个职业瓶颈期。这时老板如果经常与老赵谈话，和他探讨职业规划，并明确告诉他：下一步公司会如何提拔他，为此他需要在哪些方面进行自我完善，以便更好地胜任这个职位。那么，老赵就会清楚自己要干什么，明白自己的职业前途在哪，也会觉得在公司工作是有上升空间的。即便这次没有提拔他担任部门经理，他也不会感到沮丧，因为他知道：只要自己朝哪个方向努力，就会获得怎样的职业成绩，这样一来，他会充满希望地去努力工作。

身为管理者，如果消除不了员工的失望情绪，驱散不了员工心头的迷茫，那么员工的工作热情就会逐渐降低，直至离开公司。这就需要管理者帮员工找到职业的方向，帮他们做好职业规划。为此，首先要让员工有职业规划的意识，让员工明白职业规划的重要性，并指导他们如何去规划。其次，他们帮助员工、指导员工完善他的职业规划。这是帮员工成长的重要方式之一。

比如，当你发现公司的某员工适合做客户服务工作时，把他调换到客服部，对他进行培养，并告诉他："你做客服有独特的优势，你好好锻炼半年，公司将根据你的表现，决定是否提拔你做客服部经理。"当你发现某员工技术过硬，管理能力很强时，你也可以培养他，然后把他提拔为执行经理。这是在帮助员工明确职业方向，帮助员工不断变得优秀起来。在这方面，谷歌公司有独特的职业规划五步法，相信对你会有借鉴和参考价值。

第一步：根据员工当前所在的职位特点以及职责评估，找出适合员工的努力方向和晋升路径。

第二步：把员工的绩效与晋升的关系列出来。比如，如果员工在考核中获得了五个"优"，工资就能升两级；行政职位升一级。如果员工在考核中不达标，公司会给他改善的建议。

第三步：结合员工的能力与素质进行规划。在帮助员工进行职业规划时，必须考虑员工的能力与素质，因为不同的职位所需要的员工的核心能力是不同的。员工有哪方面的优势，就让他从事与他优势相关性最大的工作，这便于员工扬长避短、最大化发挥优势。

第四步：确定发展和晋升的方式。晋升有多种方式，不同岗位的晋升方式是不同的，需要在岗位说明书中明确指出。

第五步：指出需要改善之处。职业生涯规划不单单是帮员工确定下一个努力的方向和目标，更重要的是，指出员工工作中的不足之处，帮助员工改善，这样有助于员工进步。

5. 营造舒适的工作环境，让员工创造性地工作

健康优雅的工作环境，对激发员工的工作积极性、激发员工对生活的热爱、对事业的美好追求，都有着十分重要的意义。在舒适的环境中，员工往往会感到心情愉悦，并容易保持高效的工作状态。

在一家民营企业的办公楼大院里，有一个约占大院面积一半的人工湖，水非常清澈，而且是流动的。水中养了很多观赏鱼。人工湖的周围是绿草坪，还有松柏、桃树和翠竹。办公楼的窗户是整块的玻璃，没有墙壁阻隔视线。员工可以在工作的间隙，把视线转移到窗外的大院，欣赏院内的风景，让繁忙的身心得到片刻的放松。如果在这样的环境中工作，你会感觉身心愉悦吗？反之，如果在下面这种环境中工作，你的感受会怎样呢？

某公司的办公大厅设置在暗间里，四面都是墙壁，根本见不到阳光。进入公司就要开灯，而屋顶的灯光非常昏暗。在里面待上几分钟，人就会感到压抑和憋闷。员工们说，由于灯光太昏暗，看东西久了，眼睛会发痛，进而会目眩，工作效率没法提高。

当环境令人压抑时，员工的精神状态无法兴奋起来，思想和行动都会变得萎靡和迟缓，这样很难创造性地工作。身为管理者，如果你无法理解员工对舒适环境的渴望，你也可以扪心自问：在环境糟糕的环境中，你的心情是怎样的？千万不要为了节省一点成本，就忽视办公环境的营造。

一般来说，舒适的环境最起码要满足这两点：

第一，环境要健康、清洁、卫生，如果办公环境中垃圾横飞，地上满是废纸、办公桌上脏乱不堪，墙上还有许多口水印、口香糖，试问，在这样的办公室你会觉得舒服吗？

第二，环境要舒适，比如，自然光线、空气流通、绿色植物等等。当然，如果室外还有绿色景观，比如，大片绿色草坪或繁茂的树林等，那是最好不过了。

创造一个舒适的办公环境，体现了公司对员工的尊重、关心和爱护，这是公司人性化的体现之一。这种环境不仅仅指空间上的环境，还包括心理上的、精神上平等的氛围，这种环境相对于空间环境，对激发员工的创造性影响更大。

微软公司云集了许多优秀的人才。比尔·盖茨为了让他们更好地发挥聪明才智，营造了一种没有等级隔阂的文化氛围。在微软公司，每个员工都有自己独立的办公室或房间，在每个办公室里，都可以透过窗户眺望外面的风景。每个办公室的大小都差不多，比尔·盖茨的办公室也不比大家的办公室大多少。每个员工都有权按照自己的想法布置和装饰自己的办公室，其他人没有权力干涉。

在办公室里，你想坐在哪个位置呢？对此，微软公司没有硬性的规定，而是让员工自由地挑选。如果某个办公室多人都想要，那么将会通过抽签的办法来决定。如果第一次员工没有选到中意的办公室，下一次他还有机会选，直到满意为止。

微软公司尊重每个员工的隐私，每个办公室都有门。这种做法让员工感受到了平等与尊重，大家都很舒心。

微软的总部大楼在西雅图，办公大楼主要是玻璃和钢材结构，地上铺着地毯，天花板上散发着柔和的灯光。但是在办公大楼内，你找不到一个时钟。因为微软提倡大家凭良心上班下班，如果你不愿意来上班，你可以在家里办公，只要你能按期按质完成工作任务，没有人强迫你加班，如果你愿意加班，完全可以加班。西雅图的天气多为阴天，晴天较少，每当风和日丽的日子，员工就会在公司外面散心。

微软公司营造了一种无等级隔阂的办公环境，让每个在这里的员工，都能感受到尊重与平等，这有利于大家平等地沟通与交流，对增强企业凝聚力、加强团队合作是非常有益的。在这种自由宽松的工作氛围中，员工可以自由地创新，自发地工作。正是靠着别出心裁的人性化的办公环境和管理制度，微软才能吸引一大批富有创造力的人才，并且让这些人才心甘情愿地留在微软。

微软的做法告诉我们：舒适的环境不仅体现在视觉上、感觉上，更表现在心理上。有些企业的做法与微软的做法截然相反，他们的工作环境中处处充满了对员工的不信任和监控，让员工没有任何隐私和自由，使员工感受不到尊重。比如，某公司办公大厅的天花板上，安装了8只“电子眼”，随时监视着员工的一举一动，这让员工感觉很压抑、很不舒服。

员工小黄说，自从有了“电子眼”，她就常常感觉有一双眼睛在看着自己，感觉后背脊发凉。她在座位上不敢再“开小差”，不敢再偷偷挖鼻孔、看新闻，然而，她的思想却经常“开小差”，工作效率并没有比以前高。和小黄的感觉一样，8只“电子眼”让办公室的很多员工感觉到压力，有人甚至萌生了辞职的念头。

对于这种现象，我们只想问一问公司的管理者：“如果你经常被摄像头监视着，你的一举一动都被‘公开化’，你没有任何隐私，没有任何自由，你会作何感想?”

6. 大目标分成小目标，让员工每天都有奔头

曾经有人做过这样一个实验：

组织三组人员，让他们沿着公路往前走，去往10公里外的庄园。但是三组人员对相关的信息了解程度不一样。

第一组人员不知道庄园的名字，也不知道距自己出发的地方有多远，他们只被告知跟着向导走。第二组人员知道去哪个庄园，也知道有10公里远，但是路边没有路程牌，他们只能凭经验判断自己走了多远，距目的地还有多远。第三组人员最幸运，他们知道庄园的名字，也知道那个庄园离出发地有10公里远，并且路边有路程牌，只要看指示，就知道自己离庄园有多远。

那么，接下来会出现怎样的状况呢？

第一组人员刚走出两三公里，就有人就开始叫苦，走到一半时，有些人几乎开始愤怒了，他们大声地抱怨：为什么要大家走这么远？什么时候才能走到？有的人甚至坐在路边，用行动表示抗议。最后，人们情绪低落，队伍七零八落，溃不成军。

第二组人员走了一半，有人开始叫苦。很多人都想知道他们已经走了多远，经验丰富的人说："大概走了一半的路程。"当他们走了四分之三的路程时，大家的情绪开始低落，觉得疲惫不堪。他们感觉前面还有很漫长的路，当有人说"快到了"时，大家又振奋起来。

第三组人员一边走，一边哼着小曲。每看到一个里程碑时，他们就知道自己离目的地近了一段。他们的情绪一直很高涨，当他们

走了七八公里时，有些人确实感到累了，但是他们没有叫苦，因为他们知道还有两三公里就到了，胜利就在前方，于是他们继续有说有笑地往前走。在快到目的地时，大家居然情绪高涨起来，反而加快了速度。

这个实验告诉我们：当我们的行动有明确的目标，并且目标被划分为多个小目标时，我们就可以不断地把自己的行动与目标进行对照，从而清楚自己所处的位置，还需做怎样的努力。这样，我们就会自觉地克服困难，努力实现目标。

在企业中，管理者是团队的领头羊，主要任务是统一全体成员的意见和行动，并为大家确立目标，提供行动的方向。如果管理者善于制定明确的目标，并把大目标划分为多个小目标，让每个员工都负责完成相应的目标，那么，每个员工都能在目标的激励下，迸发出强烈的工作热情，最终实现团队的大目标。

很多时候，员工之所以感到茫然，感到没有奔头，其实往往是因为没有方向感和目标感。因此，管理者必须给员工提供准确的方向和目标。具体来说，就是把团队的大目标分解为多个小目标，让每个员工都负责相应的小目标，让他们知道该做什么。如果你能做到这一点，那么员工就不会轻易迷茫了。

然而，有些管理者做到了第一步，却忽视了第二步。他们让员工明白团队的大目标，却没有将大目标分解开来。员工只知道公司要做什么，却不知道自己该做什么。这样一来，员工就会被大目标吓到，在执行中就会不由自主地产生畏难情结，最后引发心理学上所说的“目标恐惧症”，继而使人产生中途放弃的念头，这就叫“半途效应”。

关于半途效应，有一个很典型的例子：

1952 年 7 月 4 日清晨，34 岁的塞罗·温克从加利福尼亚海岸以西 21 英里的卡塔林纳岛上跳入太平洋，开始向加州海岸游去。如果她成功了，将是第一个游过这个海峡的女人。那天早晨，雾气很大，海水冰冷，冻得塞罗全身发麻。在游了15个小时之后，她已经筋疲力尽，于是产生了放弃的念头。

随行人员叫她不要放弃，说离加州海岸很近了，但是她放眼望去，除了看到浓雾，什么也看不到。于是，她还是放弃了。当人们把她拉上船时，行驶没多久，就达到了加州海岸。原来，当时她上船的地方离加州海岸只有半英里。事后塞罗显得十分懊悔，她说："说实在的，我不是为自己找借口，如果当时我看见陆地，也许我能坚持下来。"

两个月后，塞罗再次横渡这个海峡。与上次不同，她把整个距离划分为8个小分段，设置标志物，每到一个标志物，她就知道自己离目标还有多远，最后，她顺利地达到了目的地，并且这个成绩比男子的记录还快了大约两小时。

从这案例中，我们可以发现：将大目标划分成小目标，所产生的激励作用有多大。

在企业管理中，管理者的职责就是确定目标、划分目标、分派任务，与其让一帮员工完成一个宏大的目标，不如把宏大的目标划分开，让每个员工负责一个目标。分解大目标的意义就是在告诉员工："你完全有能力完成这个目标。""胜任"是对员工最好的激励，或者说激励的本质在于让员工感到自己能够胜任。这才是完美的激励，这样的管理者才是高明的激励大师，而不是口若悬河的鼓动家。

松下幸之助有一条重要的经营策略，那就是不断提出新的发展目标，让员工有目标感，他经常找员工畅谈对未来的设想，并由此制定具体的目标。1955年，他宣布了自己第一个五年计划：计划用5年的时间，把松下电器公司从一个效益为220亿日元的公司，发展成一个效益为800亿日元的公司。

与此同时，他将这个大目标划分到每一年，即为了实现这个目标，全体成员每一年要达成怎样的目标。之后，再把每一年的目标落实到每个员工身上，让每个员工肩负起自己的责任。他还承诺，如果能实现这个目标，那么大家将享受到与西方发达国家相同的薪资待遇。

5 年之后，松下先生的“五年计划”实现了，他对员工的薪资承诺也兑现了。从此，员工士气大振，大家与松下先生一起，筑起了松下电器的王国。

在一个具有超强目标感的管理者的带领下，员工工作的动力就很容易被激发出来。反之，如果管理者是一个没有规划，没有目标感的人，大家都在混沌中工作，那么员工的情绪就会一落千丈，团队就会变成一盘散沙。

阿里巴巴公司的创始人马云曾经说过：“不要让你的员工为你干活，而让我们的员工为我们的目标干活，共同努力，团结在一个共同的目标下面，要比团结在一个企业家周围容易得多。所以，首先要说服大家认同共同的理想，而不是让大家来为你干活。”很显然，松下幸之助就是这么做的。

7. 不要神化自己，偶尔暴露一下自己的缺点

俗话说：“树活一张皮，人活一张脸。”管理企业，在与员工打交道的过程中，很多领导者往往竭力掩饰自身的种种缺陷与弱点，以顾全脸面，在下属面前树立一个“高大全”的形象，把自己神化成“不食人间烟火”“不与员工同流”的光辉形象。

殊不知，掩饰自身缺点、刻意美化形象很容易在领导者与员工之间制造一条心理鸿沟，使员工对领导者产生一种距离感，员工甚至会这样看待领导者：你不是很牛吗？我偏不服你、不配合你，看

你还能牛多久？这样一来，团队凝聚力就无从谈起，团队战斗力就难以体现。

其实，与其刻意神化自己，不如适当暴露自己的缺点，让员工知道你也是普通人，而不是神；让员工知道，你也有不足，你也需要他们的支持和帮助；让员工知道，你其实很谦虚，你希望向他们学习。如此一来，你的个人魅力就一下子增强了，你的领导力也会变得强大起来。这一点在著名的NBA球星迈克尔·乔丹身上表现得特别典型。

众所周知，迈克尔·乔丹被誉为“世界篮坛巨人”，他的成就至今无人能及。乔丹在球队里是毫无争议的领袖，在广大球迷以及很多队友眼中，他被神化成无所不能的球星。可是乔丹不这么认为，他意识到如果要想芝加哥公牛队连续夺得总冠军，就必须推倒“乔丹偶像”这一形象，以证明公牛队不是他一个人的球队，而是整个团队的球队。

乔丹的队友斯科蒂·皮蓬也是NBA中的一名超级球星，当人们狂热地追捧乔丹时，皮蓬的心理无疑会受到不良的影响。毕竟，一山难容二虎，为了打造一个有凝聚力的团队，乔丹主动向皮蓬暴露了自己的缺点，指出了皮蓬的优点，激发了皮蓬的自信心。

在一次训练中，乔丹主动与皮蓬聊了起来，他问皮蓬：“咱俩的3分球谁的更好?”

皮蓬说：“那还用说，当然是你。”

“不，是你!”乔丹肯定地说，“虽然我投3分的命中率比你高一点，可是你投3分的动作比我要规范、自然得多，在这方面，你的天赋远胜过我，相信以后你还会做得更好，而我投3分是个弱点，以后必须改善一下。”

接着，乔丹说：“我扣篮的时候习惯性地用右手，即便是左手扣篮，也会习惯性地用右手帮一下。我左手扣篮能力不好，这是我的一个重大的缺陷，而你呢，左右手都能扣篮，甚至左手扣篮比右手还要好一些。”

这些细节皮蓬从来都没发现，通过这次对话，皮蓬对乔丹有了更多的敬佩，他明白自己与乔丹相比有哪些优势。从此以后，在乔丹的鼓励下，皮蓬的团队协作意识越来越强，在球场上表现得越来越好，和乔丹的关系也变得越来越融洽。正因为如此，NBA 的历史上才会有“公牛王朝”。

领导者主动暴露弱点，毫无保留地向他人展示真实的自我，这体现出领导者的坦荡和谦逊。这样做可以让团队成员明白，领导者虽然优秀，但并非完美的，也有缺点和不足，需要支持和帮助。暴露了缺点和不足，可以向团队成员表明：你是一个真实的、可接近的人，而不是一个无所不能的神。

一位经理在管理上非常有才能，但他的缺点是性格火暴，当下属犯错时，他就会不顾情面地一顿猛“批”。为此，下属们都不太愿意接近他，甚至有些怕他。后来，在一次部门会议上，他动情地说：“我这人，从小就是‘牛’脾气，发起神经来就会让别人难堪。我下决心改了十几年，还是没改掉。今后，如果我‘牛’气上来了，拜托大家用力顶回去，谁帮我改掉了‘牛’气，我就把我的年终奖给他。”从那以后，大家再也不把他的牛脾气放在心上，相反，大家经常在他发作的时候，笑嘻嘻地和他开玩笑：“经理，我们看到了一头发疯的牛。”

领导者身上如果有缺点，改又改不过来，与其一味地回避、遮掩，还不如坦率地自我揭发、自我曝光。这样，下属反而觉得你为人坦诚，觉得你平易近人。

每个团队的领导者都希望自己手下都是精兵强将，这样大家才能助你的事业不断飞跃，你才能获得更大的提升空间。因此，你不妨借鉴一下乔丹的做法，主动暴露自己的缺陷和不足，肯定别人的闪光点，或者出点小洋相，表明自己不是一个高高在上、十全十美的人，这样不但可以使你变得更容易接近，有时候还会使别人不与你为敌。

有一位记者去拜访一位企业家，目的是获得有关他的一些丑闻。因此，他带着一连串的质问气势汹汹而来。简单地寒暄之后，这位企业家对记者说："时间还很充足，我们可以慢慢聊。"这种从容不迫的姿态让记者大感意外。

片刻之后，秘书端来咖啡，这位企业家端起咖啡喝了一口，立即惊慌失措地把咖啡放下来，嘴里嚷道："啊！好烫啊！"咖啡洒了一桌子。等秘书收拾好之后，企业家拿了一支香烟放入嘴里，但是记者发现，企业家居然从过滤嘴一头点火。于是他赶紧提醒道："先生，你的香烟拿倒了。"企业家听到提醒，才慌忙地把香烟拿好，不料又将烟灰缸碰翻在地。

在商界中叱咤风云的企业家，居然出了一连串的洋相，让记者大感意外。不知不觉中，记者原来的那种挑战情绪完全消失了，甚至觉得企业家也不过如此。其实，这些都是企业家刻意安排的，他就是想以此弱化记者的挑战情绪——他的目的达到了。

在很多人的印象中，领导人物总是"高大全"的印象，如果领导人物能主动暴露自己的缺点，就很容易消除普通人对领导人物的仰视姿态，甚至会对领导人物产生一种亲近感。因此，身为领导人，你应该让部下看清你也是一个普通人，这对融洽部属关系、团结部下会有很好的效果。

在企业界，职位越高的人往往越容易相信自己比别人更重要，或者更聪明。SGS 汤普生微电子公司的总裁比尔·马尼拉曾经说过："当务之急是我们应该把自己从职位、头衔以及过去的成见中抽身出来。从新的角度去看，其实每个人都是领导者。"而约翰·罗宾逊更明确地说："我们应该提醒自己，除了拥有显赫的头衔之外，其实他跟其他同事和部属之间毫无区别。"

约翰·罗宾逊回忆道："我 30 岁出头就当上了银行总裁，那时觉得自己实在是个了不起的人物。可是每次我回家时，宝宝的尿片湿了，我还是得帮他换尿片。我忽然间回到了现实，对自己有了新的认识，并得以保持自我平衡，免于自我膨胀。”

这些优秀的成功人士都在提醒我们：身为企业的领导者，有必要把自己视为一个普通人，一个与员工毫无区别的普通人，而不要自以为是，高高在上，甚至刻意地神化自己。这样，才能成为一个有亲和力的领导者。

当然，在暴露自身弱点的时候，要有所选择，对于那些致命的缺点，永远不要暴露，刻意被暴露出来的弱点，应该是那些无关紧要的缺点；或者挑选从某种意义上可被视为优点的“弱点”来暴露。

第三章 Di San Zhang

管事先管人，管人要管心

一个只会管事的人只能叫“总管”，一个会管人的人才称得上是领导者。管人的精髓在于管心，管好了人心，你才能人心所向，才能让员工从行为上精神上都有一种自动自发的意识，使大家为团队的目标积极主动地开展工作，并形成一种职业化的习惯，最终实现员工的自我管理、自我发展和自我进步，当然，最大的赢家是企业这个团队。所以，管事先管人，管人要管心，从心开始做管理，你才能成为优秀的管理者。

1. 管理的根本之道在于管人心

说到经营人心，我们不妨先来看一个案例：

清代乾隆年间，有个名叫李沙庚的人在南昌城内开了一家点心店。由于他经营的点心以好吃实惠而闻名，因此，每天顾客盈门。遗憾的是，李沙庚在赚钱之后，开始在点心里掺杂使假起来，欺骗消费者。渐渐地，顾客对他的点心失去了好感，他的生意也越来越冷清。

一天，书画家郑板桥来店里购买点心，老板李沙庚喜出望外，他乘机邀请郑板桥为他题写店名。郑板桥很爽快地答应了，于是大笔一挥，洋洋洒洒，写下"李沙庚点心店"六个字。很快，路人就过来围观，但仍然没有人购买点心。

仔细一看，李沙庚发现店名中的"心"字少写了"一点"。于是，他赶忙请郑板桥补上"一点"。但郑板桥却说："这个字没有写错啊。以前你的点心店生意兴隆，是因为有这'一点'，现在你的点心店生意冷清，是因为'心'字少了'一点'。"

李沙庚听到这里，恍然大悟，他顿时明白了"做生意就是经营人心"的道理。从此以后，他痛改前非，坚持诚信经营，注重点心的质量，渐渐生意又变得兴隆起来。

做生意的关键在于经营人心，管理企业的关键其实也在于经营人心。一个领导者，只有从人性的观点来看人，来了解人的心理，分析和探知人的行为动机，从而针对员工的需要，给予他们尊重、关心，激发出他们的工作积极性，才有可能把人心经营好，把企业管理好。

古人云："得人心者得天下。"从古至今，无数朝代更迭都证明了这一点，无数企业兴亡也证明了这一点。管理者如果你想把企业经营好，不仅要注重产品的质量、服务的质量，更重要的是管理好员工的心，让员工对你充满忠心，对工作充满责任心、对公司充满事业心和归属感。这样，企业才有凝聚力，团队才有竞争力。

有一家民营企业在老板的带领下，在短短的几年之内，从一个小公司壮大成一个规模宏大的企业，并建立了自己的工业园。当别人问他成功有什么秘诀时，他颇有感慨地说："做企业的本质是做人，是经营人心。"他正是靠着经营人心，才能把企业经营成功。

公司成立10周年时，举办了一场气势恢弘的庆典活动。当时，他为公司创建初期的两位英雄人物分别打造了半身铜像。他为什么要这么做呢？其实，这里面是有故事的。

原来，这两位员工都是公司创建初期的业务员。其中一位业务员还是与老板一同创业的元老级人物。有一次，无德的经销商骗了公司一批价值10多万元的货。这位业务员为了追讨这笔货，不惜星夜兼程地赶到经销商的所在地，誓死要把货物抢回来，结果他没能抢回这批货，反而被经销商暴打一顿，落得个终身残废。

这位业务员之所以能够为公司做出如此大的牺牲，是因为老板平时对他非常好。他觉得，如果办不好这件事，对不起老板的厚爱。由此可见，他对企业和老板是多么的忠诚。这件事发生后，老板承诺：公司一辈子都养着他。他也为公司尽心尽力，经常为老板出谋划策，深得老板的信任。

还有一位业务员工作能力十分出色，责任感很强。他在企业创业初期，为公司产品打入市场做出了杰出的贡献，但不幸的是在一次跑业务过程中，遭遇了车祸，永远地离开了人世。公司老板对这两位员工为公司做出的牺牲一直念念不忘，在征得第一位员工和第二位员工家属同意后，老板把二人的铜像安放在工业园内，以表达公司对他们的感激。

不仅如此，在这次10周年庆典上，公司老板把全体员工的家属都邀请过来，甚至把以前在公司工作过的员工都邀请过来参加庆典。在庆典中，老板的一席话感动了在场的所有员工及其家属，他说：“如果你现在是我们公司的一员，我感谢你们，为你们感到荣幸。如果你是我们公司曾经的一员，我也愿意张开双手，迎接你回来，公司的大门始终为你敞开。”这席话让全体员工都充满了自豪感和对企业的信心。

无疑，这次庆典活动是成功的。通过这次庆典活动，老板进一步赢得了员工的心，把员工凝聚在了一起，使大家的热情空前高涨，为企业的进一步发展提供了强大的精神动力。

从这个例子中，我们可以看出这位老板在经营人心方面的智慧。他不但让员工感觉有前途，还让员工感觉到公司有感情。人都是感情动物，每个人都希望跟着一个重情重义的老板工作，因此，老板一定要在经营人心、经营感情方面下工夫。

下面的几点细节就能有效地赢得人心，身为管理者的你，不妨借鉴一下。

1. 当员工生病时，应亲自慰问，并派人负责全程跟进，直到员工康复为止，就算员工感冒请假，领导者最好也要电话慰问一下；

2. 在公司的前台和保卫室准备雨伞、雨衣，当降雨不期而遇时，给员工提供雨具，为员工着想，对员工表达点滴的关心和照顾；

3. 当员工生日时，给员工举办一个生日 Party，包一个红包，并用 DV 把这个过程拍摄下来，为员工送去欢乐的同时，也把美好的祝愿留下来。

如果管理者能从点滴小事做起，表达对员工的尊重和关爱，让员工感到舒适，那么就能密切员工与公司的关系，增强企业的凝聚力，促进员工提高工作效率。

2. 学会做感情投资，你的管理成本就会减半

有些企业领导者认为，谈什么感情啊，情感啊，这些都是看不见、摸不着的东西，都是一些小儿科，不值得花费时间和精力。有些管理者则认为，感情投资是虚幻的东西，投入没有切实的回报，没有立竿见影的效果。如果你也有这样的认识，那么是你该改变观念的时候了。

感情投资虽然是无形的，虽然看不见，摸不着，但是却能感受得到。感情投资也许不能获得立竿见影的效果，但是它能对员工产生潜移默化的影响，随着时间推移，随着你感情投资越多，员工会加倍地回报你，这种回报表现为信服你、认同你、敬重你、支持你，乐意听从你的工作安排，愿意遵守公司的规章制度，积极工作，为公司创造效益。这样一来，你所得到的回报将是不可估量的。

在中国历史上，唐太宗李世民是一位善做感情投资的英明领袖。开国功臣徐世勣，是第一个被赐“国姓”的人，被李世民赐名为李世绩。对于这样的重臣，李世民非常重视感情投资。

有一次，李世绩得了急病。御医开的处方上，有“胡须灰可以救治”这些字。李世民看了之后，毫不犹豫地剪下自己的胡须送给李世绩，这在古代可是非常难得的。因为古人认为身体发肤，受之父母，不可损伤。因此，他们不剃发，不剪须。而皇帝是龙体，身上的任何一根毛发都珍贵无比。因此，李世民的举动把李世绩感动得热泪长流，叩头以至于流血，以表达感激之情。李世民却说：“这都是为了国家，不是为了你个人，这有什么可谢的！”

房玄龄也是李世民最为倚重的一位大臣，在朝中长期担任宰相。

他对唐朝开国时的制度建立、社会经济的发展，都做过重大的贡献。当房玄龄生病时，李世民为了了解病情，方便探视，竟然命人将皇宫的围墙凿开，以便直接到达房玄龄的家。

此外，李世民每天还派人前去问候房玄龄，并派名医为他治疗，让御膳房给他准备三餐。当听到房玄龄的病情有所减轻时，李世民便喜上眉梢，而当他听说房玄龄的病情加重时，马上愁云满面。在房玄龄弥留之际，李世民来到病榻前，与他握手话别，悲不能禁。

李世民的做法充满了真情实感，怎能不让李世绩、房玄龄等重臣感动，怎能不令他们披肝沥胆地为之效命？可以说，李世民的做法是管理的至高境界，对今天企业管理有非常好的借鉴价值。

管理者重视对员工进行感情投资，往往能收到巨大的回报：首先，通过感情投资，可以让员工感受到关怀，使员工在内心深处对领导者心存感激，认为领导者对自己有知遇之恩，从而激发出强大的潜在能力，使他们对工作产生强烈的使命感和奉献精神。其次，通过感情投资，可以使员工产生归属感和忠诚心，这是员工愿意充分发挥自己才能的源动力。再者，通过感情投资，可以有效地激发员工的创新精神，使他们鼓足勇气，勇往直前。员工创新对企业来说，是赢得市场竞争，获得商业利润的重要途径。

感情投资，投资是感情，也能收到感情，而感情是领导者与员工之间的心灵桥梁。在人际交往中，感情是不可缺少的因素，是相互信任、相互支持的润滑剂。聪明的领导者都注重感情投资，而且注重长期的感情投资，他们深知这对企业长远发展有不可估量的作用。日本麦当劳的社长藤田田认为，在所有投资中，感情投资花费最少，回报率最高。

藤田田是日本麦当劳汉堡庄的创始人和经营者，他曾经说过："记住这一句话：'日本麦当劳成功的信条是，为员工多花一点钱'绝对值得。"在他看来，勤劳的员工是公司的财富，公司绝对不能对员工吝啬。每一年，公司花在员工身上的金钱多达1000万日元，他说这笔钱绝对不是浪费。

这1000万日元用于保障员工及其家属的健康，支付给东京获洼卫生医院和警察医院，作为保留病床的基金。如果员工或他们的家属生病或发生意外，那么可以立即进入这两所医院进行治疗或动手术，即使周末有人得了急病，也可以及时送入指定的医院接受治疗，这样可以避免中途多次转院造成救治不及时而丧命。

有一两年，麦当劳的员工不曾因病住院，对于这两年投入的2000万日元，有人曾问藤田田是否浪费，得到的回答是："只要能让员工安心工作，对麦当劳来说就不吃亏。"通过这种感情投资和人性化关怀，藤田田换来了员工积极地工作，继而产生了巨大的创造力，为公司创造了任何投资都无法比拟的效益。

感情投资就像一张存折，你往里面存储感情，你就能获得员工的回报。你存储的是无形的感情，所获得的却是实实在在的企业利润。因此，不要吝啬感情投资，感情投资不花一分钱，却能获得源源不断地产出，这是一本万利的投资，学会感情投资，你的管理成本将减少很多。

感情投资不是虚拟的，而是真情实感的流露，是真心为员工着想。对于感情投资，领导者必须有一个正确的认识，那就是应该自觉地、一贯地践行，而不能只做表面文章，或只有3分钟的热度。所谓"以情动人，贵在恒久"，又所谓"路遥知马力，日久见人心"，要想感情投资结出丰硕的果实，你就必须在感情投资时坚持"放长线"的原则。

你要牢记："人非草木，孰能无情"，你更要坚信"精诚所至，金石为开"，在你的感情投资之下，员工一定会被你感染，从而对你充满敬意和佩服，并心甘情愿地追随你、服从你，这样你的管理将会变得十分简单，你在管理上投入的时间、精力以及金钱，都会大大减少。与此同时，公司所获得的利益，将是源源不断的。

3. 对下属要讲原则更要讲人情味

凡事讲原则，会让你显得冷酷、古板、不通情理；凡事都讲人情，会让你显得没有原则，没有底线，不讲规矩。在企业管理中，过于坚持原则的领导者，往往不受人欢迎，而过于讲人情的领导者，往往没有威严，这个两种领导都称不上优秀的领导者。那么，优秀的领导者应该怎样对待原则问题和人情问题呢？让我们先来看一下战国时期著名军事家吴起是怎么做的。

吴起是战国时期魏国的名将，他在镇守河西地区的27年中，与各诸侯国大战76次，全胜64次，其余12次打成平手。这样的战绩可谓前无古人，后无来者。吴起为什么能取得如此骄人的战绩呢？一方面归功于他的军事才能，另一方面归功于他的领导力。吴起有一句名言："用兵要狠，爱兵要深。"也就说，他带兵打仗时既讲原则，又对士兵充满人情味，让士兵对他又爱又怕，对他心服口服。

有一次，吴起指挥军队与秦国作战，两军在旷野上对峙，剑拔弩张，只要将帅一声令下，一场惨烈的战斗就会拉开序幕。在吴起的军队中，有一个士兵武艺高强、作战骁勇，他未等吴起下令，就迫不及待地挥刀冲向敌阵。大家还没搞清楚是怎么回事，他就已经斩杀了两个敌兵。对于这样勇猛的士兵，吴起却当即下令"斩之"。这时，军吏劝说吴起不要斩杀这样的人才，但吴起却说："材士则是也，非吾令也，斩之。"从那以后，再也没有士兵敢违抗吴起的命令。

在平时，吴起虽然身为军队的统帅，但是他却和士兵穿一样的衣服，吃一样的伙食，睡觉不铺垫褥，行军不乘车骑马，亲自背负着捆扎好的粮食和士兵们同甘共苦。甚至有个士兵患了恶性毒疮，吴起还亲自为他吸吮脓液。吴起对士兵的深切关怀，激起了士兵的以死相报，正是因为如此，吴起的军队才会充满凝聚力和战斗力，才能战无不胜。

管理企业、管理员工与带兵打仗的道理如出一辙，既需要讲原则，按原则办事，按制度办事，又要讲究人情，表达对员工的关怀和疼爱。只有这样，才能在企业中营造一种温情，让员工对企业产生归属感，从而全身心地投入到工作中。

讲原则、按制度办事，是为了惩恶扬善，为了根除员工不良的行为，保证企业正常地运行。讲人情、讲温情，是为了笼络人心，加深员工对企业的感情，以激发员工对企业的认同感和忠诚度。这两者对管理好企业来说缺一不可，两者不可偏废其一。要想做好这两方面，关键是把握好什么时候该讲原则，什么时候该讲人情。

西洛斯·梅内是美国国际农机公司创始人，是世界第一部收割机的发明者，被人们称为企业界的全才。他在几十年的经营生涯中，历尽起落沧桑，但却能屡屡得胜。

在公司里，梅内是最高掌权者，有权左右任何一个员工的命运，但是他从来不会滥用职权。相反，他懂得设身处地为员工着想，只要员工不触犯公司的制度，他就不会伤害员工的热情。而且即使在处罚员工时，他也能做到既讲原则，又不失人情味。

有一次，一个老员工违反了公司制度，在工作期间，他酗酒闹事，迟到早退。按照制度的规定，他应该受到开除的处分。管理人员做出了这一决定，梅内毫不犹豫地批准了。决定公布之后，这位老员工感到无法接受，他委屈地对梅内说："当年公司面临危机，债务累累时，我与您共患难，三个月都发不出工资，我毫无怨言。如今，我犯了点错误，你就要开除我，你真是一点情分也不讲！"

梅内听完老员工的话，平静地说："这是公司，是个有规矩的地方，这不是我们两个人的私事，我只能按规矩办事，不能有任何例外。"

事后，梅内才得知老员工之所以酗酒闹事是因为他的妻子去世了，他要照顾两个孩子。一个孩子跌断了一条腿，一个孩子因吃不到母亲的奶水而不停地哭泣。老员工非常痛苦，于是借酒消愁，结果耽误了上班时间。

得知这一情况之后，梅内立即找到这名老员工，安慰道："你真糊涂，现在你什么都不要想了，赶紧回家，料理后事，照顾孩子吧！你不是把我当成你的朋友吗？所以你放心，我不会让你走上绝路的。"说着，他从包里掏出一沓钞票塞给老员工，嘱咐道："回家安心照顾孩子吧，不用担心工作了。"

老员工听梅内这么说，立刻转悲为喜，问道："你是想撤销开除我的命令吗？"

梅内反问道："你希望我这样做吗？"

老员工说："不，我不希望你为我破坏了制度。"

梅内说："对，这才是我的好朋友，你放心地回去吧，我会适当安排的。"

后来梅内把这位老员工安排到一家牧场当管家，那家牧场离老员工家很近，方便他照顾家里的孩子。

有的领导者做到了坚持原则，但往往显得无情无义。有的领导者表现出了人情味，但是却因此放弃了很多原则。梅内既坚持了原则，又表现出了人情味，这是难能可贵的。作为一名优秀的领导者，有必要学习梅内这种处理两难事情的方法。只有兼顾了两者，才能让员工心服口服。在这方面，日本索尼公司的创始人盛田昭夫的做法，也值得管理者们借鉴。

有一次，索尼公司的一家分公司的产品包装出了问题，被东南亚的分销商投诉了。盛田昭夫非常生气，在公司的董事会上，他把分公司的经理痛斥了一顿，并要求公司以此为戒。这家分公司的经理感到尴尬难堪，禁不住失声痛哭。

会议结束后，该经理情绪十分失落。这时盛田昭夫的秘书却过来邀请他一起去喝酒，并表示这是盛田昭夫的意思。喝完酒，秘书陪着经理回到家。刚进家门，经理的妻子就迎上来了，说："公司对你真重视。"原来，公司派人送来了一束鲜花和一封贺卡，因为当天是该经理和妻子结婚20周年的纪念日。这让那位经理非常感动。

盛田昭夫认为，为了公司的利益，对犯错的员工不能有丝毫的容忍，但是为了避免彻底打垮员工的自信心和工作热情，批评之后予以安慰是非常必要的。这种方式被索尼公司的许多人称之为"鲜花疗法"。在鲜花疗法中，我们既能看到盛田昭夫对员工的严厉批评，又能看到他对员工的精神抚慰和贴心关怀。这与既讲原则，又讲人情味的管理智慧不谋而合。

4. 常对下属说：你的工作很重要

一个炎热的夏天，两名旅客在大槐树下歇脚、乘凉。期间，一名旅客对另一名旅客说："槐树没什么用，长这么大，但是不能结果实，对人类没有实际的用处。"槐树听了这话，十分生气地质问："你们在我的树荫下乘凉，享受我带给你的好处，嘴里却说没用，你们是不是太忘恩负义了？"

在企业管理中，有些管理者就像那两位忘恩负义的旅客一样，他们一边享受员工带给他们的好处，一边却在否定他们的价值。比如，领导者抱怨秘书："你每天除了打印文件，写一些报告，还能做什么？有你和没你对我没什么影响。"类似的话一出口，将对员工积极性造成毁灭性的打击。

槐树的话带给管理者们一个启示：尽管在你的企业里，有些员工在看似不重要的岗位上工作，看似没有实际的价值，但是不要轻易否定他们的价值。就像槐树一样，虽然不能结果实，也不能作为木材供人使用，但是他能为路人遮蔽烈日，这也是一种价值。作为管理者，你要做的是，经常对员工说："你的工作很重要，公司不能缺少你。"这样才能激发员工的价值感、积极性，使之更加认真地对待工作。

有一位领导者握着请假归来的员工的手，真诚地说："以前有你在的日子，我不觉得你的工作有多重要，但是这几天你请假回家，公司缺少了你，我才发现原来你的工作那么重要，少了你这一环节，大家工作起来都会遇到不小的麻烦。"员工听了这番话，顿时激动得无以言表，他的内心在想：领导这么器重我，我一定不会辜负他，我会继续努力，把工作做得更好。

这位领导者是聪明的，他懂得用高度的认可来评价员工，使员工获得精神上的鼓舞和情感上的支持。在他那番评价的背后，我们看到的是：每一个员工都是团队不可缺少的一个环节，当员工在自己的岗位上时，我们看不到他们的重要性，但缺少了任何一人，团队的运转都会受到影响。由此可见，每个员工的工作都很重要，千万不要轻视它，不要忽视它，更不要鄙视它。

IBM 在发展过程中，一贯坚持三条原则，这三条原则比任何技术革新、市场销售技巧或庞大的财力带给公司的贡献都要大。其中，第一条原则是：要尊重员工的一切。这条原则是老托马斯·沃森在创办 IBM 时提出的，小沃森接替公司后，把这一条原则进一步发扬光大。

在 IBM，上至总裁下至传达室，每个员工都受到应有的尊重。这种尊重集中体现在"员工是公司最重要的资产，每个员工都可以使公司变成不同的样子，每个员工都是公司的一分子"的朴素理念上，更体现在薪酬体系、能力与工作岗位的分配、享受培训和发展机会上。

IBM"尊重员工的一切"的原则告诉我们：每个员工对应的工作，都是公司运行的重要一环，有些环节看似不重要，但若真的缺少了这一环，公司的运行就会瘫痪。正如一台机器上的一颗螺丝钉，看似不起眼，但若少了这颗螺丝钉，恐怕机器运转起来就会出问题。

因此，管理者应该擦亮眼睛，看清每个员工所对应的工作的价值所在，并大声告诉他们："你的工作很重要。"

一家营养盐公司的领导者曾给员工写过一封信，该员工是一名不起眼的开票员，这封信的主题是：你的工作真的很重要。看完这封信后，相信你也会被其中的言辞所感动。这封信的内容是这样的：

你是个平凡的员工，做着平凡的工作——开票，可是，我要告诉你：你的工作真的很重要。

不要觉得我在虚假地恭维你，要知道，每一位客户都会与你直接接触。有的与你见面，有的与你通过电话联系，寒冬酷暑，送往迎来，你渐渐熟悉了一些老客户的声音，记住了他们的容貌，等下一次客户来买盐时，你的一声问候："您是×××，今天买多少?"简单的一句话，就能拉近与客户的距离，使客户觉得亲切。

你开出的每一张发票，收取的每一笔款项，都是平凡的举动，也许你向客户说了很多好话，为的是让客户多买一点营养盐。也许客户对你不理不睬，也许你感到有些灰心，但是当新业务来了时，你又打起了精神，满面微笑："您好，我是盐业公司……"

有些话，你每天不知道要重复多少遍，也许你口干舌燥，但你觉得值得，因为从概率角度来讲，成功的几率也是存在的。在合家团圆的节假日，对于你却是一种奢望，你可能要忙忙碌碌一整天，坚守在销售第一线。

你的工作是平凡的，但是谁敢说平凡的工作不重要？谢谢你，辛勤的开票员，你为公司做出了重要的贡献，公司真心感谢你。

一封充满肯定和感激的信，把公司管理层的重才爱才之心表现得淋漓尽致。在这封信里，每一句话都是那么情真意切，平凡的语言，却彰显了最真实、最朴素的感动。作为公司的领导者，你可曾对员工说过这样一句话：你的工作真的很重要？如果还没有，请记得把这句话传达给员工，让他们得到你的认可，感受到自己的价值，这是领导者最应该做的事情。

5. 适度关心员工的个人问题，他们就会把你当“自己人”

孟子说：“得人心者得天下。”企业与员工的关系，就像鱼和水的关系，企业要想发展好，就离不开员工的支持。因此，身为企业经营和管理者，一定要想办法与员工处好关系，搞好团队内部的团结，增强企业的凝聚力。而要达到这一目的，最好的办法之一就是关心员工，关注员工的个人问题，帮员工分担忧愁和困难。关心员工，员工才会对领导者吐露肺腑之言，才会对企业产生忠诚之心，为公司的发展尽职尽责、尽心尽力。

说到关心员工的个人问题，企业领导者首先应该关心员工的身体健康。在这方面，被称为世界手机行业“大哥大”的摩托罗拉公司的总裁保罗·高尔文就做得非常出色。在他成功经营和管理企业的过程中，他特别关心员工的身体健康，为此付出了真心，感动了很多员工，从而赢得了员工的真心。

在摩托罗拉公司，当员工生病时，保罗·高尔文会在第一时间问候员工：“你的病情怎么样？有没有看医生？如果你需要我，我可以向你推荐最好的医生。”当他把医生推荐给生病的员工时，他会督促医生：帮我的员工看完病之后，请把账单直接交给我。

在经济不景气的年代，员工最怕失业，生病之后，他们会保密，怕领导知道后担心他们无法胜任工作。摩托罗拉公司有一名采购员叫比尔·阿诺斯，有一年他患上了严重的牙病，疼得他实在无法工作。很快，高尔文就得知了他的病情。

高尔文见他表情痛苦不堪，非常心疼地说：“赶紧去看病，不要想工作的事，治疗费的事我来替你想办法。”阿诺斯去医院做了手术，手术非常成功，他知道手术费比较贵，但奇怪的是，他却从未见到账单，因为高尔文已经替他支付了这笔手术费。他多次向高尔文提起这笔手术费，得到的回答都是：“我会让你知道的。”

阿诺斯知道手术费的细节吗？当然知道，不过那是他勤奋工作了几年之后的事。当他生活有了很大的改善时，他再次找到高尔文，说：“我一定要偿还你为我支付的手术费。”但是高尔文却说：“你呀，不必这么关心这件事。忘了吧！朋友，好好干。”

阿诺斯说：“我会干得很出色的，但我还是要还您的钱……是为了使您能帮助其他员工医好牙病……当然还有别的什么病。”

高尔文说：“你有这样的想法我就很开心了，谢谢你，我先代他们向你表示感谢！”

事实上，当年高尔文只是替阿诺斯支付了200美元的手术费，这笔钱对他来说是一个小数目，但是对员工来说却是不少的钱，更重要的是，这笔钱代表的价值是对员工的关怀和尊重。可喜的是，这样的故事在摩托罗拉公司实在是再平常不过的事情。

作为一家大公司的总裁，高尔文能如此真挚地关心和爱护员工，其真意自然令每一位被关心的员工感激涕零。为了报答总裁的深情厚谊，员工会加倍地努力工作，以表达对企业的忠心。

俗话说：“将心比心，以心换心。”在企业里，领导者如果能像家长关心孩子那样关心员工，那么员工肯定会像孩子一样热爱家长、热爱企业。因为人非草木，孰能无情，你用真心呵护员工，员工自然会用真心回报企业，把领导者当成“自己人”，把公司当成自己的家。

众所周知，每个人对“自己人”都会信赖有加。在企业管理中，如果你想让自己的言行更具影响力，最好的一个办法是先让员工对你产生自己人意识。因为当员工把你当成自己人，把你视为同一类人时，就会对你产生强烈的信任感。一旦他们信任你了，那么你的言行就会充满影响力，你管理企业就会轻松许多。这个看似简单的道理，却不是每个管理者都能领悟的，有这样一个反面案例：

有名大学生毕业后，进入一家民营企业，在不到两年的时间里，他迅速成长为公司的一名骨干。但是当公司对他充满认可，准备大力提拔他时，他却突然提出了辞职。公司老板非常不解，最后通过私下沟通才了解到他辞职的真正原因。

原来，该员工觉得老板不近人情，一点都不关心员工，跟着他干没有意思。为此，他还举了一个例子：有一次，他与老板一同出差，路上他意外生病了，但老板却视而不见，不理不问，一味地督促他一定要提前完成任务、缩短行程安排。他说："我无法从内心尊重他，也做不到继续为他效力。"这就是他辞职的真正原因。

由于老板不懂得关心员工，导致公司苦心培养出来的优秀人才流失，这种情况不得不让企业管理者扼腕叹息。也许有些管理者认为，员工来公司就是工作的、为公司创造效益的，他们生病了、心情不好或心里有苦闷，这些个人问题企业没有责任去帮忙解决，因为公司不是慈善机构。可是话虽如此，但却难以让员工接受。

要知道，员工不是机器而是人，是有情感、有思想的人，如果企业内部缺少人文关怀，缺少人情味，那么工作就会变得枯燥无味，人与人之间、上下级之间就会变得冷漠。这么一来，员工就不可能开心地工作，员工工作不开心，企业发展还有什么希望呢？所以，管理者要赶紧放下"企业不是慈善机构"那种冷人心的观念，从今天开始，适度关心员工的个人问题，表达对员工的关心和爱护，激发出员工"自己人"的意识。下面几种方式值得借鉴。

(1) 留意员工的生日及每个节日

在员工生日那天，如果管理者懂得表达对员工的关心和问候，往往能给员工带去积极的影响，比如，送一份精致的礼物给员工，准许员工一天假，让他有时间与家人一起过生日。当然，公司也可以为员工举办一个别开生面的生日晚会，并附上一个红包，这样能很好地打动员工。还有一些节日，比如"六一"、"中秋"等，公司可以为员工的孩子准备一份礼物，送上月饼，向员工表达一点点关怀。

（2）关心员工的健康，员工住院时，亲自探望

一位普通员工住院了，公司的领导前去探望，说："平时你在公司的时候，感觉不出来你有多重要，这几天你生病了，公司没有你，我就感觉工作没了头绪，大家也都乱了手脚，你真的很重要，安心把病养好吧，公司需要你！"这番话把这位员工感动得哭得稀里哗啦，出院后他工作十分卖力，以报答领导的关爱之恩。

值得一提的是，探望生病的员工千万不能走过场，有些领导者探望员工时，表现得心不在焉，草草了事，这样做的负面影响非常大。员工可能会想："原来领导是假仁假义，平时我干得好，那些表扬肯定也是假的，现在我病倒了，他也不把我放在心上，真是没良心的家伙。"管理者千万不要让员工产生这样的看法。

（3）利用工作餐，与员工拉拉家常

在午餐时间，领导者轮流和不同的员工一起进餐，在用餐的同时，与员工拉拉家常，了解员工的家庭情况，看员工是否有困难需要帮忙，看员工是否有烦恼需要开导，看员工是否有建议需要探讨等等，既可以拉近员工与领导者的距离，又可以加强情感交流和工作交流，让员工感受到领导者的重视，这对员工是一种必不可少的关心。

要注意的是，关于员工的个人问题，领导者应该坚持适度关心的原则，以表达对员工的充分尊重。有些个人问题涉及员工的隐私，员工可能会避而不谈，对此，领导者没必要刨根究底，以免弄巧成拙，适得其反。

6. 关心员工的家属，比关心他本人更令人感动

一个人辛苦工作，为的是什么？不外乎想让自己的生活过得更好一些，希望家人的生活有更好的保障。如果家里出了事情，员工的心

就会被牵动，他很可能没有心思工作。企业管理者如果重视关心员工的家属，帮员工解决燃眉之急，那么这比关心员工本人更令人感动。

杨超是某企业员工杨俊的弟弟，他有严重的高血压，身体状况欠佳。虽然已经成年，但是依然和年迈的母亲生活在一起。一次，杨超因身体不适，到医院检查，结果确诊患上了尿毒症。听到这个不幸的消息后，他的母亲伤心欲绝，杨俊也万分焦急，他们想尽一切办法筹钱给杨超治病，为此花光了家中所有的积蓄。

企业的领导得知杨俊的弟弟患上了尿毒症，马上拿出2万元作为爱心捐赠款，同时发动公司全体成员向杨俊捐款。捐款那天，杨超来到了现场，当他手捧大家的爱心款时，感动得泪流不止，他说："谢谢领导和大家的关心，我一定坚定信心战胜病魔。"

企业领导安慰杨超："虽然你不是我们的员工，但你是我们员工的家属，关心你就是爱护我们的员工，你要树立信心，积极配合治疗，早日康复。"这一番话深深打动了杨超，也深深打动了杨俊，他感受到了公司的重视，在后来的工作中，他表现得更加卖力。

关心员工的家属，就是关心员工本人，甚至比关心员工本人，更能让员工感受到那种真挚的关爱。因为员工的家属与公司非亲非故，没有直接关系，公司却能对他们伸出援手，慷慨解囊，足以体现出真情。这是对员工的间接关心，却能取得比直接关心员工更好的效果。

当员工出差时，公司管理者如果能事先帮员工安排员工家属的生活，或派专人负责，送去关心和慰问，一定能深深笼络员工的心。当员工家属生病了，管理者若能登门拜访，亲自探望，带去礼品和关爱，一定能让员工备受感动；当六一儿童节到来时，公司若能给员工的孩子送上一份特别的礼物，当员工的孩子考上优秀的学校时，公司若能向员工送去一份祝福，那么就能起到很好的情感沟通作用。

身为管理者，千万不要小看这些事情，因为在情感世界里，小事往往最容易打动人。所谓"见微知著"，小事中往往蕴含着大爱，而且这种大爱的影响力、波及范围是极其广泛的。它不但能够打动员工本人，更会打动员工的家属，为公司赢得人心。试想一下，当员工家属支持企业时，员工会轻易弃企业而去吗?

新疆有一位企业家，对待员工就像对待亲人一样，对待员工的家人也像对待自己的家人一样，大家都亲切地称呼他“马大哥”。

员工王军老家在安徽，有一次，她的哥哥从老家过来看望她，马大哥派人去火车站接王军的哥哥，然后把他安排到酒店，并给他准备了可口的饭菜。第二天，马大哥安排财务人员报销了王军哥哥的火车票。

马大哥的做法深深打动了王军的哥哥，他说：“这么随和，这么关心员工，想的这么周到，这样好的领导我是头一次遇到，在这里工作我们家可以放一百个心了。”

其实被马大哥打动的员工家属不只有王军的哥哥，在公司里，只要有员工家属来探亲，马大哥就会安排员工家人的吃住问题，和他们谈论员工在公司的工作和生活情况。当员工的家人探完亲返回家时，马大哥还会派人给员工家人买一些新疆土特产带上。在他的心中，员工的亲人就是自己的亲人，要向对待自己的亲人一样对待员工的亲人。

2010 年 10 月，员工李学兵的奶奶去世了，作为公司的老板，马大哥放弃了自己三天的休假时间，和公司其他领导一同来到马学兵家里，帮助马学兵为他的奶奶料理丧事。李学兵谈到此事时，激动地说：“董事长真像自己的亲哥哥一样关心我，我永远忘不了他的这份情。”

员工的家人是员工精神上的强大支柱，员工与他们的家属是紧密联系的一个整体，管理者如果关心员工的家属，就意味着关心员工本人，一样能给员工带去感动。管理者如果能考虑到员工家人的实际困难，对员工而言那将是一笔很好的情感投资。

网易公司的创始人丁磊曾经说过，关心员工的家人是企业家应该尽到的责任。他非常重视关心员工的家人，包括员工子女所面临的实际问题，比如，优秀员工的子女是否就能享受到高质量的入托入园入学条件，他认为这在很大程度上会影响员工的“落地生根”问题。换言之，企业若想长久地留住优秀的人才，关心他们的子女受教育问题，特别是让他们的子女在公司所在地接受教育，做到这一点是非常重要的。

管理者应该认识到，关心员工的家人不仅能在情感上拉动员工，赢得员工家属的支持，有时候也能换来员工看得见、摸得着的实际帮助。比如，有这样一个例子：

王经理是温州某鞋业公司的总经理，在十几年的经营生涯中，他非常关心员工的生活冷暖。1995 年，员工小徐的父亲患胃癌，急需一笔医药费。这对小徐而言，无疑是一笔数额巨大的款项，当他哭着找到王经理时，王经理了解了情况之后，二话没说，让财务给了他 5 万元，并嘱咐他不要有思想包袱，好好陪父亲治病。这件事让小徐对王经理感恩戴德。

2002 年，在激烈的市场竞争下，王经理的鞋业公司陷入了困境，只剩下一个空架子。这时小徐在新加坡的舅舅要来大陆投资办厂，小徐把鞋业公司的情况和王经理的为人告诉舅舅，说服了舅舅投资鞋业公司。在这笔投资下，王经理的鞋业公司创新了鞋的款式，改进了设备，接到了很多订单，公司很快就起死回生了，而且生意越做越大。

俗话说："种瓜得瓜，种豆得豆。"今天，你对员工的家人付出一份情意，种下一份恩德，明天，说不定员工会带给你企业重生的机会。即便员工没有那么大的能耐，他们也会用自己的辛勤付出和默默耕耘，为企业发展添砖加瓦，为企业走得更远尽一份力。

7. 越是危机，越不能轻易抛弃下属

在如今这个追求利益最大化的时代，公司裁员是常有的事，也许你们公司没有经历过裁员，但你应该明白裁员对员工而言意味着

什么。裁员一方面会给无辜的被裁者带来生活的压力和内心的痛苦，另一方面也反映出决策者不负责任，为了利益抛弃员工的行为。假设你是一位高层管理者，有一天你被公司无情地“抛弃”了，你的内心会不会五味杂陈？作为管理者，如果你经常思考这个问题，相信你就能将心比心地体会到员工的感受了。

路易斯·乌切在2006年金融危机前，在他的新书《美国的“一次性”雇工：裁员及其后果》中发出警告：公司裁员可能会付出惨重的代价。这本书上市后不久，乌切就表示：“在一次美国精神分析协会的会议上演讲。演讲结束后，我让现场30多名精神分析师表决。表决的问题是，‘就你的经验看，是否觉得被裁员是一次创伤性的体验？’结果所有人都举了手。”

裁员会给员工造成严重的伤害，也会严重影响企业在员工心目中的形象。1992年，IBM宣布了公司成立以来的首次裁员计划，当时IBM员工的脸上满是惊愕的表情。面对“蓝色巨人”过河拆桥的行为，被裁员工们纷纷表示，他们对IBM的印象再也无法回到从前。所以，轻易裁员、抛弃员工是不明智的举动。

大凡成就卓越的领导者，往往越是在危急关头，越把员工的生死存亡放在心上。俗话说“危难之时见真情”，领导者在危急关头不抛弃、不放弃任何一名员工，一定会感动每一位员工，从而赢得大家的真心拥护。在这一点上，三国时期的刘备为后人做出了榜样。

当年刘备弃新野，走樊城，面对曹操铁骑的追杀，他依然带着数十万百姓，导致行军速度缓慢，形势十分危急。很多部属劝说刘备放弃百姓，尽快逃离曹操的追杀。但刘备却说：“做大事以人为本，怎可危难之时弃百姓而去？”结果历经劫难，最终逃离曹操的追杀。这件事让刘备深得民心，为后来三分天下奠定了很好的群众基础。

在现代企业管理中，也有危急时刻不抛弃员工的优秀企业，比如长虹电器。2008年，受国际金融危机的影响，家电的出口情况变得十分严峻。当年年底，家电企业迎来了一次裁员高峰，就连美国最大的家电企业惠而浦公司也宣布裁员5000人。

面对如此严峻的形势，长虹集团董事长赵勇在公司内部骨干会议上宣布，长虹将实施不裁员、不降薪的过冬策略。赵勇表示，员工是企业创造价值的主题，人才是企业最可贵的财富，信心是企业迎接挑战的基础，企业的业绩不是靠裁员裁出来的，而是靠凝聚人心做出来的。在当前特殊的时期，公司更应该凝聚人心，加大培训和研发力度，为长虹的下一次腾飞积蓄力量。

越是危机，越不能轻易抛弃下属，越能显示出企业对员工的真情。当然，这并不是说企业不能裁员。如果企业面临破产的危机，不裁员就真的无法生存下去了，这个时候裁员也是无奈之举。世界华人首富李嘉诚在经营企业的过程中，就曾有一次无奈的裁员举动，不过他并不是随便抛弃员工，他到底是怎么做的呢？下面来看一下他当年的经历吧！

当年李嘉诚的仓库里堆满因质量欠佳和延误交货退回的玩具成品。有些客户上门索赔，有些客户上门考察生产规模和产品质量，见到这种情况后，马上扭头就走。李嘉诚知道，客户是企业的衣食父母，失去了客户就没生意可做，因此，李嘉诚急得像热锅上的蚂蚁。

果真是墙倒众人推，银行得知长江塑胶厂陷入了危机，马上派人来催贷款。李嘉诚焦头烂额，痛苦不堪，只好陪着笑脸接待，恳求宽限还款期限。但是怎样才能从根本上应对企业破产危机呢？李嘉诚思前想后，最后决定裁员，因为工厂开工严重不足，裁员是节省成本的唯一办法。

不过，李嘉诚的做法充分表达了温情，他召开集体员工大会，坦诚地承认自己经营犯下的错误，不仅拖垮了工厂，还损害了工厂的信誉，最不能原谅的是连累了员工。他向那些被裁的员工赔礼道歉，并表示企业一旦有转机，就会把他们召回来上班。如果到时候被裁的员工找到了更好的去处，他也不会勉强。

裁员之后，李嘉诚通过一系列的具体措施，稳定了企业的局势。他拜访银行、原料商、客户，向他们坦诚地表达歉意，承认自己的错误，请求原谅。同时，丝毫不隐瞒工厂的危机，恳求他们帮忙想对策。李嘉诚的诚意打动了很多人，得到了大多数人的谅解，危机一步步地解除。最后，长江塑胶厂走出了危机。

公司走出危机之后，李嘉诚兑现了之前的承诺，把原来被裁的员工招了回来，并且在公司的集体会议上，李嘉诚向全体员工表达了感谢，肯定了他们在危机时，与公司同甘共苦的做法。然后，他通报了公司的收支情况，告诉大家：公司已经走出了危机，将迎来柳暗花明。会议结束后，李嘉诚给每个员工一个红包，以表达对员工的奖励，让员工们非常受感动。

我们倡导：危机时，不轻易抛弃员工，但不代表永远不抛弃员工、不裁员。因为企业面临的危机各种各样，有时候是企业经营不善导致的，有时候是市场大环境决定的。这些时候员工是没有过错的，如果轻易裁掉他们，那么他们是最无辜的。因此，在这种情况下，企业如果裁员，一定要充分安抚员工的内心。

美国通用中国地区总经理曾说过，“任何人如果很乐意裁员，他就没有资格当领导；反之，如果不敢裁员，也同样没资格当领导。”在这位总经理看来，每一位员工对公司都很重要，不到万不得已的时候，不要轻易抛弃他们，除非员工的能力达不到公司的要求。

用通用公司前 CEO 杰克·韦尔奇的话来说，一家公司有 20% 的人卓越，有 70% 的人合格，可以接受，另外 10% 的人要淘汰。如果你可以把这 10% 的员工培养成合格的人才或卓越的人才，那么最好先努力去培养。如果无法将他们培养成合格的人才或卓越的人才，那么淘汰他们是必须的。否则，对那些 20% 的卓越员工和 70% 的合格员工是不公平的。

第四章 Di Si Zhang

善做伯乐，慧眼识人：发现为己所用的人才

在任何一个企业、团队里，往往需要各式各样的人才。任何一个人，不可能方方面面都出色，也不可能每一个方面都差劲。因此，用人之道的根本在于识人，发现、发挥下属的一技之长，才能取得事半功倍的效果。一个成功的领导者，不在于自己有多大本事、能干多少事，而在于善做伯乐、慧眼识人，清楚地了解每个下属的优缺点，将他们放在正确的位置上，让他们做正确的事情。这样才能轻松管好人才、用好人才，推动企业发展。

1. 刘邦拜将，曹操点兵
——你找到最适合的人了吗

企业之间的竞争，说到底是人才的竞争。而人才之间的竞争，说到底是选人、用人层面的竞争。用人层面的竞争，关键在于选人，从某种程度上来看，选人也是一种用人之道。我们常说选人，其实指的就是针对某个职位、某项工作选人，选对了人，就意味着把这个人才放在了正确的位置上，这其实就是一种用人之道——让对的人，做对的事。

有一位驰骋商界的成功人士曾说："做一个成功的领导者，其实很简单，只要做好3件事：用对人，做对事，分好钱。"想一想这句话，其实非常精辟。刘邦为什么能够夺得天下？曹操为什么能称雄一方？在很大程度上取决于他们对人才的重视，取决于他们找到了合适的人才。当年刘邦拜韩信为大将军，是因为刘邦意识到韩信是军事奇才。而曹操手下猛将如云，他才能够称雄北方。

很多人长篇大论地谈领导力，谈了很多高深的理念，却忽视了"选对人"才是根本。只要你能找到"对的人"，那么做"对的事"就变得非常简单，那么，怎样才能选对人呢？一家外资贸易公司的区域总经理认为，"选对人"主要是指根据工作的需要，选择有能力胜任这项工作的人才，要使人才的能力与这项工作相匹配，这才叫选对人。

皮特·切宁是默多克新闻集团的2号人物，他一直受到了默多克的重用。1989年，53岁的切宁进入了新闻集团，起初在福克斯广播公司娱乐部门担任总裁（一个部门负责人），由于他的表现优秀，仅过了3年，就被默多克提升为福克斯电影娱乐部门的首席执行官。

切宁在担任福克斯电视网的首席执行官期间，先后推出了几档优秀的电视栏目。比如，《辛普森一家》和《贝弗利山90210》。在此期间，福克斯推出了票房大片，比如《生死时速》《窈窕奶爸》《真实的谎言》《独立日》等等，为默多克的新闻集团带来了丰厚的利润。默多克看在眼里，急在心里，他知道媒体界竞争激烈，如果对公司的人才稍不重视，人才就可能被竞争对手挖走，这对公司无疑是一个重大的损失。

因此，默多克在1996年把切宁调到自己的身边，让他做自己的副手，在新闻集团内部担任总裁和首席运营官。在工薪方面，默多克自然没有亏待这位难得的人才。据说2007年，切宁的年薪为810万美元，加上股票的奖励和各种分红、福利等，切宁的实际年收入达到了3400万美元，超过了默多克3210万美元的总收入。

2004年，默多克让切宁与新闻集团签署了5年的工作合约，在此合约期间，切宁继续担任新闻集团的总裁兼首席运营官。在宣布合约的发布会上，默多克非常开心地说："在过去的10年时间里，皮特·切宁一直都是我亲密而又值得信赖的朋友，我很高兴他能够继续为新闻集团贡献自己的智慧和力量。在这个竞争日益激烈的全球市场上，皮特成功地发展了新闻集团的核心娱乐业务，他的聪明、魄力和领导的能量将在整个公司和整个行业都会受到尊重。切宁的留任，我相信他会让新闻集团更具凝聚力，更具竞争力。"

默多克视切宁为"对的人"，在切宁身上不惜血本，毫不吝啬。因为不下血本，优秀的人才是不可能死心塌地为你效力的。常言道："舍不得孩子套不住狼。"在选人的时候，如果你认定对方是"对的人"，千万不要手软，千万不要"小气"，只有这样才能得到优秀人才的辅佐，企业才能获得更好的发展前景。

有一位瑞士的研究生研制了一支电子笔和一套辅助设备，这套设备可以用来修正遥感卫星所拍摄到的照片。当这一发明推出之后，世界各国的很多企业对这位研究生都产生了兴趣。其中，以美国一家公司和瑞士的一家公司对这位人才的争夺最为激烈。

美国的公司派人游说这位研究生，表示愿意重金聘请他。瑞士的公司也千方百计想留住这位研究生。双方你争我夺，不断加大筹码。最后美国的公司说："我们不加了，等瑞士的公司加足了，我们在他们给出的薪酬上乘以5。"最后，这位研究生带着他的发明去了美国这家公司。

选择对的人，才能让他们做对的事。在这个过程中，领导者要学会充分授权，这样才能让优秀的人才得以施展自己的才能，为企业的发展做出应有的贡献。同时，领导者还应建立科学合理的管理制度和监控机制，保证优秀的人才在企业规范的轨道上做事，以保证企业整体正常运作和发展。

2. 选人不要只关注学历，会干事才是硬道理

企业的发展壮大需要人才做后盾，可是选择怎样的人才为企业效力呢？有些企业管理者在选人时挑挑拣拣，一味地以人才的学历为标准，只关注人才的出身、背景，却不重视人才的实际能力，结果花重金把名校的高材生招来，企业效益却上不去。这种现象值得每个管理者反思：招聘人才来公司，到底是为了什么？是为了装点企业的门面，好让同行看到：我们公司"人才"济济——都是名校出身的人才，还是为了干实事，提效益，为企业谋发展的？

世界报业大亨默多克曾经说过："人才没有标准，新闻集团的高

层并不一定都需要具备博士学历才能担任的，只要你有能力，为集团发展做出了贡献，我们不会亏待任何一个在这里发展的人才。”其实不止是新闻集团的人才没有标准，很多行业的人才，也没有硬性的标准。如果有标准，那唯一的标准就是会干事、干好事的能力。

看看当下的一些年轻人，他们整天拿着各种各样的文凭和证书，什么博士学位、硕士学位等等，在多个企业之间挑来挑去，自认为高人一等，但是这样的人真的有能力吗？真的能胜任工作吗？这个可不一定。因此，管理者在选择人才时，一定不要只关注学历，而忽视人才的实际能力，免得招一个只会照搬书本知识而不会处理实际问题的“书呆子”回来。

在一个人才招聘现场，一位人力资源专业毕业的硕士生与企业招聘人员谈论对薪水的要求时说道：“月薪不能低于1万，低的免谈。”当时已经到了下午，招聘现场的人也不多，招聘人员就想多了解一下这位硕士生，于是提了一些实际工作中的问题，想考一考他处理问题的能力。这个问题是这样的：

公司老板让采购经理去一个指定的供应商那里购买材料，而这个供应商是老板的小舅子。采购经理犯愁了，因为他每次从老板小舅子那里买回来的材料质量都不好，但如果不买就违抗了老板的命令，买了就会挨老板的批评：“你每次买来的材料质量都不好，而且价格那么贵，到底是怎么回事？”请问：如果你是人力资源顾问，你会如何与老板协商这个问题？

硕士生的回答令招聘人员大吃一惊，他的回答居然是：“这个问题书本上好像没有讲过。”

招聘人员说：“是的，这种问题书本上确实没有讲过，但读书并不是解决实际问题的唯一途径，做顾问没你想得那么容易，实际工作能力才是最关键的。”

顿时，硕士生惭愧无语……

我们不否认高材生的实际工作能力，但我们要强调的是：选择人才，不能只关注学历，会干事才是硬道理。巨人集团的创始人史玉柱曾经说过："初中水平跟博士后没啥区别。只要能干就行，我一直是这个观点，不在乎学历，只要能干能做出贡献就行。"在史玉柱看来，所谓的人才指的就是，我把一件事情交给你，你做成了，我再把一件事情交给你，你又做成了。只要你能把事情做成，你就是有用的人才。这种用人态度在他经营企业的过程中有很好的体现。

1995 年 6 月，毕业于南京国际关系学院的程晨进入了珠海巨人集团。在那个年代，史玉柱可是最热门的人物。进入公司后，程晨和其他员工一样，从最底层的促销员开始做起。3 个月之后，她顺利转为正式的业务员。半年之后，她成了业务主管。

程晨能取得这样的成绩，与她的勤奋不无关系。如果同事们每天跑 8 个小时的业务，那么她肯定会跑 9 个小时、10 个小时的业务。况且她有优秀的销售能力，所以，她的销售业绩总是名列前茅。而当时史玉柱一直强调"销售就是一切"，因此，程晨能以优异的销售业绩获得快速的升迁。终于有一天，史玉柱发现了程晨这块发光的金子。

1996 年 3 月，史玉柱在公司高层的陪同下，来到江苏考察销售情况。当时南京分公司的经理职位空缺，程晨临危受命，但她心里没底。因为当时南京分公司的销售业绩在全国排名倒数第 10。

当时史玉柱问程晨："你准备用多久来改变（南京分公司销售状况不良）这个情况?"

"1 个星期。"程晨的回答立即引来了大家的一阵哄笑，史玉柱也笑了，但他没有责怪小姑娘，他知道程晨有做好的决心。两个月后，程晨领导的南京分公司的业绩在全国的分公司中排名第 10 名，3 个月后南京分公司的销售业绩在全国的分公司中名列第 1。

1996 年 7 月，程晨在加入巨人集团一年后，被调回珠海巨人集团总部，成为史玉柱的行政助理。在那段时间里，程晨觉得非常狼狈，没有了销售成绩的刺激，每天只是跟着史玉柱开会、见客户、整理文件，每天从早上9点忙到晚上12点。在得到更多机会参与珠海巨人集团的核心业务后，程晨逐渐了解到公司所面临的困难。

1997年，巨人集团的危机终于大白于天下。为了应对危机，史玉柱在一年后启动了脑白金项目。当时程晨主动请缨，带着25万元现金到南京开拓市场。她依靠天才的销售能力和地缘优势，在南京迅速打开了市场。第一个月，她用25万元赚到了23万元，第二个月她赚到了50万元，第三个月赚到了100万元。

程晨在销售方面取得的成绩激励了整个集团，很多离开巨人集团的员工也回来了。他们通过滚雪球的方式，把脑白金做起来了。脑白金在江苏市场取得成功后，程晨又被任命为上海市场的开拓者，她仅用一年的时间，就在上海创造了一个亿的销售额，成为史玉柱最得力的臂膀之一。

程晨的案例告诉我们：得到一个会干事的人才，对企业的发展到底有多么重要。在选择人才时，学历真的不是最应该关注的，你最应该关注的是员工的工作能力。也许有人会问："面对一个新人时，我们无从考察他的能力，我们只能通过学历来判断他的大概能力。"这种做法无可厚非，但如果当高学历的新人在工作岗位上迟迟打不开局面，无法取得与他薪水相匹配的效益时，管理者就应该做出调整了，有必要以人才为企业创造的效益为标准来确定员工的待遇。微软就是这么做的。

在微软，员工的薪水、职位从来不会论资排辈，员工的升迁、涨薪取决于他的个人成就。在微软，副总裁的工资低于一个软件工程师的工资，这是很正常的现象。但这种现象在其他公司，恐怕很难见到。正是这种以人才的能力、个人成绩来确定员工的薪酬的用人制度，激励着微软员工更加努力地工作。到1992年时，微软公司的百万富翁已经多达3000人。

海尔集团的创始人张瑞敏曾说过一句名言："能者上，庸者下，平者让。"当你发现人才的学历与他的能力不匹配，当你发现人才空有学历，没有能力或能力不足时，管理者有必要以人才的能力为标准，择良木而用之，而人才的能力最好的体现就是他的工作业绩。所以说，员工会干事才是企业发展的硬道理，会干事才是优秀人才的主要标准。

3. 最适合企业的人才，即是最佳人才

在用人时，企业经常遇到这样的问题：是选择最优秀的人才，还是选择不太优秀，但最适合企业的人才？有些管理者可能觉得，最优秀的人才能力出众，能为企业带来更多的价值，但是阿里巴巴的总裁马云用自己的创业用人经历证明了一点：选择最优秀的人才就好比把飞机引擎装在了拖拉机上，最终还是飞不起来。

2000 年，阿里巴巴获得了 2000 万美金的支持，马云摩拳擦掌，决定大干一场，于是他招募了一大批来自哈佛、斯坦福及国内知名大学的 MBA。这些精英进入公司后，不断地向马云灌输各自的管理理论和工作方法，有的人说资本最重要，有的人说市场最重要，有的人说技术最重要，要下大本钱投资技术开发……

这些精英们的理论把马云弄糊涂了，他们讲得头头是道，听起来好像非常有道理，但是做起来却行不通。后来马云意识到阿里巴巴当时的发展水平不需要这些精英，他们虽然很有能力，但是他们不适合阿里巴巴。这就好比把飞机的引擎装在拖拉机上，最终还是飞不起来，到最后还可能把拖拉机给拖死。

回顾那段经历，马云是这样评价的："阿里巴巴在发展过程中犯过许多错。比如在创业早期，阿里巴巴请过很多'高手'，一些来自

500强大企业的管理人员也曾加盟阿里巴巴，结果却是‘水土不服’。那些职业经理人管理水平确实很高，但是不适合企业。”

如今，阿里巴巴已经由当年的小拖拉机变成比飞机还大的航空母舰。马云开始逐渐放权，把工作交给以前那些MBA去做，而这时候他们也能把阿里巴巴管理好。这个时候，飞机引擎才是真正安装到飞机上了。

其实不只是马云，国内外很多知名企业在用人上，都讲究量才施用，重视选择最适合企业的人才。例如，联想集团的用人理念是“用的人才都是适合联想的，但并不一定都是最优秀、最好的人才”。日本东芝公司推行“适才所用”的用人原则，让员工申报最能发挥自己专长的职位。北京双鹤药业的用人理念是“敢于起用新人，不求最好，只要能胜任工作，合适的就提升”。

从这些企业的用人理念上，我们可以发现他们都有一颗理智看待人才的心，他们不是一味地追求高素质、最优秀的人才，而是选择适合自己企业的人才。在他们看来，适合自己企业的人才，就是最好的人才。在这样的企业里，人才可以得到充分的尊重和认同，大家都在适合自己的岗位上努力，这样的企业怎么能不欣欣向荣呢?

在新闻界，默多克的管理团队非常有名。他们始终强调人才可以不是最优秀的，但在某个领域应该是最突出的。在默多克买下经营不善的英国《太阳报》之后，他要做的第一件事是让这份亏损的报纸为他赚钱。但是怎样才能赚到钱呢?把这份报纸交给谁来管理呢?默多克思前想后，最后决定让阿尔伯特·拉里·兰博来担任《太阳报》的主编。

默多克之所以选择让兰博担任《太阳报》的主编，是因为兰博是记者出身，喜欢挖掘那些“耸人听闻”的新闻来刺激读者，引起读者的关注。同时，兰博在办报方面善于整合版面，使版面新颖、便于读者阅读。默多克认为，这两大优点是处于亏损状态的《太阳报》最需要的元素。果然，兰博上任后，进行了一系列卓有成效的改革，很快将《太阳报》从亏损的泥潭中拖出来，为默多克带来了巨大的利润。

什么样的人才是企业的最佳人才？默多克用事实给出这个问题的答案：最适合企业发展需要的人才，就是最佳的人才。对企业来说，让合适的人来做合适的事，远比开发一项新的战略更重要。

原通用电气公司的首席执行官韦尔奇认为，“让合适的人做合适的事”这个宗旨适合于任何一个企业。如果你的企业是世界上最好的企业，但是没有合适的人去发展它，那么你的企业也不可能长期繁荣下去。

与很多CEO不同，杰克·韦尔奇把一半以上的工作时间用在人事上，他认为挑选最适合企业的人才是领导者最重要的职责。他说：“我们所能做的是把赌注压在所选择的人身上。因此，我的全部工作就是选择适当的人。”在这一点上，比尔·盖茨的做法杰克·与韦尔奇的很相似。

微软创办初期，公司仅有5位年轻人，其中一位是女秘书，她大学毕业不久。在工作上，她的作风散漫，态度不端正。比尔·盖茨想找一位工作热心、事无巨细的总管式女秘书来替代这位女大学生。

招聘通知发出之后，有意这份工作的应聘者很多。面对众多的求职简历，比尔·盖茨逐一仔细地审查，最后他选中了42岁的露宝——一位有4个孩子的母亲，曾从事过短期的文秘工作，还从事过档案管理和会计工作，但是它没有高学历和高职称。

事实证明，比尔·盖茨的选择是正确的。露宝的加入为年轻的比尔·盖茨提供了很大的帮助，她就像一位母亲，带给了比尔·盖茨精心的照顾。在她的辅佐下，比尔·盖茨的工作轻松了很多。

与那些出身名校的高材生相比，露宝在学历、文凭上明显逊色，但是比尔·盖茨坚持“不求最好，只求适合自己”的用人原则，给了露宝展现自己作为女秘书应有的素质。这再一次表明，选择人才要看其是否适合自己的企业，没有最好的人才，只有最适合的人才。

4. 任人唯贤，而不是任人唯亲

李嘉诚曾经说过："在我心目中，不管你是什么样的肤色，不管你是什么样的国籍，只要你对公司有贡献，忠诚，肯做事，有归属感，即有长期的打算，我就会帮你慢慢经过一个时期而成为核心分子，这是我公司一向的政策。"

李嘉诚的用人观是开放的，只要他发现你是个人才，就会重用你。这种爱才的程度绝不亚于三国时期的曹操，真正做到了中西合璧，各采其长。他不但善于识人，也非常善于用人。尽管他握有大权，但他也物色了不少出众的管理人才，放权给他们去管理业务。

周年茂、霍建宁是两位少年老成的将才，他们为李嘉诚开拓商业疆土立下过汗马功劳。尽管当时他们只有 30 岁，但李嘉诚依然对他们委以重任。李嘉诚用人不看资历，不看虚名，而是看一个人的实际能力，只要实践证明他们确实有超常的才华，李嘉诚就会毫不犹豫地予以重用。这种"不拘一格用人才"的人才观，正是李嘉诚的过人之处。

很多企业家、领导者喜欢用自己的亲信，认为亲信才是最可靠的，这就是所谓的"任人唯亲"，这在李嘉诚看来，必然会有损事业，他解释说："唯亲是用，是家族式管理的习惯做法，这无疑表示对'外人'不信任。"

事实上，李嘉诚的企业是典型的家族性企业，但是李嘉诚从一开始，就不按照家族企业的模式去经营和管理，他采取的是中西方优秀的管理方法相融合的管理模式，举贤不避亲，举亲不避嫌，只要有能力的人，他就会重用。这是他事业成功的关键。

20世纪80年代，李嘉诚的企业正在蓬勃发展中，不少潮州老家的侄辈亲友，找到李嘉诚，表示希望来他的公司上班，但被李嘉诚拒绝了。尽管如今长江实业也有李嘉诚的家乡人，但他们靠的是本事和能力进入企业的。曾经有一位员工这样评价李嘉诚："对碌碌无为之人，管他三亲六戚，老板一个不要。"

李嘉诚非常清楚，如果任人唯亲，那么企业内部被亲人霸占，就很容易把优秀的人才拒之门外。这样的管理，也许凭借创业者的个人才华，企业可以显赫一时，但很难维持到第二代。李嘉诚明白，创业之初靠自己，发展阶段靠团队，怎样用人，是企业稳定发展的关键。

2001年5月17日，李嘉诚在汕头大学演讲。当谈到如何管理企业，如何处理与员工的关系时，李嘉诚这样说："在我两个儿子加入公司前，我的公司内并没有聘用亲属，我认为，亲人并不一定就是亲信。如果是一个跟你共同工作过的人，工作过一段时间后，你觉得他的人生方向，对你的感情都是正面的，你交给他的每一项重要的工作，他都会做，这个人才可以做你的亲信。如果一个人有能力，但你要派三个人每天盯着他，那么这个企业怎么做得好啊！"

袁天凡是李嘉诚一个得力的亲信，早在1991年，荣智健与李嘉诚以及其他富豪联手收购了恒昌行，为了给恒昌行找一个合适的行政总裁，李嘉诚特意游说袁天凡。最后，袁天凡被李嘉诚说服了，辞去了联交所的重要职位，担任恒昌行的总裁。

然而，在1992年3月，荣智健向众富豪收购恒昌行的其余股份，引得袁天凡愤然辞职。辞职之后，他与杜辉廉、梁伯韬主持的百富勤合作创办了天丰投资公司，袁天凡占51%股权，并出任董事兼总经理，还兼并了旗下两家公司的总裁。

为了表示对袁天凡的支持，李嘉诚认购了天丰投资公司9.6%的股份，这很让袁天凡感动。袁天凡在公开场合多次表示："如果不是李氏父子，我不会为香港任何一个家族财团做。他们（李氏父子）真的比较重视人才。”

1996年，李嘉诚的二儿子深陷困境，李嘉诚亲自出面恳请袁天凡协助李泽楷打江山。袁天凡答应了，并且分文不收，鼎力协助李泽楷，最终帮助盈动成功上市，使盈动成为一家市值上亿港元的股份公司。

对于没有能力的亲信，哪怕他是李嘉诚的三亲六戚，李嘉诚也不会录用。而对于有才能的亲信，即便他是外人，抑或是亲戚，李嘉诚都会一视同仁地重用。在李嘉诚的下属中，也有自己的亲属，但这不是胡乱提拔的，而是在考察了对方的能力和品德之后，才予以重用的。在这些亲属中，最亲近的人是他的儿子，因为他们的确是可造之才，所以李嘉诚给他们空间施展才华。对此，李嘉诚从来不忌讳被人议论，这种举贤不避亲的管理之道，也是李嘉诚基业延续至今的一个关键。

5. 同等条件下，优先选用“潜力股”

企业用人，一定要优先选用“潜力股”。有潜力的人才，只有在合适的岗位上，才有机会充分发挥自己的聪明才智。试想一下，员工业绩平平，总不能让他“占着茅坑不拉屎吧”？因此，让位是必须的。让位给谁呢？当然是让位给有潜力的“将才”。很多员工既没有修养，又没有能力，还经常出纰漏，给公司惹乱子，拖公司的后腿。因此，这样的人只能让他“走人”。

康佳公司特别重视人才，在康佳，无论你是普通员工，还是一般技术员，无论你在哪个岗位，只要你有真才实学，公司就会把你放在合适的位置上，对你予以重用。

康佳恪守的管理原则是“爱才、用才、育才”，很好地调动了人才的积极性，提高了员工的工作效率。每一年，康佳都会把公司的庸才清除掉、把业绩差的员工淘汰掉，人数大概占总人数的5%，从而给新员工提供合适机会。而对于成绩卓著的员工，康佳会加以提拔。

公平竞争、优胜劣汰，这是市场发展的需要，也是顺应人类客观规律的。推行这种用人策略，推崇竞争上岗，一方面可以充分调动人才的工作积极性，另一方面也会让那些安于现状的员工紧张起来。否则，等待他们的就是“下岗”，这样对企业的发展也非常有必要。

有些人一开始是个能者，在自己的职位上兢兢业业，工作业绩突出，但是后来“变质”了。变得不安分守己，开始无视公司制度，让自己沦为了一个庸才。对于这种人，老板有必要下手狠一点，该清除出公司的，一定不能留下，以免给自己留后患。

红顶商人胡雪岩就碰到过这样的员工。这个员工名叫李庆，是阜康钱庄的一个小伙计。胡雪岩慧眼识才，发现李庆做事很谨慎，而且有远见，于是提拔他做钱庄的大伙计，管理钱庄的大小事务。

李庆确实是个人才，得到重用之后，他为阜康钱庄注入了一股活力。在十多年的时间里，他为钱庄做出了巨大的贡献。正因为功劳很大，他慢慢变得放松了自己，开始不听从胡雪岩的调遣。在人际关系上，也放任自己，不把其他同事放在眼里，经常对他们大呼小叫，好像钱庄没了他就不行一样。

李庆的做法与胡雪岩长期经营的钱庄所形成的风格背道而驰。胡雪岩曾建议李庆改正自己的工作态度，修正自己的做事风格，但是李庆并不在意。最后，胡雪岩渐渐无法容忍了。

后来，李庆赌钱输了个精光，还欠下一屁股债。为了还债，他假冒胡雪岩的名义挪用了钱庄的钱用于还债。他本以为这样做是天衣无缝的，却不知，赌场的老板曾受过胡雪岩的恩惠。因此，他把李庆的事情告诉了胡雪岩。

胡雪岩大怒，毫不留情地将李庆赶出了钱庄。尽管李庆苦苦求情，也有伙计替他求情，但胡雪岩态度决绝。他说："现在的李庆，再也不是过去的李庆了。这种事情他能干出一次，就能干出第二次。所以，钱庄绝不能留他。"

曾经的得力干将，也许会变成你的累赘，变成公司发展的阻碍。因为人是会变的，而且最怕人品变坏。如果有一天，当你发现公司的一位能者有挪用公款、吃回扣等严重的不良举动时，请狠心一点，将其请出门外。记住，当能者变成庸者时，该淘汰的必须要淘汰，这样才能保证企业源源不断注入新的活力。

当然，行业里还有这样一句话："说你行，你就行，不行也行；说你不行，你就不行，行也不行。"在企业管理方面，就是企业在招聘时，招聘人员容易被个人偏见所左右，从而错失人才，或者在企业管理过程中，管理者由于个人偏见的原因，对那些善于阿谀奉承的庸者和平者有较好的印象，而对那些靠实力说话的能者却不怎么有好感，这样也很容易导致能者的才能被荒废。

为什么有些人在这个企业是"潜力股"，在那个企业却变成了庸才，而到了另一个企业，又变成了人才呢？看一看下面的例子吧！

小李毕业于某大学的计算机专业，是一位非常优秀的大学生。毕业后，他被某大型国企的董事长、总经理及人事部的负责人看中，大家看了他的档案后，觉得非常满意，纷纷找他谈话，希望他能来企业效力。

"精诚所至，金石为开"，小李拒绝了其他单位的邀请，接受了这家企业的盛情。然而，进入这家企业之后，在几个月的时间内，小李一直处于"无所事事"的状态，后来好不容易有了一个软件开发项目，小李刻苦攻关了半个月，就把这个软件设计了出来。

可是，软件出现了两个小问题，按说这也属于正常现象，因为就算是大名鼎鼎的微软公司，开发的软件也会有漏洞，也要不断进行改进。然而，管理层根本不知道这一点，于是猛烈地攻击小李，并就此判定小李没有什么真本事。

小李初出茅庐，从一开始被管理层器重，到被管理层攻击，他简直是从天上掉到了地下。一时间，他激烈地回应了几句，想为自己辩解一番，但是却被管理层扣了一个“不懂人情世故”的帽子，大家对他颇有成见。

这件事发生之后，小李再也不像以前那样被重视了，小李感觉自己英雄无用武之地。于是他选择了辞职，进入深圳一家外资计算机公司，在那里，小李的优秀才华得到了很好的发挥，给公司创造了滚滚利润。

现实中，有些老板、管理者对待人才，就像叶公好龙一样，他们对人才的渴望只是停留在愿望上。当真正的人才出现在他们面前时，他们又犯糊涂了，把人才闲置在那里，把能者变成了庸者。所以说，老板要对人才多一点信任，多一点包容，多给人才创造条件，这样才能保证人才的真实能力得以发挥。

6. 根据公司的长远规划进行人才储备

人的能力有高低好坏之分，如何用人管人对企业的领导者来说，是一项极其严格的考验。大材小用，难免挫伤员工的工作积极性，从而导致人才流失；而小材大用又难免会引起工作上的混乱，唯有知人善用，把合适的人放到合适的位置上，才是企业发展的长远之道。

要想成功管人，首先要选对人，用好人，所以，管理者在组建团队时，一定要根据不同岗位的需要吸纳与之匹配的人才。垃圾是未被利用的财富，只要我们善于挖掘人才，能够了解其长处、洞察其优势并深知其短处和不足，就能在选人用人的过程中做到扬长避短，从而把人才潜力最大化。

一个知人善任的管理者，能够清晰地判断出，什么时候用什么样的人。世界上只有混乱的管理，绝没有无用的人才。不管是什么样的人，只要用对了地方，用对了场合，就能起到超乎想象的作用，从这个角度来看，“善任”无疑是衡量企业领导者好坏的一个重要标准。

有人说，人才是世界上最宝贵的资源，是最有决定意义的资本。这句话一点都没有错，作为企业老板，一定要善于使用人才，让人才的智慧和才能得到发挥，以便取得更好的成绩，使企业具备更强的竞争力。

俗话说：三个臭皮匠，赛过诸葛亮。但如果只是把三个人的智慧简单相加，恐怕很难超过一个诸葛亮的智慧。其实，这句俗话不过是人们的一个美好愿望，管理的真实现状是：三个臭皮匠，敌不过一个诸葛亮。管理好了，强将手下无弱兵，平凡之人也能变成人才；管理不好，弱将手下无强兵，人才也会变成庸才。因此，有了人才之后，关键是正确使用，以保证人才的能力得到发挥。

第一，善用人长，发挥优势。

金无足赤，人无完人。君子用人如器，应当各取所长。老板用人，应该多看人才的优点和长处，这样才能用好人才，也才能留住人才。如果一味地求全责备，对下属横挑鼻子竖挑眼，下属在巨大的压抑之下，肯定会人心涣散。只有各取所长，大家才能工作得心情舒畅，团队的效益才能提高。

第二，善用人短，贵在组合。

用人之长，没有什么了不起，很多老板也会做到这一点。但是说到用人之短，恐怕很多老板就不行了。用人之短，既需要勇气，又需要智慧，更需要包容。清朝杨时斋将军让聋子当勤务员，让哑巴负责送密信，让瘸子坚守炮台，让瞎子伏于阵前。这就是巧妙地用人之短。由此可见，如果我们换个角度看待别人的缺点和缺陷，缺点和缺陷也会变成一种优势。

老板可以让吹毛求疵的员工当质检员，让争强好胜的员工抓生产、搞推销，让小心谨慎的员工管安全，让爱出风头的员工搞公关，让斤斤计较的员工管仓库和后勤。总之，员工是个猴子，就给他一棵树抱着；员工是条龙，就给他一条江河，让他去翻江倒海；员工是条汉子，就让他上阵杀敌，打拼江山；员工是个智者，就让他思考问题。如果你能这样用人，那么团队中人人都会变成千里马。

第三，分类管理，区别对待。

在企业里，通常有三类人。一类是人才，大概占总人数的10%~20%，根据二八法则来分析，这20%的人是真正的优秀人才，是企业竞争最大的资本，他们能为企业创造80%的财富，企业在他们身上的投入远远小于他们对企业的贡献。

第二类是“人在”，就是人在公司，却只是充数的，他们大概占公司总人数的70%~80%，他们对企业的贡献稍大于或略等于企业对他们的投入，企业应该对他们进行培训，让他们在价值观、文化、态度、知识、技能等方面认同企业，从而变成企业的人才。

第三类是“人灾”，约占公司总人数的5%~10%，他们是公司的绊脚石，他们对公司的贡献，远小于公司对他们的投入。对于这类人，老板应该毫不留情地将其清除出公司。

管理的本质是管人，管人的前提则是用人，只有充分掌握了这些人才的特点，并结合企业自身的实际情况，找到最佳用人方案，才能充分拓展企业的发展空间。

7. 领导者要有大胸怀，敢于任用比自己优秀的人

有人曾专门做了一项研究，大意是：如果领导者的个人能力是90分，但带的“将”的能力大都只有60分，那么这个团队的战斗力大概只有60分。如果主管的能力是80分，但带的“将”的能力大都在90分以上，那么这个团队的战斗力可以达到90分以上。

这项研究告诉我们，领导者的价值不在于他个人能力有多强，而在与他能够带领更多有能力的下属来完成团队目标。因此，领导者不应该只关注个人的“成绩单”，而应该更关注团队的“成绩单”。怎样才能让团队的成绩单更优异呢？最有效的一个办法就是任用比自己更优秀的人。在这方面，美国历史上的第2位总统约翰·亚当斯就做得非常好。

美国华盛顿总统卸任后，亚当斯成为美国的总统。当时美国正面临着与法国关系破裂的危机，到了1797年底，两国的关系已经到了剑拔弩张、一触即发的危险边缘。亚当斯意识到，与法国开战是不可避免的，而要想打胜仗，就必须要有一位得力的统帅。

谁能堪当此任呢？当时很多人劝亚当斯亲自统帅军队，但亚当斯知道，自己的军事才能一般。思来想去之后，他认为华盛顿才是唯一能够激起美军士气、团结美国人民的统帅。于是，他决定请华盛顿出山。

亚当斯的亲信们得知这一情况后，一致表示反对。他们认为，如果华盛顿复出，很可能再次唤起人民对他的崇敬，进而威胁到亚

当斯的总统位置。但是亚当斯却认为，国家的利益和命运高于一切。于是，他授权汉尼尔顿写了一封信给华盛顿，请求他出山担任大陆军总司令，指挥美军迎战法国入侵者。

与此同时，亚当斯亲自给华盛顿写信，在信中他的态度十分诚恳："当我想到万不得已而要组织一支军队时，我就把握不准到底是该起用老一辈将领，还是起用一批新人，为此我不得不随时要向你求教。如果你允许，我们必须借用你的大名去动员民众，因为你的名字要胜过一支军队。"

华盛顿看到这封信之后，被深深感动了，他表示愿意立即出山，担负重任……

这件事被美国人传为佳话，亚当斯的正直与豁达赢得了人民的赞扬。有一位著名的记者采访亚当斯时问道："您请求华盛顿出山，不怕他唤起人民对他的留恋和崇敬吗？不担心他会威胁你的地位和威望吗？你为什么敢用比你更优秀的人呢？"

对于这些问题，亚当斯的回答是："真正出色的领导者，绝非事必躬亲，而是知人善任，特别是敢于起用比自己更优秀的人才。如果高层领导者事无巨细，一律包揽，那只能成为费力不讨好的勤杂工式的领导者。"

正是因为亚当斯知人善任，才能凭借众多的优秀人才，特别是凭借那些比自己更优秀的人才，他才能一步一步地攀登上人生的巅峰。然而，并不是每个领导者都如亚当斯那样心胸豁达，敢于任用比自己更优秀的人。很多领导用人时都会存有私心，害怕比自己优秀的人才抢了自己的饭碗，抢了自己的风头，担心下属把自己比下去，其实这是小人之心在作怪。

马云曾经说过："领导比员工多什么？领导永远不要跟下属比技能，下属肯定比你强；如果不比你强，说明你请错人了。要比眼光，你要比他看得远；要比胸怀，你要能容人所不容；要比实力，你抗失败的能力比他强。一个优秀的领导人的素质就是眼光、胸怀和实力。”因此，不要害怕员工比你更优秀，让优秀的人才为你所用，才是领导者真正的本事。

敢于任用比自己优秀的人才，公司才会越办越好，越做越大；只重用比自己差的员工，公司就会越办越萎靡，越办越糟糕。古往今来，高明的领导者无不深谙此理。

刘邦治军打仗不如韩信，但是他敢用韩信；运筹帷幄不如张良，但是他愿意起用张良；镇国家、安抚百姓，供给饷馈，他不如萧何，但是他愿意重用萧何。通过重用这3个人，刘邦在楚汉之争中才得以获胜，开创了大汉的百年江山。反观项羽，虽然他“力拔山兮气盖世”，可他用的人没有一个比自己高的，范增足智多谋，但是最后被他撵走了。最后，项羽落得四面楚歌、众叛亲离、自刎于乌江的下场。

领导者有必要认识到，如果团队里你是最强的，你不知不觉就会成为“锅盖”，把团队成员“盖”住了，使员工很难有展现自己的机会。这个时候，领导者就会成为团队进步的障碍。只有敢于任用比自己更优秀的人，才能揭开“锅盖”，让团队成员看到更广阔的天地，拥有更大的发展空间。

第五章 Di Wu Zhang

小公司如何留住骨干
——抓住关键的20%

人才是企业发展的根本。在当今社会，谁能得到优秀人才的辅佐，谁就能在激烈的竞争中杀出一条血路，打下一片江山，留住骨干人才，抓住这最为关键的20%，企业才有未来，才有希望。重金或许可以吸引人才，也可以在一段时间内留住人才，但是如果你想让人才长期辅佐你，你就必须在高薪的前提下，注重培养与人才的感情，以情感人，以情留人。金钱留人和感情留人相结合，才是网罗人才最靠谱的策略。

1. 留住人最重要的是留住人的心

华人首富李嘉诚曾说过，“在知识经济时代，企业竞争的核心是人才竞争，人力资本将成为知识经济最重要的资源。”在现代企业管理之中，人是管理的核心要素，只要把人管好，所有的事情都可以迎刃而解。

从发展趋势来看，企业管理的中心正在由“以物为中心”逐步转移到“以人为中心”上来，管理方式也由原来的“刚性管理”逐步朝着“柔性管理”迈进。得人心者得天下，管心才是管人的根本，企业要想尽早实现人本管理，就必须要重视人才，善于招贤纳士，并坚定不移地贯彻“人，是我们最重要的资产”的管理理念。

韩国的三星集团创办于1938年，成立之初是一家从事进出口贸易的小公司，进入20世纪50年代以来，企业发展不断加速，时至今日已成为全球知名品牌。是什么让三星从一个不知名的小企业成为今日的行业巨霸？在谈到成功经验时，三星集团董事长曾直言不讳地指出：我们奉行“人才第一”的原则。

三星集团在人力资源的开发和运用上堪称管理界的经典范例。只要是被录用的员工，不管是基层还是管理层，三星都会对其投入大量金钱、时间以及资源对其进行培养和训练，企业用于吸引和培训人才的时间甚至长期高达4/5，这在企业当中是十分少见的。为了更好地培训员工，三星集团斥巨资专门设立了培训中心。

作为韩国第一家设有培训中心的企业，三星集团有着完善的培训体制，每年每位员工都要到该中心接受3次以上的进修，学习新技能，探讨新技术。管理高层对员工的进修也十分重视，三星董事长曾在亲临培训班的讲话上明确表示："三星的人都是精英，要集合所有精英的力量，才能发挥最大的作用。"

管人最重要的就是凝聚人心，为此，三星毫不吝啬地对有干劲有才智的人进行奖励提拔。对员工的工作评定每半年进行一次，表现优异者，业绩显著者都会得到各种奖励以及晋升机遇，有些特殊人才还会破格提升。这种始终把人放在管理首位的做法，正是三星集团迅猛发展的不竭动力。

企业管理的重中之重是管人，管人的重中之重是管心，只有上上下下相互尊重，情感融洽，才能在合作中充分调动每个人的工作积极性，并发挥出人才的最大潜能。

领导者要想搞好管理工作，必须要赢得人心，唯有在员工为企业做出贡献的同时，给予其相应回报，并为其提供更大的舞台和发展空间，才能让大家拧成一股绳，劲往一处使，从而拉动企业的快速发展。

一流的管理者懂得管人先管心，也懂得留人要从留人心开始。如何才能留住人心呢？答案是：从小事做起，对员工表达关爱之情。

一天，日本桑得利公司的总裁岛井信治郎无意中听到员工抱怨："房间里有臭虫，害得我们睡不好。"于是，晚上他便点着蜡烛来到员工的房间，帮员工抓臭虫。这一微小的举动，把员工感动得差点流泪。

还有一次，新员工佐田的父亲去世了，岛井信治郎得知这个消息之后，立即带领全体员工来到殡仪馆，帮佐田料理父亲的丧事。丧礼结束后，岛井信治郎叫了一辆出租车，亲自护送佐田和他的母亲回家，他的行为深深感动了佐田。

在那段时间，佐田不断地思考一个问题："怎样做才不会辜负总裁的一片爱心？"最后他决定：只要公司不辞退他，他就会尽最大努力做好自己的工作，哪怕牺牲生命也在所不惜。

在后来的工作中，佐田奋发努力，全力以赴，把工作做得非常出色，还被公司晋升为公司主管，为公司的发展做出了很大的贡献。

在员工流动率居高不下的今天，管理者要想办法经营人心、留住人心。其实，要做到这点并不难，只要你敏锐地捕捉员工的微妙变化，并在合适的时机引导员工说出内心的想法，然后采取有效的行动帮助员工，就能达到感动员工的目的。

当员工出现以下几种情况时，管理者可以抓住机会对员工表达关爱：

（1）员工生病时。即使身体再强健的人，一旦生病了，也渴望得到别人的关心和爱护。所以，当员工生病时，如果你及时给予关心，即便是一句问候，也能让员工对你产生好感。

（2）员工为家人担忧时。比如，员工的家人生病了，员工为孩子的教育苦恼时，管理者若能真诚地关心，员工就很容易产生感激之情。

（3）员工工作不顺心时。当员工因工作失误、工作任务无法完成、与客户发生矛盾、被领导者批评时，心情往往会变得低落。这个时候，如果管理者给予适当的关心，必会换来员工的信任。

2. 用人不疑，疑人不用

几乎每个管理者都听说过这样一句话："用人不疑，疑人不用。"所谓用人不疑，首先是指对所用之人的能力、人品不存疑虑，敢于把工作交付于他，并坚信他能做好。在被授权者完成这项工作的过程中，无论外界如何质疑，授权者一直要对被授权者保持信任。

其次，由于各种各样的原因，被授权者工作出现失误，授权者对他依然要保持信任。领导与员工之间并没有血缘关系，维系双方的纯粹是利害关系，唯有双方利益都得到满足，合作才能友好地进行下去。反之，一旦平衡状态被打破，上下级之间的矛盾便会随之凸显出来，从而阻碍企业的长远发展。

秦武王想攻打韩国时，任命甘茂为主将，甘茂在出发前，对秦武王说："韩国宜阳是一座大城，加上途中有很多艰难险阻，与秦国相差千里，攻打起来恐怕不容易。我真的很担心，我出征之后，会不会有人借此机会诽谤我。"

秦武王说："不会的，你放心地去吧！"

甘茂说："以前，有个与孔子弟子曾参同名的人杀了人，听者以讹传讹，最后传到了曾参母亲的耳朵里。曾母绝不相信儿子杀了人，但是接二连三有人来报告同一件事，她就开始担心起来，于是劝儿子出逃。"

说完这个故事，甘茂接着说："我的人品不如曾参，大王对我的信任也不如曾母对儿子的信任。而且，怀疑我的人不止三个，所以，我很担心，一旦我没有顺利攻下宜阳，就有人进谗言陷害我。"

秦武王听了甘茂的话之后，斩钉截铁地说："你放心，我绝对不会听信谗言，我愿意发誓。"于是，甘茂率军进攻宜阳去了。开战之后，一晃就是五个月，甘茂用了5个月的时间也没有攻下宜阳，这时候有人开始进谗伤害他。秦武王把甘茂之前对他说的话忘得一干二净，也把自己的誓言忘掉了，他把甘茂召回来。甘茂非常生气，严厉地质问秦武王："大王难道忘了你的承诺吗？"

这时秦武王才想起之前的承诺，马上改变态度，动员全军支援甘茂。最后，甘茂不负众望，攻下了宜阳。

在这个故事中，秦武王所犯的错误，也是很多管理者常犯的错误。在一开始授权时，信誓旦旦，表示信任下属，一旦下属执行遇到困难，就开始质疑下属的能力。值得庆幸的是，秦武王及时醒悟过来了，但现实中，又有多少管理者迷途知返呢？

信任是管理者与下属之间一种最可贵的感情，管理者用人的前提是信任下属，因为只有信任下属，管理者才放心把工作交给下属。只有信任下属，才能激发下属发挥积极性、主动性、创造性，这样下属才能把工作做好。

不少领导者在分权授权的过程中，不信任下属，尽管权力下放了，但常常出手干涉，下属被束缚住手脚，自然无法放手去干，久而久之，上下级之间不可避免地产生嫌隙。实事求是地说，这种做法对于企业的发展是非常不利的。所谓“疑人不用，用人不疑”，领导者在用人以及授权时，要敢于信任下属，大胆放心地让他们去干，去负责，只有这样才能在调动他们工作积极性的同时赢得员工们的真心拥戴。

著名台湾企业家郭台铭在这一点上便十分值得我们学习。2004年，位于墨西哥的一家摩托罗拉工厂被并购，郭台铭打算借此在墨西哥打造属于自己的生产制造基地，此时，摆在他面前的首要问题便是用人，是任用墨西哥人还是派出自己的亲信去管理？经过深思熟虑，他选择了前者。

古人云“将在外君命有所不受”，墨西哥这家工厂可谓“山高皇帝远”，一旦用人失误，很可能会形成割据小王国。郭台铭并非没有意识到这一点，但既然任用墨西哥人，就要本着用人不疑，疑人不用的原则，总是怀疑下属只会把事情搞砸。

从生产技术上看，墨西哥的自动化工作还远远不到位，“不良率1%”是鸿海的基本要求，但到了墨西哥人眼中便成了最佳生产状况。为了帮助他们走上正轨，郭台铭派下属过去指导，指导人员与墨西哥方面负责人详细沟通，耐心对话，组织墨西哥方面的人员到台湾参观高标准的生产流水线，并亲身感受鸿海的企业文化和工作氛围。

事实证明，郭台铭这种用人不疑的做法是十分明智的，对墨西哥人的信任，不仅让他把生产基地搬到了墨西哥，还把管理制度以及企业文化等无形资源也复制了过去。更为重要的是，在此过程中，他赢得了该厂一大批管理者的忠诚和拥戴。

信任也要有一个限度，过于宠信下属很容易形成“诸侯林立”的局面，一旦失去控制，领导人很容易被架空，所以，管理者在使用人才，信任下属的基础上，还要保持一定的怀疑。在信任对方的同时时刻保持警惕，随时做好对下属的监控管理工作。

3. 对自己有用的人要舍得下血本

人才，是企业腾飞的有力翅膀。在当今社会，谁能得到优秀人才的辅佐，谁就能在激烈的竞争中杀出一条血路，打下一片江山。那么，怎样才能吸引优秀的人才，怎样才能留住优秀的人才呢？如果企业老板舍不得下血本，那结果便是“舍不得孩子套不住狼”，正所谓不舍不得，人才肯定会离开企业。

蒋先生医学硕士毕业，曾在一家知名的三甲医院工作过 3 年。后来，他辞去医生的工作，改行做起了医药代表。他从公司的地区主管，做到了地区经理，然后又成为公司集团下属一家医药公司的常务副总，全盘主管公司的日常事务。蒋先生能力有目共睹，而且他品德优秀，心胸开阔，在工作期间也十分自律，因此深得下属和客户的尊敬和信任。

当年蒋先生担任公司地区主管时，公司正濒临倒闭，他凭借出色的组织能力和娴熟的业务技巧力挽狂澜，又通过自己出色的人际交往能力加强了管理层与员工之间的情感交流，拉近了双方的心理距离，融洽了团队氛围。可以说，蒋先生对公司的贡献非常大，因此，他不但在下属面前有很好的威信，在公司管理层也有强大的魅力，深受集团老总的厚爱。老总曾对他口头承诺，一定会在年终的股东大会上彻底解决蒋先生的年薪问题，蒋先生对此深信不疑。

然而，年终的股东大会结束之后，公司并未满足蒋先生的年薪要求。这让蒋先生非常气愤，当他找老总理论时，老总却说："我向股东提议增加你的年薪，但是股东们不同意。"蒋先生很明白并非股东不同意，因为集团老总作为公司最大的股东对这样的事情完全有自主决定权，他所说的"股东们不同意"，不过是个借口。

三思之后，蒋先生愤然辞职。辞职报告递到董事会，董事会才猛然意识到问题的严重性，可是这时想采取补救措施，已经晚了。因为同行的一家医药公司对蒋先生早已"垂涎三尺"，他们爽快地满足了蒋先生的年薪要求，得到了蒋先生的加盟。

蒋先生辞职后，公司所有的地区经理都非常愤怒，他们联名上书，要求集体辞职，追随蒋先生而去。为人正直的蒋先生出于对前公司的感情，一个个打电话给这些地区经理，让他们安下心来工作，最终他没有带走一个下属。尽管如此，蒋先生在前公司签下的大客户却不断地流失，前公司业务也因此受到了严重影响。

从这个案例中可以看出，待遇问题是蒋先生离去的主要原因。作为公司的一个高级管理人员，作为公司的一个优秀人才，待遇问题伤了蒋先生的感情，最终导致公司损失惨重。站在集团老总的角度，他舍不得下血本留住人才，最后因小失大，可谓"一叶障目，不见森林”。

相反，美国人哈罗德·杰尼——美国国际电报电话公司的总裁，却十分懂得吸引和留住人才。他吸引人才、留住人才的办法很简单，也非常有效，那就是重金聘用，委以重任。他给优秀人才的薪水通常比同行高10%以上。当哈罗德·杰尼发现一位三四十岁、聪明干练、富有激情的优秀人才时，他甚至会给对方15年后才能达到的薪资标准。哈罗德·杰尼认为，一家公司的老板最愚蠢的行为，莫过于舍不得给员工高薪，导致员工对薪水不满而另谋高就。

哈罗德·杰尼罗吸引人才的思想，值得每一位企业老板深思。很多老板舍得为一个美女一掷千金，舍得为一顿晚餐花掉上千元，舍得为一套西装花掉上万元，却舍不得给优秀员工更高的薪水，结果“逼走”了员工，这难道不是老板的悲哀，不是企业的悲哀吗？

老板一定要明白一点：优秀的员工为你工作，最大的愿望就是赚到更多的钱。如果员工认为自己的付出远高于公司给他的回报，他肯定会另谋高就。所以，如果你发现有用的人才，一定要舍得下血本。在优秀员工身上下血本是永远不会赔本的买卖，因为员工会更加忠于你、忠于企业，为企业的发展鞠躬尽瘁，为企业的腾飞带来滚滚财源。

著名的红顶商人胡雪岩，在聘请得力助手周一鸣时，也是采取高薪的手法。周一鸣原本在同行的一家钱庄工作，胡雪岩去过这家钱庄几次，发现他做事认真，讲究章法。于是胡雪岩判定周一鸣是人才，决心将他收为己用。但是胡雪岩知道，周一鸣所在的钱庄给他的待遇相当不错，如果想把周一鸣吸引过来，就必须给周一鸣更高的待遇。

一开始，胡雪岩找周一鸣只是闲谈，然后问他职业生涯的规划。周一鸣说，希望今后每年挣200两银子，两三年后，把妻子和父母接到杭州城一起住。这时胡雪岩心里有底了，就把自己想让他来杭州阜康钱庄任职的想法说了出来。

胡雪岩开出怎样的条件呢？他给周一鸣每个月20两银子，一年600两银子。这远远超过周一鸣每年挣200两银子的目标。而且，胡雪岩表示，每年年终会根据钱庄的效益，给周一鸣分红。还有就是，胡雪岩先支付周一鸣一年的工资，以便周一鸣把老婆和父母接到杭州来。

胡雪岩在周一鸣身上可谓下足了本钱，当然，也深深打动了周一鸣。因此，周一鸣答应来阜康钱庄任职。后来，周一鸣在阜康钱庄表现相当出色，为胡雪岩效力了几十年。

胡雪岩是聪明、有远见的，他深知企业得到一个优秀的人才，是一本万利的买卖。所以，他不惜重金聘请周一鸣，后来，周一鸣果然为阜康钱庄带来了滚滚的财源。在这一点上，胡雪岩真是下了狠心，因为他若下不了狠心，怎么可能舍得给周一鸣高薪呢？

当然，对于刚出校门、没有经验的新人，老板们要慎用“重金留用”的策略。因为你还未发现他的才能，你不妨多观察一些时日，在这段时间内，多给新人一些具有挑战性的任务，以考验其才能。如果发现他是有用之人，也不必拘泥于他年轻、经验不足的缺点，大胆放手，让其发挥潜力才是明智之举。

最后，老板们要注意一点，重金或许可以吸引人才，也可以在一段时间内留住人才，但是如果你想让人才长期辅佐你，你就必须在高薪留人的前提下，注重培养与人才的感情，以情感人，以情留人。金钱留人和感情留人相结合，才是网罗人才最靠谱的策略。

4. 用最高的位置，把最有本事的人留下来

留住人才是企业一大难题，除了金钱留人，我们还不得不提到“职位留人”。因为优秀的人才为公司效力不仅仅为了赚钱，他们还想获得与能力相匹配的职位，以更好地施展自己的才华，获得大家的认可。

很多人的骨子里都有根深蒂固的“官本位”思想，随着业绩的不断高升，他们也希望职务高升。举个很简单的例子，随着业绩的高升，销售人员希望当主管；当上主管之后，他们希望当经理。因此，如果你了解人才的这种心理，不妨对能力出众、业绩突出的员工“封爵”，给他们荣誉和表扬。比如，企业可以设置杰出员工奖、销售精英奖等称号，鼓励大家向先进者学习。在这方面，我们不妨借鉴一些知名的公司。

美国微软公司为了留住人才，公司的人力资源部制定了“职业阶梯”文件，把员工从进入公司之后，一级一级向上发展的所有可能的职位都列出来。每个职位要具备什么样的工作能力、经验和业绩，相对应的薪金待遇是怎样的，都有清楚的设定。

员工看到这个职位阶梯之后，对自己今后的职业发展就有数了。在明确的晋升目标面前，他们往往会一步一个脚印地去行动，就像打仗一样，攻克一座城池之后，继续去攻克下一个城池。这样他们会越来越有成就感，越来越有价值感。

当然，对于优秀的人才，管理者如果想把他留下来，仅仅按照

“职位阶梯”所规定的来赋予他职位是不够的，必要的时候，要勇于打破常规，破格晋升。这样可以让人才看到企业留他的诚意，对优秀人才是一种无上的荣耀，是一种强大的激励。

物质对下属的激励并不是百分之百有效，随着人们生活条件的改善，以及对金钱需求的弱化，管理者哪怕是大出血涨工资也很难把员工们的积极性调动起来。工作能够养活自己，但永远不是为了养活自己，而是为了实现自身价值，所以管理不妨给员工一个响亮的头衔，尽管只是一个虚名，却能很好地满足他们的心理需求，从而激发出前所未有的工作激情。

对于企业管理者来说，合理的运用职位并不是一件坏事，反而迎合了下属“归属感”“荣誉感”以及“存在感”的心理需求，人是群体性动物，需要周遭社会的接纳和认可，这种认可度越高就越能激发其自信和责任感。所以，管理者要学会给员工带上耀眼的光环。

杰克是美国一家大型工厂的经理，最近这段时间以来，每当他上下班进出工厂大门时，总是会听到门卫的抱怨。

“经理，什么时候能涨点工资？你看，我每天要管如此多的人，还有很多车辆，忙忙碌碌，结果到月底才那么点薪水，实在是太低了，昨天旁边工厂的哥们还在向我炫耀他的高工资呢……”杰克几乎每天都能听到门卫的抱怨，迫于门卫准备辞职的压力，他不得不批准了该名员工的加薪要求。

本以为加薪能够让下属闭上抱怨的嘴巴，从此安心认真地工作，谁知道才仅仅过去两个月，他又动起来辞职的打算。面对不尽如人意的加薪激励效果，作为经理，杰克不得不另寻办法来稳住门卫的工作情绪。

一周后，杰克给门卫安上了一个响亮的新头衔——防卫工程师，尽管只是一个虚名，但出乎意料地激发了门卫的工作热情，其工作态度更是发生了翻天覆地的变化，从一开始的抱怨不满，到后来的一丝不苟，一个不需要增加任何成本的漂亮头衔所起到的激励效果，远远要比加薪更为显著。

管理者在激发下属工作积极性时，绝不能只盯着“金钱”。激励的方式有很多种，单纯的物质奖励所起到的效果是不持久的，而且还会增加企业人力成本，不管是从企业员工的心理需求而言，还是出于降低企业成本的目的，给员工一个响亮的头衔都是最佳的激励方案。

无论下属的工作对整个企业是否重要，他们都希望得到足够多的重视，相关数据表明“虚名”对员工的激励作用显而易见，其效果等同于增加了10%的薪水。所以，管理者要学会恰当地使用职位，来提高下属的工作积极性。

5. 给员工一个激动人心的目标

有个农夫有一匹马和一头驴。一次外出，他让驴驮的货物多一些，让马驮的货物少一些。在途中，驴累得筋疲力尽，就对马说：“老马，你能帮我分担点货物吗？我累得受不了啦！”马说：“凭什么帮你驮，我不帮。”没过多久，驴因为超负荷累到了，主人见状，只好把驴身上的货物全部放在马背上。这一下，轮到马受尽苦头了，当马累倒时它才后悔之前没帮驴分担货物。

这个故事充分说明一点：团队成员不能自私自利、各自为阵，而应该为了达到共同的目标，为了共同的利益，紧密团结在一起，互相协助，互相支援。只有这样，团队才是一个有效的整体，才能攻克难关，赢得更大的胜利。

看看草原上的蚂蚁，当野火燃烧时，众多蚂蚁会迅速聚拢起来，努力抱成一团，然后像皮球一样滚动，以逃离火海。尽管在这个过程中，蚁球外部的蚂蚁被烧得劈里啪啦，但是他们用自己的身体保护了蚁球内部的蚂蚁，为整个集体留下了生机。再看看竹篓中的螃蟹，一只螃蟹爬上竹篓壁，想逃出去时，其他螃蟹就会攀附在它身上，结果把它拉下去了，最后一只螃蟹都逃不出去竹篓。

对比蚂蚁和螃蟹，我们就会发现：没有目标的团队是无法真正团结起来的，最后也无法赢得团队利益。尽管人性是自私的，但是在企业里，老板必须强调共同目标，强调团队利益，要让员工明白：如果一个团队无法实现共同的目标，无法获得整体的利益，员工的利益就没法保障。

杰克·韦尔奇曾说过："鉴别一个团队是平凡还是一流，就看他有没有一个明确的目标，而且这个目标还要让大家都兴奋。"关于这一点，知名足球教练希丁克已经用实际行动证实了。

距离2002年韩日世界杯只剩500天时，希丁克被韩国聘请为韩国国家足球队的主教练。当时韩国足球队的情况非常糟糕，国外同行都嘲笑韩国队，说它只会在最底线竞争，说它第一轮就会出局。这是韩国队第一次以东道主的身份参加世界杯，世界杯上的表现关乎国家尊严，关乎韩国足球队的荣誉。

希丁克临危受命，他决心把韩国足球队从危机中拯救出来。他知道韩国足球队的实力和韩国人民的主观期望有一定的差距，要缩短这个差距，就必须充分激发每个球员的潜能，制定一个令大家兴奋的目标。同时，还要对常规的足球战术进行大胆的改革。

希丁克给韩国足球队定下的目标是进入16强，为此，他引进了"全攻全守"的足球观念，并强调必须这样做。他果断地说，过去韩国队球员打不起精神，是因为没有明确的团队目标，没有把球队利益与个人利益结合起来，才导致球员激情不够。因此，他要求全体球员振作起来，为进入16强而努力。

希丁克知道，要想带领韩国足球队走出困境，仅仅设定远大的目标是不够的，还必须在这个过程中付出艰辛的努力。因此，在训练中希丁克不断采用目标激励的策略，充分调动了球员的比赛激情和自信。

在那届世界杯上，韩国队不仅进入了16强，更是进入了4强。世界杯结束后，希丁克表示，韩国队之所以能进4强，是因为树立了具有挑战性的目标。他说："领导者应该是一个把自己目标变成整个团队目标的人，同时又是一个把团队目标转化成个人目标的人。"

目标对团队的团结作用、对团队成员的激励作用是不可估量的，充满挑战性的目标可以激励人去努力。这一点在韩国足球队身上得到了充分的证明。作为企业的老板，也应该成为希丁克那样的领导者，把自己的目标转化成企业的目标、团队的目标。当团队实现这一目标时，意味着团队的利益得到了满足，这样大家的利益也得到了保障，团队荣誉也会被很好地激发出来。

1980年，零售业巨头沃尔玛制定的销售额目标是10亿美元，10年之后，它的销售额目标达到了千亿美元。为了达到这个目标，沃尔玛通过"Beat Yesterday（超过昨天）"图表，把今天的成果与一个星期之前、一年之前的成果相比较，从而不断提升预期的水平，激发员工为达成最终的目标而努力，最终实现了艰巨的目标。

本田公司也十分注重团队目标，当年雅马哈在摩托车市场对本田公司形成了巨大的威胁，于是本田公司提出"打倒雅马哈"这一目标，不出几年，本田公司就主宰了摩托车市场。本田宗一郎表示，利用目标可以把团队人员的集体力量集合起来，形成了一个巨大的魔力。同时，还可以有效地协调不同个人的行为，使大家保持密切的合作。如果团队没有目标来协调大家，就必须通过无数次会议、指示、命令来协调大家，这样就会导致办事速度大减、企业花销增多。

企业老板们，你的团队目标是什么呢？明确清晰吗？期限具体吗？计划细化吗？如果你能做到目标明确清晰，规定实现的期限，制定具体的计划，就能很好地把大家团结起来，为了实现那个共同的目标去努力，这样一来，成功就离你不远了。

6. 与员工同甘共苦，最能激励员工

一个合格的管理者必须清楚员工为什么工作，尽管我们周围不乏“不差钱”的富二代，但绝大多数人不过是普通人，努力工作只是为了养家糊口，所以要想有人跟着你混饭吃，就必须解决他们的基本生存问题。只有免除了他们的后顾之忧，才能让他们真心跟随，从而建立起一个紧密团结、唯领导马首是瞻的队伍。

每个企业的领导者都想干几件惊天动地的大事，显而易见光靠领导的一己之力是远远不够的，还需要得力下属出力、卖命，那么他们又凭什么竭尽全力地为领导者打天下呢？很简单“利益”，领导者要想驱使员工，就必须在物质上毫不吝啬，给予员工相应的回报。然而人是极其复杂的动物，单靠金钱物质是收买不了人心的，更换不来下属的忠诚，明智的领导者懂得与大家同甘共苦，这正是他们深受员工拥戴的根本原因。

在现实社会中，很多企业家能和员工共苦，却不能同甘，实际

上这种做法是极其愚蠢的，作为在商界颇有名气的管理者，苏宁老总张近东对“财散则人聚，财聚则人散”的道理有着十分深刻的切身体会。

张近东深知能和员工同甘的领导才是一个好领导，随着苏宁的发展壮大，他的身价也是不断攀升，但他并没有忘了那些和自己一起打江山的“功臣”。张近东毫不吝啬地拿出一部分股权用于奖励那些有突出贡献的员工。他曾先后将股权分配给南京总部的数名高管，为了稳定各地分公司的管理团队，他还制定了十分具有诱惑力的特别奖励制度，只要分公司的高管表现突出，就有机会获得一定比例的分公司股份。

这种奖励措施把遍布全国各地的苏宁分公司管理层紧密地团结在张近东周边，和员工共享企业发展成果的做法，不仅打消了管理者担心被“辞退”的后顾之忧，还有效地减少了人才“跳槽”现象的发生。

张近东对待员工的这种慷慨举动，大大强化了各地高管对苏宁的归属感和主人翁意识，“同甘”的政策将众多的“职业经理人”一举变成了“事业经理人”，他们的工作积极性也得到了前所未有的调动。

对于管理者来说，与员工共患难并不是一件困难事，因为当企业面临内交外困之际，共渡难关是唯一的出路。危难过后苦尽甘来，千万不要忘记那些为你打江山的功臣。为了蝇头小利而“卸磨杀驴”“过河拆桥”是极其愚蠢的行为，不仅会丢掉大批人才，还会让员工凉了心，没了得力下属的拥戴与支持，职位再高也只能成为光杆司令。

众所周知，在马斯洛需求层级理论中，人的需求是分层次的，只有满足了低层次的需求之后，才会考虑高层次的需求。对于工资低的公司，即便企业文化搞得再好，也难以激励人心，留住人才。

对于工资较高的公司，员工也不会拒绝薪酬激励。因此，管理者一定要认识到薪酬在激励中的作用。为了能让薪酬发挥最大的激励作用，管理者应采取灵活多变的薪酬方式。

一般来说，灵活多变的薪酬方式包括以下几个方面：

（1）基于岗位的技能工资

什么岗位对应什么样的技能和素质，什么样的技能和素质对应什么幅度的工资。通俗地说，这相当于很多企业所说的基本工资，基本工资是对一个员工基本能力的认可，也是对员工生活的基本保障，能给员工一定的安全感。

（2）按劳取酬的工资制

在基本工资的基础上，结合按劳取酬的工资制，这种薪酬方式对勤劳肯干的员工，对知识水平高、能力强的员工是最好的认可，对他们最有激励性、最有吸引力。同时，对偷奸耍滑、不思进取的员工有很大的约束。举个例子，如果公司主要实行按劳取酬的薪酬方式，那么得过且过、混日子的员工由于不踏实工作，没有多少业绩，肯定无法获得理想的收入。在这种情况下，他们要么说服自己认真工作，要么选择离开。

（3）灵活的奖金制度

奖金作为薪酬的一部分，相对于基本工资，主要是对员工为公司所做的贡献的一种奖励。在国内，很多企业的奖金在相当程度上失去了激励的意义，变成了固定的附加工资。美国通用电气针对奖金制度发放中的利与弊进行了研究，建立了一套灵活的奖金发放制度，对员工起到了很好的激励作用。

首先，通用公司割断了奖金与权利之间的“脐带”，也就是员工的奖金多少，与其职位高低没有联系，这样一来，高职位者再也不能高枕无忧地拿高额的奖金，而低职位者也不需要担心自己的付出得不到公司的认可。换言之，全体员工的奖金都依据员工的业绩来设定，使奖金起到了真正激励先进的作用，也有利于防止高层领导放松工作、不劳而获。

其次，通用公司的奖金是可逆性的，即不把奖金固定化，每个员工、每个月的奖金都是起伏不定的。这样避免员工把奖金看做一种理所当然的收益，无形中让奖金沦为一种“额外工资”。通用电气根据员工的表现随时调整奖金的数额，让员工既有成就感，也有危机感，从而很好地鞭策了他们做好本职工作。

7. 良好的培训机制，使员工看到新希望

有这样一个故事：

很久以前，有两个国家经常发生战争，他们都想灭掉对方，而取胜的基本条件是兵强马壮。但是千军易得，良马难求。于是，两个国家都贴出告示，悬赏献出千里马的人。

有一个人见到告示后，就把自己的马牵来见这个国家的国王。他对国王说：“我这匹马不是千里马，但是它有成为千里马的潜质，我有信心将它调教成千里马。”国王大怒，将这个人赶了出去，并赐他一顿棍棒。

这个人非常沮丧，于是又牵着马来到另一个国家，对国王说了同样的话。但这次不同的是，这个国王高兴地款待了他，国王对他说：“你有调教千里马的本领，你是难得的人才，只要你好好为我效力，我绝不亏待你。”

结果，在这个人的精心调教下，这个国家发现和培养了很多千

里马、800里马、500里马。后来这个国家把另一个国家消灭了。

这个故事告诉我们：企业要发展，人才是关键。但人才不只是靠招聘才能得到的，更应该重视对企业内部的人才发掘和培养，只有这样，才能不断提高团队的素质，壮大团队的竞争力。

在如今这个信息化时代，产品更新换代的速度快得让人咋舌，知识、技术必须不断升级，才能跟上时代的脚步。因此，定期或不定期地对员工进行培训，帮员工提升知识和技能，努力打造一支学习型的队伍，对企业发展具有重要的意义。

保洁公司的前任董事长理查德曾说："如果把保洁公司的人才带走，把保洁公司的资金、厂房以及品牌留下，那么保洁公司会垮掉；相反，如果把保洁公司的人才留下，把保洁公司的资金、厂房以及品牌拿走，10年之内，保洁公司将会复兴。"为此，保洁公司制定了完善的培训制度，为人才提供了良好的学习平台，以此增加员工的归属感，从而达到留住人才的目的。

每一年，保洁公司都会拿出一笔巨大的资金用于人才的培训。培训的方式多种多样，比如，请专家名师来企业授课，或接受保洁的管理者一对一的指导，甚至会组织优秀的人才去海外进修。这种做法为保洁公司凝聚人才、营造归属感打下了重要的基础，也是保洁公司成功的重要因素。

俗话说："工欲善其事，必先利其器。"企业想借用员工的聪明才智和专业技能为公司的发展服务，就必须先投入成本，或在员工效力于企业的过程中，不断地投入成本，用于培训员工，提升员工。世界华人首富李嘉诚在这一点上做得很好。

在李嘉诚的创业史中，在长实集团的壮大过程中，我们不得不提起一个人，他叫周年茂。他的父亲叫周千和，是长实集团的功勋元老。周年茂在学生时代，就显露出过人的才华，于是李嘉诚将他作为长实集团未来的专业人才进行培养，花血本将其送到国外学习法律专业。1981 年，周年茂回到香港，进入长实集团，被李嘉诚指定为公司的发言人。两年后，他被选为长实集团的董事。

俗话说得好："没有梧桐树，引不来金凤凰。"如果说周年茂是金凤凰，那么他在读书时，最多是个雏凤凰。在李嘉诚的大力栽培下，才成为后来长实集团的风云人物。由此可见，李嘉诚对待人才，真的是非常用心。

与李嘉诚相比，很多企业管理者也知道人才是企业的财富，但只知道"榨取"人才自身的价值，却忽视对人才进行"价值再造"。在这种情况下，员工在企业工作了一段时间后，由于知识、技能没有得到提升，他的综合素质就跟不上企业发展的需要了。而在这种情况下，企业一般不会辞退老员工，尤其是对企业有过重要贡献的老员工，于是，这些以前优秀的员工，无形中就阻碍了企业的发展，而企业管理者们却浑然不知。

管理者一定要认识到，对于一个可持续发展的企业，建立一个良好的培训机制是不可或缺的。在麦当劳，有超过 7.5 成的餐厅经理、5 成以上的中高级主管以及 3 成以上的加盟经营者，都是从计时员开始培训，最后才成为公司的中坚人才的。在通用公司，仅杰克·韦尔奇执政的 20 年内，接受过他培训的中高级管理人员就多达 2.7 万人。通过培训，这些人员为通用公司的发展做出了巨大的贡献。

企业应该成为人才的培训场，而不只是产品的生产厂。就像松下幸之助曾说过的一句话："松下电器公司是制造人才的地方，兼而制造电器产品。"在松下先生看来，事业的发展靠的是人才，人才培训更是当务之急。如果企业只知道用人，却不重视培育、培训人才，是不可能成就霸业的。

第六章 Di Liu Zhang

抓住人才的鱼钩：会激励、善批评，把庸才变将才

心理学家指出，每个人的潜能都是无限的，但大多数人的潜能只发挥出很少的一部分。怎样才能让隐藏的潜能得以发挥呢？最有效的方法是激励。激励的方式有很多，表扬激励法、批评激励法、榜样激励法、薪酬激励法、赏识激励法等等。企业管理者如果能正确地运用这些激励手法，那么即便你带领的是一群庸才，你也能把他们变成干将。

1. 带队伍的过程就是不断激励员工的过程

每一位领导者都希望拥有一支士气高昂、凝聚力强、战斗力强的队伍。可遗憾的是，很多领导者在带队伍的过程，一味地挥鞭策马，一味地向员工提要求，催促员工更努力地工作，却忽视了员工内在的需求，忘了激励员工。殊不知，这是一个非常严重的失误。

领导者必须明白一点：不管你管理的是大型的跨国集团，还是小型的企业，抑或是小作坊，不管你是注重企业利润，还是追求社会效益，你都不要忘了一点：员工是人，要吃饭，要养家糊口，他们有物质需求，有精神需求。如果你不重视他们这些方面的需求，你的团队是不可能有战斗力的。

其实说到底，带队伍的过程，就是不断激励员工的过程，如果你把员工激励得一个个斗志昂扬，员工的工作效率就会大大提升，企业的效益也就有了保障。所以，一定要重视激励员工。

激励的方式多种多样，有情感激励、有物质激励、有荣誉激励，还有晋升激励、表扬激励等等，著名的微软公司就非常重视情感激励。

在微软，员工可以带着孩子来上班。这样可以让孩子感受父母的工作环境和个人成就，理解并以父母的工作为荣，而员工能从中得到温暖和激励，这比任何形式的物质奖励更催人奋进。

在微软，当员工生日或结婚时，公司会为他们举办生日或婚礼庆祝会，这充分表达了企业对员工的关心和重视，员工可以从中获得激励。微软公司还特别重视员工的愿望，他们会记录员工的愿望并帮助员工去实现愿望，这对员工也是非常好的激励。

微软公司还邀请员工的父母来公司参观，或给员工的家属寄送礼品，让员工的家属为员工感到骄傲。父母、父子之间的感情是人世间最珍贵的感情，当员工的父母、孩子对员工所在的公司感到满意时，员工自然会更加努力地工作。

与微软公司的激励方式有些不同，海尔集团重视用荣誉激励员工。在他们看来，荣誉是员工对企业贡献的象征，当员工获得某种荣誉时，他们的自信心会明显增强，这会使他们对企业更加充满热情，同时，体会到自我价值所在。因此，满足员工的荣誉感，可以使他们迸发出强大的能量。

海尔的员工的工资也许不是行业最高的，但是他们每个人都有一种自豪感。公司会给员工颁发荣誉证书，会借助荣誉墙和企业年鉴来激励员工。通过记录员工的辉煌成绩，将员工为企业的贡献载入海尔发展的史册，可以很好地激励员工的积极性。

海尔还重视以员工的名字来命名某项事物，这种做法在科学界由来已久，是对贡献者最好的纪念。比如，诺贝尔奖。同样，在企业中，为了纪念员工在某方面做出的贡献，用员工的名字来命名某项事物，对员工也会产生良好的激励效果。

除了情感激励和荣誉激励，在日常的管理中，领导者最常用、最简单有效的激励方式恐怕非表扬莫属了。当员工表现出色时，及时给他口头上的赞扬，而不是等到年末总结时再表扬，可以保护员工的积极性。优秀的领导者都有一双善于发现的眼睛，员工有任何出色的表现，他们都会及时发现和表扬。

也许有人要问了："有什么好表扬的？到底要表扬员工什么？"其实，员工身上值得表扬的未必一定是惊天动地的大事，况且员工干着平凡的工作，也很难有惊天动地的表现。因此，表扬员工要针对一些细微之处，比如，员工主动把地上的废纸捡起来扔进垃圾桶，这个行为就值得表扬。再比如，公司的清洁工把地打扫得很干净，这也值得表扬。在这一点上，有一个经典的案例，值得领导者们深思：

一天晚上，韩国一家企业遭贼了，公司的一位清洁工发现了小偷，并与小偷进行了殊死搏斗，最后保护了公司的财产。事后媒体采访这位清洁工，问他为什么有那么强大的勇气面对小偷。他的回答让人惊讶不已，他说："因为总经理每次经过我身边时，都会夸我地打扫得干净。"

这个案例表明，一些看似微不足道的表扬，可以激发员工的责任感和对企业的归属感。因此，千万不要忽视赞美的力量。

值得注意的是，在赞美员工的同时，也不要忘了批评的重要性。当员工犯错时，领导者如果能够巧妙批评员工，也能对员工产生良好的激励。在这方面，玫琳凯化妆品公司的创始人玫琳凯就做得很好，她推崇"三明治式"的批评。什么是三明治式的批评呢？它指的是用厚厚的两层表扬，夹着一层薄薄的批评，即先表扬，再批评，最后再表扬。这样员工就不容易产生反感。

玫琳凯在管理中，一直遵守这样的原则：无论批评哪个员工，都必须先找出他身上值得表扬的地方，绝不会只批评不表扬。另外，她还特别强调，批评应对事不能对人。

有一次，玫琳凯手下的一位女秘书在打印文件的时候，总是不注意标点符号，这令玫琳凯很苦恼。一天，她对女秘书说："你今天穿的这身衣服很合身，显示了你的美丽大方。"女秘书听到董事长的表扬，满脸喜悦。

接着，玫琳凯对她说："尤其是这排纽扣点缀得恰到好处。所以我想告诉你的是，文章中的标点符号就如同衣服上的纽扣，注意了它的作用，文章才会更清楚易懂。就像你漂亮的衣服一样"

女秘书听到这里，意识到不注重标点符号是不对的，于是诚恳地接受了批评，改正了缺点。后来，这位女秘书成为了玫琳凯最得力的助手。

最后，我们要强调的是，除了情感激励、荣誉激励、表扬激励之外，企业还必须拿出实实在在的物质性的奖励，用于激励员工。因为在这个物质的年代，空谈感情是无济于事的，只有在薪酬、奖励方面，最大限度地满足员工的需求，才是最根本性的激励。

2. 领导者的欣赏是员工进步的最大动力

我们常说：“士为知己者死，女为悦己者容。”其实，这句话出自《战国策·赵策一》，里面有这样一个故事：

战国时期著名的四大刺客之一豫让，最初投奔过范氏和中行氏，但一直默默无闻，难以成名。后来，他跻身于智伯臣下，得到了智伯的充分信任和赏识，主臣关系十分亲密。正当他境遇越来越好时，智伯却不幸在攻打赵襄子时被赵襄子和韩、魏合谋而杀。智伯死后，他们3家瓜分了智伯的国土。豫让虽然逃走，但由于思念智伯对他的知遇之恩，发誓要为智伯报仇，于是他决定行刺赵襄子。

豫让改名换姓，潜入赵襄子后宫，但是行刺失败，被赵襄子抓住了。在受审时，豫让坦白了刺杀赵襄子的原因。赵襄子听后十分感动，决定宽容他一次。然而，被释放后的豫让不甘心，他伤身毁容，不修边幅，目的是不让别人认出自己，以便再次刺杀赵襄子。然而，第二次刺杀又以失败告终。

赵襄子十分不解地问豫让：“你也曾侍奉过范、中行氏，为什么智伯灭了他们，你不替他们报仇，反而屈节投靠智伯。而智伯死后，你却如此替他报仇?”

豫让说：“范、中行氏只把我当普通人看待，我就用普通人的态度报答他们；但是智伯把我当成国士看待，所以我就用国士的态度报答他。”

最后，豫让请求赵襄子把华服脱下来，让他用剑刺下去，以示为智伯报了仇。赵襄子答应了他这个道义上的要求，豫让刺破赵襄子的华服之后，仰天大笑起来，最后他横剑自刎。

哲人詹姆士曾经说过："人类本质中最殷切的要求是渴望被肯定。"同样，美国心理学家马斯洛的需求层级理论也表明，渴望被人肯定是人类的一种高级需求，而赏识的过程正是肯定一个人的表现。豫让屡次冒着生命危险，不惜一切代价为死去的智伯报仇，原因是智伯生前十分信任和欣赏他。由此可见，欣赏可以让人产生巨大的动力，哪怕在死亡面前，也毫不畏惧。

企业管理者一定要认识到赏识对员工的巨大激励性。赏识是一种肯定，是一种关爱，是在发现员工身上的优点之后，给予真诚的认可。没有人不喜欢被赏识，员工得到领导者的赏识之后，往往会充满自信和干劲，从而竭尽全力地为公司做贡献。善于赏识员工是领导者管理智慧的体现，领导者的赏识是员工进步的最大动力，也是员工尽职尽忠为企业奉献的最大动力。

报业大亨默多克曾创办了《澳大利亚人报》，这份报纸被称为"正派的报纸"，为他赢得了很多荣誉。然而，这份报纸连续数十年处于亏损状态，默多克为此十分苦恼。就在他踌躇之际，他发现了马克斯·牛顿。

马克斯·牛顿是何许人也？此人在1969年被指控为日本的间谍，被澳大利亚联邦警察搜查。在被证明是清白的之后，他开办了一份矿业报纸，还买下了一份地方小报，名叫《每日商业和运输新闻》，之后又在墨尔本创办了《星期日观察家报》，开始了报业生涯。

尽管他经营下的《星期日观察家报》取得了不错的成绩，但由于婚姻失败，他变得堕落起来。他开始不务正业，很长一段时间，把自己搞得非常狼狈。很多人认为他的一生就这样毁了，他自己也承认"我的世界末日到了，我一无所有"。

然而，1979年他的命运发生了改变，因为默多克看过他一系列关于政治和经济的分析文章，对他十分赏识，并请他吃饭。当时的默多克，已经是十分有名的大人物。牛顿受宠若惊，简直不敢相信这是真的。

默多克对牛顿说："你现在的政治观点很适合在报纸上做专栏评

论。”牛顿的观点是什么呢？他认为只有彻底的自由市场才能使世界变得安全和繁荣。后来，在默多克的重用下，牛顿在经济学方面和《纽约邮报》办报方向性的问题上担当顾问。再后来，牛顿担任《纽约邮报》的首席商业专栏作家。他所写的评论使《纽约邮报》在华尔街获得一席之地，他的专栏文章在默多克的商业帝国内，被多家报纸同时发表。

对于默多克的赏识和重用，牛顿一直都怀着感激之情，他说：“是默多克把我从颓废麻木中拯救了出来，我会永远追随我的老板，继续为他效力。”

默多克对牛顿的用人策略是成功的，通过欣赏和重用，他让一个堕落的人才，变成报业一颗璀璨的星星。这就是赏识的魔力所在，他可以彻底改变一个人，哪怕那个人曾经是一个自暴自弃的人。只要你懂得用心赏识他，他就会用自己的行动回报你。

赏识可以让团队成员变得更为积极。在赏识的作用下，员工的自信心与责任心能被有效地激发出来。同时，赏识可以促使员工积极地挖掘自身的潜力，不断激发各种能力，最终成为高效的员工，为企业的发展贡献更大的能量。

赏识可以让落后的员工不断进步。赏识管理提倡鼓励与支持，当员工做错了一些事情时，管理者不是批评他，而是鼓励他，引导他寻找失败的原因，这样可以保护员工的自信心和自尊心，促使他不断超越自我，超越其他同事。

赏识可以使公司内部形成良性的竞争风气。赏识是通过发现员工身上的优点，并且放大优点，可以促使员工与自己过去的表现作比较，不断超越自我，不断改进自我。这样一来，就不容易形成内部恶性竞争，避免产生内耗。

赏识可以得到员工卓越的回报。当一个员工在领导者的赏识下工作时，每获得一些成就，都会因领导者的赏识而放大成就感，最后转化为一种“我要做得更好来回报领导”的动力。在这种情况下，当员工表现不佳时，他们往往会加倍地努力。

3. 别忘了，员工多数时候需要以薪换心

得人才者得天下，但得到了人才，不意味着能长久地留住人才。说到留人才，我们就不得不提一个字——钱。中国有句俗话说“有钱能使鬼推磨”，尽管这句话有些俏皮，但它却能从某种程度上反映出钱对人们生活的重要性。所以，要想员工帮你创造效益、赚取利润，企业必须拿出真正的诚意，只有用“薪”才有可能换来员工的心。

不要觉得这个观点太过现实，因为社会就是这般现实的。生活需要成本，大到买房、买车、结婚、生子、赡养父母等，小到柴米油盐酱醋茶，日用生活品等，哪一样不需要钱？每个员工上班的首要目的就是赚钱，这种心理相信每个老板都能理解。如果企业无法满足员工较为合理的薪水要求，那么越是优秀的员工离开得越快。

近几年，谷歌的员工频繁跳槽。据新闻报道，google 的员工中，有 80% 的人在跳槽之前都与 facebook（美国的一个社交网络服务网站）接触过，而且其中大部分员工跳槽至 facebook。原因何在？相当一部分人认为，在谷歌无法获得公司的期权，但是在 facebook 可以获得期权。当然，还有人认为，facebook 的工作环境更有利于发挥自己的才能。由此可见，在跳槽事件中，薪水是首要的问题。

在马斯洛需求层次理论中，物质需求处在最底层。因此，留人首先要满足员工的薪水要求，其次，才是用心留人，用企业文化留人。如果企业无法满足员工物质方面的要求，即使公司文化再优秀，公司的环境再和谐，也无法留住员工们那颗迫于现实需要、不得不追求物欲的心。

2011年，中国从东部沿海地区到中西部地区，“用工荒”的现象愈演愈烈，许多企业陷入招工难的困境。然而，红豆集团得益于独特的文化战略和运营战略，以不变应万变，成功绕过了“用工荒”的障碍，继续保持着效益高速增长的发展势头。

红豆集团到底靠什么吸引人才、留住人才呢？对此，我们可以从红豆集团的总裁周海江常说的一句话中找到答案：“要让每一位员工分享到企业发展的成果。”周海江认为，员工是企业发展的根本，只有不断提高员工的收入，员工才会充满干劲，企业才会充满活力。

2010年，红豆集团已经两次上调员工的工资。在同年12月20日，红豆员工又收到公司“涨工资”的信息。在这一年里，红豆集团的员工工资平均涨幅高达49.6%，最高达到64%。而在2011年春节后，红豆管理层多次召开会议，讨论如何进一步提高一线员工的待遇，激发他们的工作积极性。随后，公司下发《关于熟练工年收入超4万元的规定》，文中指出：企业生产一线熟练工（学徒工、辅助工除外）年收入必须达到4万元以上。

在涨薪的同时，红豆集团还给员工股权，这是让员工分享企业发展成果的又一举措。目前，公司有600多名员工拥有集团的股权，这在全国民营企业中实属罕见，这一举措进一步激发了员工的干劲，增强了员工的归属感。

薪水是基础，当企业给予员工的薪水能够保障员工生活之后，再营造归属感，双管齐下，才能收服人心。在上面的案例中，我们看到了红豆集团在赢得员工之心方面表现出的诚意。在这种诚意的感化下，员工怎么会不卖力地工作呢？

与红豆集团的做法相同，美国著名的软件分析公司Sas公司，也十分重视提高员工的薪水。这种举措使得公司的人才流失率保持在4%的水平。要知道，这在软件市场劳动力紧缺的情况下，在同行企业人才平均流动率高达20%的行业背景下，4%的人才流动率称得上是个奇迹。

有人问Sas公司的员工：“为什么公司的人员流动率那么低？”

员工是这样回答的："我们在这里享受到了独特的奖金，在工作中，公司为我们提供了先进的设备；在承担的项目中，我们可以享受很多有吸引力的奖金政策；在与同事共事时，大家相互配合，相处愉快……"

靠着物质奖励和精神奖励，Sas公司在人才的积极付出下，保持高速发展。Sas公司的总裁表示，员工们的积极性很高，大家都有自主的工作意识，甚至很多员工还有忘我的工作精神，这让公司十分欣慰。

诚然，没有一家公司是完美无缺的，但是公司若想留住人才，必须摸清员工的想法，知道员工最需要什么。在这个物质生活成本居高不下的时代，员工最大的渴望莫过于多赚一些钱，让自己和家人过上好的生活。因此，企业最应该做的，就是想方设法地满足员工的薪水要求，用"薪"换员工的"心"。

要记住一句话：重赏之下，必有勇夫。如今，领导者带领团队，发展企业，与当年将领带领士兵攻城拔寨，其实本质上是一个道理，那就是要学会激励人，才能得到人才的辅佐，团队才能打下江山。如果你舍不得下本留人才，企业就不可能有美好的未来。

4. 关于股份制、分红与年终奖

20世纪50年代，凯尔索公司首次提出了利益捆绑的"员工股份制"。很快，这样的商业模式就风靡整个美国。很多人对此十分疑惑：员工享有股份，真的能解决公司效率的问题吗?

事实上，股份制是一种极为有效的保障措施。凯尔索公司首次将这一与员工分享发展成果的计划付诸实施，并成功地将公司72%

的股权，分量分批地发给那些愿意为公司努力工作的员工。经过长达 8 年的时间，凯尔索终于完成了股权从管理层向普通职工转移的过程，这一举动在美国的企业管理界引起轩然大波，并赢得了很多人的赞扬和支持。

截止 1975 年，从民意测验专家哈特的调查数据可以发现：有超过 66% 的美国人对“员工拥有公司大部分股份”表示支持和赞成。1978 年，哈里斯的民意测验也得出了类似的结果：有 64% 的美国职员认为，如果公司能让自己分享企业发展利润，那么自己的工作效率肯定会有所提高。

如今员工股份制已经从最初的诞生地美国，逐渐被全球各地的管理者们所借鉴运用。实事求是地说，这种制度在企业的最大限度内给予员工最为可靠的保障，再加上具有竞争力的高工资，没有哪个员工不会充满工作干劲。

除了股份制这一科学合理的模式，分红和年终奖也成为许多中小公司竞相效仿的激励方式。上世纪 90 年代，上海的一家纺织厂为了调动员工们的工作积极性，提高整体的工作效益，制定了一个具体的奖励办法：超额完成正常工作任务 20% 的员工将在年终获得奖金 1 万元；超额 40% 及以上则可获得奖金 2 万元；为企业做出重大贡献的员工，经过董事会集体商议，可获得 3%—10% 的原始股份；员工对所持股份有自主支配权，更可以凭此分到部分的红利。很快，该厂就摆脱了巨大的经济压力，在未来几年里迎来了发展的高峰。

古语说：“天下熙熙，皆为利来；天下攘攘，皆为利往。”千百年来，商人们的形象就是“无利不起早”，老板们要赚钱，员工们也要赚钱。作为公司的经营者，一定要明白这一点：懂得通过与人分享利益来激励别人，使别人心甘情愿为其效劳、与其合作。

李嘉诚曾将自己的用人之道，总结成这样几个字：“以诚感人者，人亦以诚应之。”李嘉诚认为：只有真诚地善待下属，将股份制、分红的好处让渡于员工，与下属分享利益，才能赢得他们的忠心辅佐。在他的企业内，人才济济，新人辈出，而且跳槽率很低。说到李嘉诚欣赏人才、真诚待人，就不得不提到马世民。当年，英国人马世民的才能深得李嘉诚的赏识，为了让马世民心甘情愿地辅佐自己，李嘉诚不惜买下马世民的整个公司，只给了马世民10%的股份。为了增强马世民及其公司下属对集团的归属感，李嘉诚又给他们最低的优惠价格，让他们购买长江实业集团的股票。结果，马世民在和黄的年薪及分红有1000万港元。这个数额相当于港督彭定康年薪的4倍多。此外，马世民还有非经常性的收入，这是难以计算的。

虽然后来马世民离开了和记黄埔，但李嘉诚给他低价购买长实股票的机会，让他获得丰厚的利润。李嘉诚曾经不无欣慰地说："在我的公司，职员都能忠诚地为公司服务，我自己也经常会考虑他们的处境，并利用薪资激励的方式帮助他们。"可见李嘉诚多么体恤下属，多么愿意与下属分享利益，这自然也极大地增强了集团的凝聚力。

在任何一家公司，员工都是企业利润的真正创造者，领导纵然可以用威胁、施压的手段迫使下属服从命令，但这很容易引起下属的反抗，他们可能消极怠工，进而降低工作效率，影响整个组织的利益。最高明的办法就是，引入股份制、分红和年终奖的利益驱动机制，通过与员工分享利益，让员工心甘情愿地加班、奋斗，为企业创造更多的利润。

作为老板，一定要明白：与员工分享利益，才是保证企业终极利益的根本。许多著名的企业都有与员工分享利益的具体措施，1908年，福特公司推出了T型汽车，一时间非常受美国人欢迎，真正成为普通人的汽车。后来，福特汽车的销售形势一片大好，但福特公司并没有趁机上涨车子的售价，而是坚守"薄利多销"的商业宗旨，与内部的员工分享成功的果实。亨利·福特主动提出：如果年底整体效益翻倍，在保证工资不变的前提下，每人可领到年薪酬总额的30%，外加2%到5%不等的红利。凭借这一利益分享措施，福特公司的员工受到了极大的鼓舞，他们的工作激情高涨，工作效率极高，从而推动了企业的发展。

在中国，华为集团也是一家重视与员工利益分享的企业。多年以来，华为公司取得了非凡的成绩，都与他们注重与员工分享利益分不开。华为公司的管理者认为，随着员工为公司创造的利润增加，公司应该增加他们的报酬，并以年终奖的形式留住最核心的人才。如果管理者只注重企业短期利润，忽视员工利益，认为企业应该净得 9000 元，那么，很可能有一天，企业只得 900 元，因为这种奖励模式无法调动员工的积极性。华为公司的管理者正是认识到这一点，才在保证员工利益的基础上，调动了员工的积极性，最终保证了企业利润。

企业的效益与员工的收益是相互依存的，企业的利益依靠员工实现，如果企业只把眼光停留在眼前，看不到企业的长远发展，不愿意通过股份制、分红、年终奖的形式与员工分享利益，那么，员工的积极性就难以被调动起来。领导者只有认识到员工的价值，和员工分享利益，才能与员工保持和谐的关系，从而推动企业的持续发展。

在当今的商业环境下，仅仅靠高工资，是很难达到效益共赢的。只有高工资和高保障双管齐下，才能把员工的干劲逼出来，达到效益的最大化。管理者可以依据自身企业的状况，选择适合自己的保障方式和奖励机制，让高保障与高工资并行，下属们自然会充满干劲，为公司的长远发展贡献一份力。

5. 没有什么比批评更能抹杀一个人的雄心

1921 年，美国钢铁公司的第一任总裁查尔斯·考比年薪高达 100 万美元。钢铁大王卡内基为什么给他如此高薪呢？对此，考比表示这主要是因为他擅长与人相处。那么，考比与人相处的秘诀是什么呢？

考比说：“我认为，我能把员工鼓舞起来的能力，是我拥有的最大资产，而使一个人发挥最大能力的方法，就是赞赏和鼓励！再也没有比上司的批评更能抹杀一个人的雄心了。我从来不批评任何人，因此我喜欢称赞、讨厌挑错。”

心理学家研究发现，人类本性中最深刻的渴求就是赞美。通过真诚的赞美，可以让人的热情和潜能得以激发。高明的管理者都深谙此道，他们懂得赏识下属、鼓励下属，而不是批评下属。在赞美之下，下属们能保持愉快的心情，工作更加积极，并用更好的工作成果回报你。所以，即使下属犯错了，也不要批评他。

有一次，美国著名的试飞驾驶员鲍勃·胡佛从圣地亚哥表演完后，准备飞回洛杉矶。不幸的是，在返回的途中，飞机侧翼的两个引擎同时出现了故障。万幸的是，胡佛反应灵敏，操控得当，平安降落。虽然没有人员伤亡，但飞机却面目全非。

在紧急降落之后，胡佛首先检查了飞机用油，他感觉似乎是燃油出了问题。果然不出他的所料，那架螺旋桨飞机装的是喷气机用油，这明显是负责保养的机械工的工作失误。回到机场，那位机械工早已紧张得说不出话来，而且一脸的痛苦不堪，眼泪沿着面颊流下来。

然而，胡佛并没有责备机械工，只是伸出双手，拍了拍工人的肩膀，说：“为了证明你不会再犯错，我要你明天帮我修复我的F-51飞机。”

相信胡佛的做法足以让那名机械工铭记一生，相信在今后的工作中，他不会再犯类似的错误。如果这样的事情发生在你身上，你会像胡佛那样做吗？还是怒气冲冲地批评和责骂下属呢？然而，你清楚地知道：责备和怒骂已经于事无补，既然下属已经知错，何不给他一个面子，保护他的自尊，不再深究？

在工作中，下属犯错是很常见的事情，错误并不那么可怕，相反，犯错之后，下属会获得成长。因此，英明的管理者应该善于利用下属犯错来鼓励下属，帮助下属获得进步。

全球最大的调研公司盖洛普公司曾花费25年的时间，针对全球100万个普通员工、8万个经理人进行调查，最后总结出他们的管理之道，并写成一本名为《首先，打破一切常规》的书。在书中有这样一段话：

“如果你的上司根本不表扬你，你就不得不靠自己的智慧而生存。如果你天生善于自我激励，那么你就可能在毫无表扬的情况下长期生存。然而，大部分人很快就会感到心累——面对没有表扬的环境，你可能考虑跳槽。”

针对这种现象，盖洛普的专家建议管理者们：如果员工从迟到30分钟变为迟到10分钟，你应该夸奖他。因为肯定员工的进步会让员工有良好的自我感受，促使他更加认真地对待工作。这句建议是典型的赏识激励，对引导员工走向优秀非常有益。

著名的排球教练郎平在美国担任排球教练时，经历过一件让她记忆深刻的事。当时，郎平被一个排球学校邀请去教那些业余的小姑娘学习排球。在郎平看来，那些小姑娘的技术十分糟糕。她对她们要求严格，一丝不苟地指出她们的错误。一段时间后，学员们都很怕郎平，上课的时候特别紧张，教学效果很差。

后来，学校领导邀请郎平去看一个受欢迎的美国排球教练是怎样授课的。虽然这个女教练的水平比不上郎平，但是她的教学效果非常出色。郎平过去一看，彻底震惊了。只见那个教练对学员们说：“亲爱的，你们已经做得很好了，初学者都是这样的，你们已经很了不起了，但是如果手臂再高一点就更完美了。”或者对学员们说：“我从来没见过像你这么有天赋的学员，你只需要加快速度就非常好了……”

试问一下：有谁喜欢被批评、被指出不足呢？你不喜欢，我也不喜欢，任何人都不喜欢。可是，很多管理者对待下属，就像老师对待学生、父母对待孩子一样，整天不停地挑下属的毛病，尽管下属做得够好了，他们依然不满足，丝毫不考虑对下属的打击和伤害。他们不知道，当下属遭受批评时，会感受到很大的压力，更糟糕的是，没有什么比批评更容易伤害一个人的自尊心和打击一个人的自信心了。所以，如果你想成为出色的领导者，成为下属们都希望的领袖，请不要用批评对待下属。

美国著名的广告人大卫·奥格威创立了世界上最大的广告公司之一——奥美广告。他曾经说过："在我所有的工作目标中，这一目标置于首位：竭尽全力使每一个员工在公司的工作生涯成为愉快、幸福的经历。——对无能为力的问题，我们的职责就是：改变嘴角的线条。"改变嘴角的线条，用带着微笑的赏识引导下属吧，那样下属会变得更加出色。

6. 激励员工的五项原则

众所周知，假如一个企业人心涣散，其发展必不会长久。对此，作为老板往往负有一定的责任。他们往往认为：人才之所以流失、人心之所以不齐的重要原因是技术落后、发展不利。其实，问题的根源在于激励不当，或者激励缺失。

有人这样评价沃尔玛强大的向心力："沃尔玛公司的迅速崛起，主要取决于沃尔玛内部的团结与和睦。沃尔玛的员工聚在一起，就像喷发的火山一样，气势非常凶猛。"毋庸置疑，有效的激励是保证员工工作热情和工作态度的核心要素。那么作为企业的老板，又该如何激励自己的员工、增强团队向心力呢？归纳起来，大致有以下五项原则：

第一，营造归属感，收服人心。毫无疑问，任何时候薪水都是员工奋斗的基础，在满足员工薪水要求、保障员工基本生活的同样，在公司内部积极地为员工营造一种归属感，让他们感受到集体的温暖。试问：在如此有诚意的感化下，员工又怎么会不卖力地工作呢？

有很多企业，薪酬与同类型企业相比并不具有竞争力。但是较高的薪酬仅仅只是企业留住人才的必要条件之一，愉快的工作氛围、强烈的归属感，才是让员工紧紧围绕在企业周围的真正原因。一旦员工缺乏职业愿景，没有长远的职业规划，而且没有把心思和精力用在工作上，表现出懒散、敷衍的不良习气，就说明企业内部的问题已经很严重了。

第二，通过内部联欢、轻松对话的方式，增强员工的认同感。一个优秀的企业，往往能营造出一种健康的人文环境，在员工和企业之间建立起一种互动相依的关系。员工们只有对企业产生认同感和归属感，才能对企业和生产工作担负起一定的责任。而当个人利益与企业利益相冲突时，他们才能顾全大局，坚定不移地和企业站在同一条战壕里。

第三，福利到位，解决员工的后顾之忧。影响人才流动的因素有很多，生活保障是最为重要的因素之一。住房、医疗、子女教育方面的保障，不仅能使员工感受到企业给予的温暖，还能增强员工对企业的依赖性。可见，仅仅提高员工对福利待遇的满意度还不够，还要保证福利分配的公正性、合理性和激励性。

第四，注重企业文化建设，让员工与企业同呼吸。作为老板，如果能够从“以人为本”的角度出发进行管理，又怎么会失信于员工呢？只有发自内心地尊重、信任和关心每个员工，才能让员工们更有责任感、主动地做好本职工作。首先，可以为员工提供一个发表意见、交流心声的园地。例如办一个内刊，或是多开交流会议，让领导和员工共聚一堂，总结过去的经验，规划未来的发展。最好让所有的员工集体参加，让他们将自己真实的想法坦诚地表达出来，使老板能真实地把握员工的心理动向，从而寻找管理上的差距，加强对员工的人性化管理。

此外，老板应该对员工的生活动向了如指掌。在员工过生日或恰逢喜事的时候，一束鲜花或一份祝福，都会让员工深切感受到家一般的温暖；在员工遇到困难的时候，让大家一起帮忙，既让受难的员工记住这份恩情，也增强了员工之间的团结力，这往往比空洞的说教更有说服力。

第五，升职激励，给员工提供广阔的个人发展空间。许多员工都希望能有一个充分施展自己才能的机会，让他们发挥自己的主动性和创造性，获得老板和同事的认可。如果公司愿意给员工搭梯子，在适当的时候提升他们的职位，使员工的个人能力和素质随着公司的发展而成长，那么公司与员工的相互认同感就会越来越强。

曹操是个善于识人才的领导者，最典型的一个例子就是对待荀彧。曹操见荀彧来投，十分高兴，他把荀彧比作张良，并任命荀彧为司马。别看司马一职不是很高，但要知道，曹操当时也才是奋武将军，司马的位置基本相当于是“参谋长”的职务。一时间，荀彧得了张良的美誉，身居“参谋长”的职位。这不禁让荀彧钦佩曹操的风范和智慧，他能不感激涕零，对曹操忠心耿耿吗?

后来，随着曹操势力的壮大、地位的不断提高，荀彧官拜汉侍中、授尚书令。尽管后来荀彧失去了曹操的信任，但他依然对曹操不离不弃。由此可见，曹操在留人才方面多么成功。在对待荀彧这样的人才上，曹操表达出留人的极大诚意。至于荀攸、贾诩、程昱、刘晔，曹仁、曹洪、夏侯惇、许褚等人才，曹操也给他们相应的官爵，为他们提供建功立业的机会，给予他们好听的封号，回馈他们丰厚的利禄，并且恩泽其后世。

其实，很多人的心中，都有根深蒂固的官本位思想，很多优秀的人才都渴望获得升迁。比如，业务员想当主管，当了主管想当经理。所以，对待优秀的人才，给他们加官晋爵、给他们荣誉和表彰是很有必要的。

总而言之，不同的企业，员工的“生命周期”也会有所差异。企业管理者要善于从本行业出发，结合本公司的具体制度以及现存的激励机制，制定出有针对性的调整对策，只有这样才能真正做好全员的激励工作，把新老员工紧密地团结在一起，真正实现做大做强的目标。

7. 让千里马站出队列，成为团队榜样

心理学家曾做过一项关于“榜样模仿”的实验，实验对象是4~6岁的儿童，他们被分成三组，分别观看一个成年男子暴打充气娃娃的影片。不同的是，第一组儿童看到男子暴打充气娃娃之后，获得了奖励；第二组儿童看到男子暴打充气娃娃之后，男子因此受到了严厉的惩罚；第三组儿童看到男子暴打充气娃娃之后，既没有获得奖励，也没有受到惩罚。

接下来，三组儿童被送入同一间游戏室，里面有一个同样的充气娃娃。第一组儿童看到充气娃娃之后，攻击行为最多。第二组儿童看到充气娃娃之后，攻击行为最少；第三组儿童居于中间。

这个心理实验充分说明榜样的力量是巨大的。当榜样人物得到奖励之后，就会激发出更多人以此为榜样进行学习；当榜样人物受到惩罚时，就会促使很多人避免做出榜样人物类似的行为。由此可见，榜样具有代表性、导向性、示范性，对引导团队成员向好的方面转化，对建设团队具有积极的作用。

某公司从1998年7月创办以来，十分重视挖掘公司内部的优秀员工、先进人物、先进事迹。他们重视培养典型，宣传典型，树立典型，对优秀的员工进行立体化的宣传，通过先进事迹发挥典型效应，从而达到“宣传一人、带动一片”的效果。通过对优秀员工的宣传、表彰、示范，在员工中产生了巨大的激励作用。员工可以清楚地知道，公司倡导什么、崇尚什么、追求什么，形成一股学习先进、积极向上的良好氛围。

2007年6月29日，公司发行了一套明信片，明信片上的图案是

公司一些优秀员工的肖像。这些员工有的是基层员工，有的是高层领导，他们因为在工作中表现优秀，被公司聘为形象代言人。每一位形象代言人，都会得到公司不菲的奖金。这件事一出，顿时轰动了全公司，产生了很好的激励作用。

被评为公司的形象代言人的小刘是公司一名普通的司机。他在公司工作了 10 多年，用车印替代足迹，走遍全国几十个省份，行驶 1700 万公里，却从来没有偏离过轨道。这是公司形象代言人评委会给他的评语。

在企业中，树立什么样的人做榜样，鼓励什么样的行为，关系到企业的价值理念和企业文化的建设。一般来说，在某些方面有特点、有特长、有杰出表现的员工，才能成为大家学习的榜样。榜样通常可以被视为“千里马”，它与普通马匹不同，原因是他们能够日行千里，有超强的能力和耐力。因此，树立榜样、宣传榜样，引导大家学习榜样，形象地说，就是让“千里马”站出队列，走到普通员工前面，成为大家进步的带头人。

榜样的力量是无穷的，在员工管理中，好榜样可以使员工有样学样，从而积极地对待工作，最大限度地施展自己的聪明才智。不过，要注意的是，在评判一个榜样时，要有标准，要重视过程，而不能只看表面的行为。就像阿里巴巴创始人马云说的那样：“为过程喝彩，为成果奖励。”

某公司的一个项目组有一段时间工作任务繁重，员工无法完成高额的工作任务，于是员工小李经常在下班之后留在公司加班，认真地编写和检查代码，并多次被总经理看见。

半年后，小李所在的项目组的主管离职了，总经理提拔小李做项目主管，并且给他加了薪。而且总经理在公司会议上说：“小李是个勤奋工作的员工，他经常在下班之后依然加班工作，这种精神值得每一位员工学习。”

此后不久，公司中主动加班的人多了起来。然而，很多人表面上是在加班，但实际上却是在上网玩游戏、聊天、干私活……总之，办公室里“人气”旺了不少，但真像小李一样真心忙工作的人，却没有几个人。

在这个案例中，总经理本意是提拔勤奋工作的小李，同时激励其他员工向小李看齐。但是他的错误在于，他应该奖励小李编写代码这个行为（如果可以，应按小李的劳动成果，给小李相应的奖励），而不是奖励小李加班这个行为。总经理应该强调“小李总是在规定的时间之前，上交代码程序，虽然工作任务很重，但是他总能完成任务”，而不是说“小李每天总是最后一个离开公司”，这样才能让小李真正成为团队的榜样，否则，只会引来加班假象。

为了更好地发挥榜样的作用，在树立榜样时，管理者应注意几点：

（1）从员工中选拔榜样。以身边的人为榜样，更易于其他人了解榜样、认同榜样、学习榜样，这样可以有效地缩小心理距离，增强员工赶超榜样的积极性。

（2）根据员工的长处设立榜样。榜样不是全才，而是在某些方面，有一技之长，比如，销售业绩最好、客户满意度最高等，这些闪光点都可以成为大家学习的标准。

（3）榜样行为不能设置过高。如果榜样的行为需要通过很长时间、很大的精力才能做到，那么要想达到这个目标就遥遥无期，这样对大家就会失去激励作用。

第七章 Di Qi Zhang

慈不掌兵：老板不"狠"，公司不稳

在军队管理上，有一句流传甚广的古训叫"慈不掌兵"。用著名军事大师孙子的话说，就是"厚而不能使，爱而不能令，乱而不能治，譬若骄子，不可用也"。由此可见，慈不掌兵不是对士兵没有仁爱之心，不是对士兵凶狠残忍，而是不能对士兵仁慈过度、一味放纵。作为老板，该对员工严格的时候要严格，该狠心的时候不能心慈手软，这样才能消除企业发展过程中的一切消极因素。

1. 拉不下面子是老板的大忌

多年之前，曾有这样一篇报道：说某大学教授的收入，竟然不及大街上卖茶叶蛋的老太太。当然，这并不是让教授去卖茶叶蛋，教授也不可能真的去卖茶叶蛋。不过，当时针对这件事很多媒体展开了激烈的讨论，主题是“面子”与“票子”哪个更重要。

中国人好面子，做老板的更好面子，有时候说个“不”都会思来想去，犹豫半天。看到员工一而再、再而三地犯错、违规，却拉不下脸批评员工。殊不知，这样的放纵是在害员工，害企业，是在给自己埋祸根。因此，老板们有必要考虑一下“面子”与“票子”的问题。

不知道你是否遇到过这样的情形：

你在公司的走廊上与一位员工不期而遇。员工停下脚步，对你说：“哎呀，老板，好不容易碰上你，有个问题，我想请示你一下。”接下来，员工开始滔滔不绝地向你汇报问题。尽管你马上要去见一位大客户，但是你却不好意思打断员工。你看似在认真倾听，实际上却心急如焚，因为这个客户非常重要。结果，你因为拉不下面子拒绝员工，最终耽误了见客户，给客户留下了很不好的印象，甚至有可能丢失一笔大单。

类似这样的事情其实很常见，对老板而言，时间就是金钱。在你忙碌的时候，千万不要让员工耽误了你的时间。所以，面对员工的提问时，你最好不要做问答题，而应该做选择题。这样可以为你节省时间，也可以启发员工开动脑筋思考。有位老板是这么做的。

一天，闫老板的一位下属找到他，说："老板，我有一件事请示你该怎么办？"接着，他开始把这个问题汇报一番……闫老板一边听，一边点头，几分钟后，他对下属说："这件事很重要，我很想听听你的意见，你觉得该怎么办？"

下属说："老板，我也不知道该怎么办啊，所以才请你救援。"

"不会吧，我知道你的能力，你一定能找到更好的办法。这件事我一时半会儿也拿不出方案，而且我正好有急事，你去思考一下，多做几个方案，然后我们一起讨论。如果你实在想不出来，可以和其他同事讨论。"

第二天，下属如约而至，拿出了多种不错的方案，闫老板从中选择了一个最理想的方案。

在这个案例中，闫老板既巧妙地拒绝了下属，同时又肯定了下属、激励了下属，下属在他拒绝、肯定之后，开动了脑筋，可谓一举两得。

老板一定要认清一个问题：老板不是全能选手，不可能什么事情都懂。面对自己不懂的问题，不妨巧妙地拒绝，千万别不好意思。你甚至可以放下面子，直接对员工说："这个问题我不懂，你再想想办法。"

要知道，拉不下面子是老板的大忌。以上面的故事为例，假如你忙碌、假如你不懂那个问题，还要硬着头皮苦撑着，既浪费了自己的时间，又搞得自己心力交瘁，何苦呢？有时候，因为老板拉不下面子，还可能给企业造成严重的损失。

小程是公司的一位骨干。一天，他找到老板金先生聊天，说："老板，如果一个员工对公司有很大的贡献，而且对公司忠心耿耿，还是个老员工，你会不会借钱给他？"金先生没有任何犹豫，说："我肯定会借钱给他。"

小程谦虚地说："我也算得上是公司的一个骨干员工，我最近遇到了困难，想找公司借点钱。"

金先生忙问："什么事？你尽管说。"

小程说："我媳妇儿要生孩子，我手里有点紧，你能借 1 万元钱给我吗？我两个月后就还给你。如果没还，你就从我的工资里扣。"

金先生一想：员工有困难，怎么说也要帮一帮。于是爽快地让财务支给这位员工 1 万元。

两个月的期限到了，小程主动找到金先生："老板，真的不好意思，有了孩子后，我感到钱太不禁花了，我现在没法还你钱了，请你宽限我几个月，也不要扣我工资好吗？"

金先生心想：既然人家有难处，就宽限几个月吧！他没把这件事放在心上。

过了一段时间后，小程找到金先生，一脸哭相地说："老板，我想找你帮个忙。"

"什么事？你说。"

"我媳妇儿生病了，要动手术，你能借我 5 万元吗？"

金先生这次并不想借，心想：你上次借我 1 万元还没有还呢？怎么又借钱。但转念一想，如果不借，员工会怎么看自己，于是他陷入了犹豫。小程见状，马上哀求起来，这让金先生非常于心不忍，所以他答应了。

没过多久，小程突然不来上班了，金先生给他打电话他也不接。这时金先生才意识到借出去的 6 万元打水漂了，因为当时小程根本没有打借条。

老板不狠，公司不稳。对于下属提出的要求，老板要视情况而定，随便借钱给下属，而且数目巨大，是不明智的。因为公司发展需要大量的流动资金，公司缺少资金，就像人缺少血液一样，不利于健康成长。所以，老板要敢于拉下面子说"不"。

老板千万不要认为员工迟到、请假、懒散、借钱等等都是小事，就睁一只眼闭一只眼，就顺从员工；也不要因为自己不好意思批评员工就忍气吞声，一味放纵员工。要知道，千里之堤毁于蚁穴，细节可以打败一个公司。如果你想把公司做大做强，就应该拉下面子，清除一切消极因素。

2. 坚决做到“能者上，庸者下，平者让”

不想当将军的士兵不是好士兵，同理，不想当领导的员工也只是永远平庸。好的下属是完全具有可塑性的，但要想将这些员工培养成卓越人才却并不容易。企业要想做大做强，必须要培养一批精兵强将，因此，管理者在培养员工的过程中，必须毫不留情的淘汰那些平庸者，这既是对企业的未来负责，更是对奋斗者的肯定。

不少管理者经常面临这样一个问题：到底该如何解雇那些“鸡肋人物”？一般来说，这些人工作还算努力，懂礼貌，善解人意，甚至在公司里面还有着不错的口碑，然而他们在工作中却经常犯错，哪怕是多次提醒依然不见什么起色。对于这样的人，解雇起来需要很大的勇气，但为了企业的发展，却不得不淘汰。

阿丽是某科贸公司的经理，最近公司新来了一位女员工，人长得漂亮，性格活泼可爱，但却令她头疼不已。

该员工在通过单位两个月的试用期后，看起来似乎工作十分努力，但在业绩上却平平庸庸，每次都是打着最低考核标准的擦边球。起初，阿丽认为该员工可能是由于还未融入企业的环境，所以才会业绩平平，毫无起色。

为了帮助她提高业绩水平，作为经理的阿丽专门给她安排了一位经验丰富的老员工，但转眼3个月过去了，该员工的工作状态丝毫没有改变，还是老样子，更令阿丽头疼的是，她完全是在被动机械的工作，根本毫无工作积极性，这样又怎能把工作做好呢？为了帮助这位员工提升业绩，阿丽专门找她谈话，并给予其精神上的支持与鼓励，并许诺，只要她能够超额完成工作任务，一定会给予其丰厚的物质的奖励。

然而，阿丽的办法似乎没有一点作用，该员工还是老样子，甚至工作业绩还有下滑的趋势，总是这样通融一个平庸者，难免会让那些业绩优秀的员工感到不公，出于这个层面的考虑，阿丽毫不留情的开除了这名能力平庸的员工。

实际上，每个企业都有工作能力平庸者，他们整天不思进取，上班就是“磨洋工”，拿工资混日子，如果不淘汰这类员工，那些优秀员工难免会产生“不干活也这样，干这么多活也这样，那我为什么非要这样拼命努力呢?”一旦员工们有了这种想法，那么企业的整体工作效率必然会降低。

通常来说，企业都会有一套完整的人事体系，对于什么情形下可以与员工解除雇佣关系，合同上都有着比较明确的要求。管理者要善于借助这些制度，来清除那些平庸的员工。此外，在人员招聘时，要尽量避开那些没有培养价值的人，只有这样才能从根源上减少平庸者的数量。

其实每个员工都希望自己能得到上司的肯定。从本质上讲，领导如果将鼓励给予部下，就像将食物给予饥民。如果能够随时随地体察部下最需要、最关切的东西是什么，而且可以毫不吝啬地给予，那么必然能够轻而易举的赢得他们的忠诚与拥戴。所以，管理者切忌以成败论英雄，及时肯定员工价值，才是收服人心的法宝。

肯定员工价值的方式是多种多样的，我们既可以在日常工作中向那些工作杰出的员工表示感谢，也可以深入基层去倾听那些下属的心声，还可以鼓励那些员工提出自己的想法与见解。此外，对优秀员工进行表扬、奖励以及升职等也是现代企业管理中最常用到的方式方法。

洛克菲勒的创业老臣、高级行政副总裁贝福特，曾因为不慎导致在南美的投资失败。面对下属的严重失误，作为最高管理者的洛克菲勒，并没有问他到底是怎么回事，反而充满鼓励地说："贝福特，我们刚刚知道你在南美的事情。"这种肯定下属价值的态度令贝福特不胜惊异，他完全没想到自己的上司会这样说，还以为洛克菲勒一定会责难自己，并且已经准备好了诸如"这实在是一次极大的损失，我想尽办法才保存了60%的投资"等说辞。

但上司根本没给他辩解的机会，而是直接拍着他的肩膀肯定道，"这已经非常不错了。要不是你处置有方，哪里能保全这么多呢？你干得竟然是如此出色，早已经在我们意料之外了。"在一个本该责备的时候洛克菲勒却一反常态，非常诚恳地换成一种肯定，一种正面的鼓励，这是一种非常高明的做法。

试想，如果洛克菲勒言辞处理不当，因一次失误就对贝福特大加指责，那么对方很可能会一怒之下辞职，甚至是另起炉灶与之争雄，这样一来，洛克菲勒不但会有失臂之痛，还会平白无故地多出一个劲敌。短短几句肯定对方价值的鼓励，就轻而易举地化解了一次潜在的危机，这种明智的做法十分值得我们学习和借鉴。

要知道，只有肯定员工的价值才能赢得他们的好感，对于企业管理者来说，这是一种博得下属好感与维系好感的有效方法，但其具有的深远意义恐怕还远不止于此。领导给下属以肯定与信任，对方自然会报以感激，从而以更加积极的状态投入到平时的工作中，这对于提高企业的整体效率是有好处的。

3. 老板要学会恩威并施

经常听到有些老板说："我对员工那么好，可是他们居然背弃我，泄露公司的机密，真是太不重情义了。"也有一些老板，虽然很有"脾气"，看似对员工粗暴，生气时臭骂员工一顿，好像非常严厉，但员工却非常喜欢他。为什么老板对员工好，员工却背信弃义？老板对员工"不好"，员工却心服口服、不离不弃呢？

其实，后者更具备领导的艺术，或者说后者更懂得恩威并施。当员工犯错时，该骂一定要骂，该夸时要给予夸。什么时候该骂，什么时候该夸，这要看员工的个性特点、看场合、看时机，只有充分考虑这些因素，才能"骂"得员工心服口服，"夸"得员工斗志昂扬。

汉高祖刘邦非常善于对下属恩威并施。当年，他为了剿灭陈希的谋反，亲自带兵出征。但是从长安到赵国，这是一段非常遥远的路途，如果带上太多的士兵，反而会影响行程。因此，刘邦决定只带一支精锐部队前往。

到达赵国后，刘邦问赵国的国相周昌："你们赵地有没有英勇善战的将领？"

周昌说："有4个人非常英勇善战。"随后，他把这4个人带到刘邦面前，没想到刘邦当着众人的面，对这4个人怒骂一番："你们这些小兵小将也能率兵打仗？"

那4个人见状，纷纷跪倒在地，内心惊恐万分。这时刘邦又做出了一个让人不解的举动，他赶紧安抚他们，并赏给他们每人一千户的秩禄，让他们分别带领一支军队攻打陈希。

刘邦的大臣们不解，说："当年那么多跟你打天下的功臣都没有全部得到封赏，你为什么给这4个人这么重的奖赏呢？"

刘邦说："你们又不是不知道，陈希造反，整个邯郸以北都是他的地盘，现在我们急需征调各地的军队，但是他们难以及时赶到，眼下，我们唯一可以依靠的就是赵地的士兵。因此，我怎么能吝啬这四千担的封赏呢？这样更能激励赵地士兵勇猛杀敌啊！"

大臣们听后，纷纷拍手叫好，果然不出所料，一年之内，赵地的军队就把陈希剿灭了。

对赵地士兵，刘邦既以强大的威慑，又许诺利益，这种恩威之术运用得非常高妙。恩是宽待，威是严厉，恩威并施，相得益彰。

在这个员工流动率高居不下的时代，如果你想拥有一支人员稳定的团队，如果你想获得部属的拥戴，那么你就必须学会恩威并施。既要给员工好的待遇，给员工鼓励、认可、关心和厚爱，让员工获得保障，获得欣赏，又要制定严厉的制度，规范员工的言行举止，保证员工给企业带来正能量。只有这样，员工才会既喜欢你，又畏惧你，对你服服帖帖，脚踏实地地跟着你干。

赵经理是一家塑胶加工机械公司的老板，有一次，他的公司里有位高学历的年轻技师和生产组经验丰富的组长发生了矛盾。技师是某大学的一位高材生，来公司不到两年，而那位组长是个高中生，但在公司里已经工作了13年。双方的冲突起因于成型机的改良方案，技师认为，应该在成型机上加一个自动控制钮，而组长认为没必要多此一举。前者着眼于机械结构，是理论派；后者着眼于实际操作，是经验派。

当然，他们的出发点是把成型机改造得更完美、更实用，都是为了公司好，但由于两人意见相左，最后闹得脸红脖子粗。表面上是观点的不一致，实际上是为了争个面子。技师认为：机械结构的原理，我比你懂得多，你用土办法来改造机械是不行的。组长认为：

老子在公司干了十几年，实战经验丰富，你才来没多久，只懂一点理论，凭什么职称是技师，凭什么地位比我高？

对于这件事，赵经理是怎么处理的呢？他没有把两人叫过来，各打50大板。而是先把技师叫到办公室，怒气冲冲地骂道："你一个初出茅庐的小屁孩，怎么能和老员工吵架呢？你有什么不满，可以和我说嘛，他都可以当你父亲了，你也太不尊敬他了。"

见技师低着头不说话，赵经理话锋一转，说："你是公司的高材生，有能力，专业知识丰富，公司的发展全看你了，希望你争一口气，研发出新产品。照理说，我应该给你涨工资，但鉴于你来公司不久，我现在如果给你加工资，公司的老员工会感到自己不受重视。我相信你了解我的苦衷，你还年轻，又有自己的理想，相信你不会计较眼前的待遇。不过我向你保证，将来我是不会让你吃亏的。"

接着，赵经理又把那位组长叫来，用亲切的话语训斥道："你这么大的人了，怎么和年轻人胡闹呢？这成什么体统啊？你资历比他老，有什么不满，跟我说就行了，你这样一吵，让人家如何下得了台？"

见组长不说话，赵经理又说："你在公司干了十几年，我最信得过你了。但你知道，开发新产品，光靠我们两人是不够的，必须吸收新人。如果我用一个新人，你就跟他吵架，以后谁还敢来？经验固然重要，专业知识也必不可少啊。以后你气量放大一点，免得人家总是说我把你当成宝，帮着你欺负新人。"

最后，赵经理对组长说："公司决定设立一个新部门——研发部，让技师作为负责人，挑选几位年轻、好学的技工，一起搞研究，专门从事产品的改进工作。而你组长专门负责生产，两人各司其职，互不干涉。你觉得如何？"

组长本来有一肚子的不满，但听了老板的话后，一句话也说不出来了。因为他感受到老板把他当成自己人了，他除了惭愧还能说什么呢？

从这个案例中，我们可以看到恩威并施的作用。赵经理通过恩威并施的管理手段，轻松实现了以柔克刚、化解矛盾的目的，而且稳定了人心，加强了与员工的感情交流，获得了员工的信任。

《三国志》中说："鲂在郡十三年卒，赏善罚恶，恩威并行。"这句话告诉我们，要用恩德笼络人心、用刑法使人慑服，两者缺一不可。在企业管理中，笼络人心不外乎话语亲切、给予奖赏、许诺利益。比如，牢记员工的名字，见到员工，热情打招呼。如果亲切地称呼员工，再加上一个真诚的微笑，就很容易激发员工的士气，使员工的工作效率大大提高。员工会感到：上司记得我，我要好好干，才能不负众望。当然，对待员工，还要适时地嘘寒问暖，关心他们的生活，倾听他们的忧虑，消除他们的烦恼。

使人慑服不外乎令行禁止和严厉批评。在下达命令的时候，要令行禁止，而不能和员工客客气气，不允许员工讨价还价。当员工表现不佳，且明显存在主观过错时，应该严厉批评，还要按制度给予处罚，这样才能让员工感到你的威严，促使员工不折不扣地执行任务。

只有笼络人心是不够的，因为那样员工感受不到你的威严，时间久了，员工和你称兄道弟，可能不把你的命令放在心上，不把你这个老板放在眼里。这样势必会影响员工的执行力，影响企业的效益。

而只有严厉处罚也是不行的，因为这样员工感受不到你的关爱，时间久了，员工会背负强大的心理压力，员工的心会与你渐行渐远，这样员工就不愿意长期追随于你。只有恩威并施，才能驾驭好下属，管理好企业。

4. 坚决不用与公司核心价值观不一致的人

中国人有门户之见，结婚的时候讲究门当户对，所谓郎才配女貌、才子配佳人。其实，企业与人才也要讲究门当户对，要看双方的价值观是否匹配，看员工是否认同企业的价值理念、行为方式、行事风格。如果员工不认同企业的核心价值观，那么再优秀的人才也坚决不能用。

有一次，杜邦的管理者招聘一个工程师、一个出纳员。管理者向工程师提了一个问题："快下班的时候，如果厂房里有台机器需要维修，如果加班，公司给一个人一天补助100元，如果你是这个班的班长，你会派两个人去维修吗?"对方回答："为了节约公司的成本，我肯定只派一个工程师去维修。"

接着，管理者向出纳员提出了一个问题："如果公司发生了大火，你的第一动作是什么?"对方回答："出纳员的职责是保护账目和资金，我的第一动作当然是把账目和资金放进保险柜，然后再跑。"

结果这两位应聘者都没有被录用，原因不是他们的专业能力不合格，而是因为他们的价值观与杜邦公司的核心价值观不同。杜邦公司的价值观是安全、道德、环保和尊重他人，如果维修机器，一定要两个人一起去，而不要一个人干；如果发生火灾，第一时间应该跑，钱可以不要。因为如果没有人，有钱也没用，这就是杜邦的价值标准，也是雇佣员工的一个条件。

中国的很多企业讲究集体利益高于个人利益，讲究节约成本，为企业省钱的员工会得到嘉奖。这就是不同企业的核心价值观，这种价值观很大程度上来自于企业老板、高层管理者的价值观、行为方式。说到底，这就是企业判断一件事情的是非标准。

企业的核心价值观没有好坏之分，它是大多数人认同的，如果一个员工不认同你公司的价值观，那么他与你公司就“门不当户不对”，你们就没有合作下去的基础。在企业发展的过程中，老板一定要明确：什么样的人不能用，一定要把不合适的人请下车。

伊藤雅俊是日本伊藤洋货行的董事长，他经营企业以严谨著称。在用人方面，他坚决不用与企业核心价值观不一致的人。在管理企业的过程中，他一向要求员工不要居功自傲，要忠诚敬业。如果员工的言行与此相违背，他会果断地将他们除名。被他除名的不乏许多经营天才，岸信一雄便是其中一位。

岸信一雄原来在东食公司任职，对食品的经营颇有心得。他的到来，为伊藤洋货行注入了一股活力。在十多年的工作中，他为公司做出了巨大的贡献。正因为如此，他一直比较自以为是，对自己的言行比较放松，而且在一些经营观念上与伊藤雅俊有分歧。在人际关系方面，他也变得放任起来。

岸信一雄的表现与伊藤雅俊严谨的管理风格产生了巨大的反差。伊藤雅俊无法接受岸信一雄的做法，他要求岸信一雄约束自己的行为，改善工作态度，但是岸信一雄不屑一顾。他对伊藤雅俊说：“难道你没看到我的业绩一直在上升吗？为什么我一定要改变呢？”

伊藤雅俊知道，岸信一雄的价值观与企业不同，这是不可改变的。他认为，如果企业中开始形成一种习惯势力，出现管理真空，那么任何绩效都无法挽救企业灭亡的厄运。因此，他只好忍痛将他解聘。这一消息传出后，很多人都感到震惊，还有不少人替岸信一雄求情，但是伊藤雅俊告诉那些人：“秩序与纪律是企业的生命，不守纪律的人一定要处以重罚，即使会因此而减低战斗力，我们也在所不惜。”

企业不是原始丛林，员工也不是海盗强盗，员工必须认同企业的核心价值观，必须按章法办事。日本经营之神、松下电器的创始人松下幸之助曾经说过：“如果你犯了一个错误，公司是会饶恕你的。然而，你背离公司的原则就会受到严厉的批评，直至解雇。”

管理咨询师汪中求说过这样一句名言：“不合适的员工不放弃，市场就会放弃你的企业。”一个员工如果不认同企业的核心价值观，他就不会有高效的执行力，企业就不会有核心竞争力。皇明集团董事长黄鸣先生也是这么认为的，他就曾果断地辞退了公司中不认同企业核心价值观的员工。

中国最大的太阳能企业——皇明太阳能集团，是一家民营股份制企业集团，创立于1994年，当时公司只有七八个人。如今，已经有4000多名员工，品牌价值高达51亿元。然而，在2000年至2003年期间，皇明公司的业绩回落到15%至17%的增长幅度。这个时候应该保守前进，还是应该大胆改革呢？为此，黄鸣先生做了一个艰难的选择，最终他决定改革。

对于公司中出现的“反对派”，比如一些有能力、有经验，对企业文化不认同的人，黄鸣先生决定分批辞退。最终，辞退了1000多人。黄鸣告诉大家：“如果大家不认同公司的价值观，不换脑筋就换人。”

杰克·韦尔奇在中国讲学时，曾经说过一句话：“什么样的人企业坚决不能用呢？那就是有业绩、有能力，但是不认同公司文化和企业价值的人。这样的人坚决不能用，坚决不能让他们待在公司，更不能让他们进入公司的高层。”因此，狠心一点吧，员工若不换脑筋，你就要坚决换人。

5. 要不断地给自己的下属上“发条”

在美国麻省学院曾经做过这样一个实验：

实验人员用铁圈把一个小南瓜箍住，然后观察南瓜的成长情况，想知道这个南瓜能承受多大的压力。最初实验者估计，南瓜最多能承受500磅的压力。一个月后，南瓜承受住了500磅的压力。两个月后，南瓜承受住了1500磅的压力。当南瓜承受的压力达到2000磅时，研究人员不得不加固铁圈，以防南瓜把铁圈撑开。最后，研究人员发现，南瓜承受的压力超过了5000磅才开始破裂。

这个南瓜实验让我们想到了人，人到底能承受多大的压力、多大的挑战，我们常常毫无概念，也难以估测。难怪美国知名学者奥图博士说：“人脑好像一个沉睡的巨人，我们均只用了不到1%的脑力。”同样的道理，员工的能力有多大呢？你是否充分利用呢？在思考这个问题之前，你不妨看一看下面这个故事：

一天，一位年轻人找到大哲学家苏格拉底，想向他学习哲学。苏格拉底什么都没说，只是把年轻人带到河边。突然，苏格拉底趁年轻人不备，一把将他推入河中。年轻人以为苏格拉底在跟他开玩笑，并没有在意。没想到，苏格拉底跳入水中，把年轻人的头拼命往水里按。这下子，年轻人彻底慌了神，他本能地挣脱，爬到了岸上。

年轻人非常不解，气喘吁吁地问苏格拉底：“你到底想干什么？”

苏格拉底笑着说：“年轻人，我只想给你一点压力，激发你的潜能。这是你今天学到的第一堂哲学课。”

铁人王进喜曾说过一句名言：“人没有压力轻飘飘，井没压力不喷油。”这句话告诉我们，压力其实是一种动力，可以催人奋进。所以，企业要想高速发展，老板就有必要不断给员工上发条。就像钟表一样，上紧发条之后，才能分秒不差地走。员工上紧了发条，才能不拖延、不懒散地把任务执行到位。

有些老板对员工比较仁慈、宽厚，要求员工做好本职工作时不给时间期限、不注重工作质量，全凭员工自觉执行。碰到自觉性好、责任感强的员工，他们可能力求高效完美地执行。但是大多数员工往往会这样：一件事情本可以 1 个小时完成，员工却拖了两天甚至更久；一件事情本可以做到 100 分，员工却只做到 60 分甚至更低。长此以往，员工的激情得不到激发，员工的积极性没被调动起来，员工的潜能、才华在沉睡中萎缩。试问，这样怎么可能打造一只铁军呢？怎么可能练出精锐之师呢？

想一想南瓜，再想一想你手下的员工，你是不是应该给他们施加一点压力，对他们要求更高一点呢？你是不是应该激发他们的斗志，调动他们的积极性，让他们更高效地工作呢？要知道，适度的压力是员工前进的动力，也是企业保持高速发展的动力。

那么，怎样对员工施加压力、给予激励呢？下面几点建议值得参考：

建议 1：制定科学的绩效指标

一般来说，员工的压力来源于绩效指标。绩效指标是否科学，决定了是否能给员工制造压力。如果绩效指标过高，员工完不成指标，就会很受打击，工作激情会被打压，还会产生消极的情绪。指标过低，员工轻易就能完成，员工就感受不到压力，就可能放松自己。这两种情况对企业的效益都是不利的。理想的状况是，员工充分调研，制定一个科学的绩效指标，让员工挑一挑能摸得着的指标。这样员工才不会放松心里的那根弦，从而严格要求自己，努力做好本职工作。

建议2：下达任务要规定适当的期限

老板给员工布置一项工作时，应该事先估测一下完成这项工作需要多少时间。同时，问一下员工：“你觉得多久可以完成？”两者结合起来，定个时间，让员工在规定的时间内完成。若是超过了这个期限，应该给员工一定的惩罚。

遇到一些工作态度不认真的员工，老板的语气可以加强一点：“这项工作必须在两天之内完成！”“无论如何，这项工作也要在下周一12点之前完成，希望你不要让我失望。”在这个期限中，老板还可以询问员工工作的进展情况，以示督促。

建议3：布置任务时要强调工作得失

老板与员工研究一项工作时，向员工下达任务时，给员工压力的同时，不要忘了给员工激励和看得见的“甜头”。比如，你可以对员工说：“这件事如果你做好了，会给公司带来很大的利润；如果你没做好，你这个月的奖金可能就会泡汤。当然，我相信你一定能做好，才把这个艰巨的任务交给你。”

通过利益制衡得失，可以给员工施压，使员工提高重视，也让员工感受到领导的器重。注意，除非万不得已，不要以“解雇员工”作为员工失败的后果。因为这种代价太大，会给员工造成过大的压力，会使员工失去安全感，不利于员工充分发挥自己的才能。

建议4：加强监督、不断给以鞭策

有些老板把任务下达给员工之后，就在那儿等待员工汇报成果，结果令自己很失望。员工拖拖拉拉，耽误了时间不说，还把简单的事情做得一塌糊涂。而主动自觉地以最快的时间、最好的质量完成工作的员工，实在是少之又少。因此，监督、鞭策员工是必不可少的。

监督、鞭策员工的方式有两种，口头上的和行动上的，老板最好把这两者配合起来。为了表达对员工的信任，老板不宜时刻直接过问员工的工作进度，否则，员工会觉得自己被监视了。老板可以让员工每天做工作汇报，以便及时掌握进度、发现问题，从而提高员工的执行效率。

6. 坚决清除那些吃回扣、手脚不干净的人

在企业中，有些员工不诚实，利用工作之便吃回扣、收黑钱，既蒙骗了客户，又坑害了企业。比如，采购人员在购买原材料时，故意谎报价款，从中牟利。买材料只花1500元，却报账2000元，自己私吞公司500元；销售人员推销产品时，向客户抬高产品售价，一件产品售价500元，却卖700元，自己私吞200元；销售过程中，要求客户给予“好处费”，等等。

员工吃回扣、收黑钱等手脚不干净的行为对企业的危害是无穷的。它会严重影响公司声誉，损害公司的利益。从长远发展来看，企业失去了客户的信任和支持，还有什么发展前景呢？

晓晨是一家大型电子厂的采购员，由于公司的产品产量较大，因此，晓晨这名小小的采购员也活得风生水起。她的业务能力不错，职业技能也很好，签下的供应商都是大客户，提供的原材料价格实惠，质量好。

原本晓晨每个月有不错的收入，但是她不满足，在采购中居然暗示供应商提供回扣。在合作了几个月后，与晓晨合作的供应商渐渐不满。因为虽然利润还可以，但是被晓晨抽取的部分多得让供应商心痛，所以，他们纷纷中止与晓晨合作。

晓晨失去了供应商，短时间又找不到合适的供应商，导致公司原材料供应不足，严重了影响公司的正常生产，给公司造成了很大

的损失。后来老板得知晓晨收黑钱的行为后，一气之下将晓晨开除。

俗话说：“先做人，后做事。”企业用人应该首先看员工的人品，在此前提下，再寻找有能力的人才。世界上很多知名公司，都将员工的人品放在首位。比如，摩托罗拉公司非常重视员工的品行和道德。如果一个应聘者的品行不符合摩托罗拉的要求，就算他的能力再强，也不会录用。

微软公司前副总裁李开复曾说：“我把人品排在人才所有素质的第一位，超过了智慧、创新、情商、激情等，我认为，一个人的人品如果有了问题，这个人就不值得一个公司去考虑雇用他。”因为能力差一点、人品好的员工虽然成事不足，但不至于败事。而能力强、人品却差的员工虽然能成事，但是一旦他给你败事了，那么你的企业将面临毁灭性的打击。这绝非危言耸听。

巴林银行成立于1763年，是英国历史最悠久的银行之一，被称为英国银行界的泰斗，享有“女王的银行”的美誉。然而，1995年2月27日，这家有着232年灿烂历史、4万名员工、在世界各地几乎都有分支机构的银行，突然宣布倒闭。消息一经传开，全球为之震惊，人们不禁要问：到底是什么原因造成巴林银行倒闭呢？

原来，巴林银行葬送在一个年仅28岁的交易员手里，这个交易员名叫尼克·里森，他在未经授权的情况下，用偷天换日的手法进行了不正当交易，当他赌输了日经指数期货时，却利用多个户头掩盖其损失。

最后，巴林银行以1英镑的象征性价格，拍卖给荷兰皇家银行，改名为霸菱银行。

看到这家银行巨头的倒闭，你有什么感触呢？这就叫“一粒老鼠屎毁掉一锅粥”，一个品德败坏的员工，就像一粒老鼠屎，他的存在就是时刻准备毁灭企业的。因此，企业用人必须考察员工的人品，一经发现员工手脚不干净，应该毫不留情地清理出去，这样才能彻底消除祸患。

有些老板认为，只要员工有能力、能给企业带来效益，不管他的人品好不好，都要大胆使用。殊不知，这样的员工今天给你赚钱了，明天也可以让你破产。有这样一个例子：

某公司销售部的范经理和老板发生了意见分歧，双方一直未能达成共识。一气之下，他带着公司的机密文件跳槽到同行的一家公司。这家公司创立不久，公司的产品还没有完全打开市场，他非常需要范经理手里的机密文件，而且见范经理是一个经验丰富的销售高手，于是高薪留下了范经理。

范经理进入公司后，凭借自己以往的人脉，力挽狂澜，为公司打开了市场。公司的产品在两年时间里，市场占有率节节攀升。为公司立下了汗马功劳的范经理渐渐变得狂妄起来，对公司给他的薪水也不太满意，于是他要求加薪，可是公司开给他的薪水已经够高了，不可能给他加薪。

范经理见加薪无望，丑陋的本性开始暴露出来。他像前一次跳槽一样，带着公司的机密文件离去。而且在离开时，还在公司散步谣言，说公司客户跑单，公司发不出工资，即将倒闭，这引发了公司很多业务上的纠纷，使公司陷入了一片混乱。

事实上，当范经理带着满意的"成果"跳槽时，接纳他的老板就应该想到：范经理这样对待"老东家"，以后会不会用同样的方法对待自己呢？公司有一个品德败坏的人，不就像在身边埋了一颗定时炸弹吗？既然如此，为什么还任用他呢？

对企业来说，员工没有能力，企业可以花点钱、花点时间慢慢培养。通过培训和学习，员工可以从普通人才变成优秀人才，从优秀人才变成卓越者。但是员工的品德却无法培养，正所谓"禀性难移"。一棵树的根是烂的，你再怎么浇水施肥，也无法让他健康成长。所以，老板千万不要抱着侥幸的心理任用有才无德之人。发现员工吃回扣、手脚不干净，一定要斩草除根，这样才能不留后患。

7. 避免成员建立自己的“小帮派”

在不少公司内部，都有不同的派系、不同的团体，这些派系和团体之间互相倾轧、尔虞我诈。比如，在一家工厂里，来自同一个地方的人经常聚在一起，形成“同乡派”，一旦有了摩擦，帮派之间就会起冲突，弄得鸡飞狗跳，严重影响团结，降低员工的工作效率。

企业内部帮派林立的危害有这样几点：

（1）直接会影响日常人事管理，在一定程度上会形成双重领导，公司的管理层是领导，帮派里的“头儿”也是领导，使正常的人事管理难以发挥作用。

（2）内耗增大。各帮派之间为了一些私利，不断扩大势力范围，甚至为了面子上的胜出，不惜动用公司资源来进行帮派之间的斗争，严重造成企业的资源浪费。各帮派认为，反正花的是老板的钱，出的是自己的气。

（3）造成企业人际关系紧张。帮派之间互相斗争，往往会搞得人际关系紧张，把企业搞得乌烟瘴气，既败坏了公司的形象，又影响了大家工作上的团结协作。

（4）直接打击人才、新员工对公司的信心，还会打击他们对工作的热情。

巨人集团总裁史玉柱曾把企业内部拉帮结派视为企业的十三种死法之一。在企业发展过程中，员工拉帮结派是非常忌讳的事情，会导致管理者无法掌控整个企业的局面。拉帮结派一个最大的危害就是排挤人才，使真正有才能、想踏实干事的员工被打压而无法专心工作，难以给企业创造高效益。

小华刚进入一家企业，就敏锐地察觉到公司人事上的刀光剑影，各个部门都分别以学校、地域划分派系，工作中充满了磕磕绊绊。这个派系的人说东，那个派系的人偏说西，意见分歧之大，并不是出于对企业发展的考虑，而是为了维护自己帮派的立场，即纯粹地为了反对而反对。

老总为了维持企业的运营，只好忙碌在各个派系之间，玩好平衡。小华来到公司后，只求把自己本职的工作做好，拒绝加入任何一个派系，因此，成为各派系都不欢迎的人。针对这种现象，他曾找老总谈了一次，老总也感觉头疼。但由于各派系的“老大”都是公司的骨干，他也不好惩处。

小华在公司无法施展自己的才能，过得不顺心，半年之后他就离开了，进入一家私营企业，发现这里几乎没有帮派。老板根本不允许任何人建立自己的小帮派，发现一个，严惩一个。任何事情都是对事不对人，公司业务蒸蒸日上，员工之间相处愉快。

不少公司里，都有各类小集团，比如，市场部是一帮，人事部是一帮，销售部是一帮，生产部又是一帮。除此之外，有些资历较老、能力较强的员工也喜欢自立门户，把一些推崇他的员工聚集在一起，形成一个小圈子。当他圈子里的人和其他员工发生矛盾时，他们就会集体排挤、打压别人。所以，老板必须旗帜鲜明地告诉全体员工：拉帮结派就是团队祸害，企业绝不允许、绝不迁就。

江苏某企业的老板在经营和管理企业中，非常重视团队建设，极力反对员工拉帮结派。公司制定了经费制度，每个部门每个月完成任务后，都可以从公司申请集体活动经费。如果部门负责人自己掏腰包请部门的下属吃饭，将会受到严厉的处罚，从不手软。这样做就是防止部门负责人建立自己的小团队。

对于公司内部拉帮结派的现象，老板不能只在心里不满，而应该当众表态：我鼓励你们团结合作，但是反对你们拉帮结派、建立自己的小圈子，如果你们明知故犯，不要怪我不客气。当你发现企业内部拉帮结派产生了不良后果，比如，优秀人才被冤枉、被排挤走了，你必须立即铁腕铲除罪魁祸首的幕后主谋，绝不可感情用事。

在企业管理中，你必须设立一个底线，这个底线就像高压线一样，谁敢触碰，就让谁出局。只有这样，企业拉帮结派的现象才会从根本上铲除。

8. 把表面的风光让给员工，把沉甸甸的利益留给自己

俗语说得好，人活一张脸，树活一张皮。人们活着，说到底就是为了面子。作为一个企业的领导，领导着无数的员工，理应更注意表面风光，但是，有时候，却不能过于追求表面风光，适度示弱，把风光留给别人，却可以换来巨大的利益。

任何事情都不是完全绝对的，在一些原则性问题上当然不应该示弱，但是在一些特殊的场合，却可以有意地加以改变，承认自己的短处，这不是软弱的表现，是一种高超的为人处世之道。

X公司和Y公司都是某大城市著名的建筑商，有一次，该城市为了开发某个地区，公开竞标，很快，其他的小公司都被淘汰掉了，只剩下这两家实力相当的公司。这两家公司也开始紧锣密鼓的动作，都希望能把这个项目拿到手。

在设计方案会议上，两家公司也各不相让，针锋相对，谁也不肯吃亏，总想表现出自己的优势，把对方压倒。一时间，上级领导也不知该把项目交给谁来做。就在这时候，Y公司好像开始落下风，

会议上的表现也收敛了许多，仿佛是没有底气似的，不光如此，这家公司还经常表现出自己的不足之处，说自己还需要进一步学习。就在大家都觉得这个项目非 X 公司莫属的时候，结果出来了：是 Y 公司最终得到了该项目的开发权。

大家对这个结果感到很诧异，但是 Y 公司的老板却告诉他们，原来他早打听好了，上级领导不喜欢太过强势的人，喜欢内敛一些的，因此，他后来就没有与 X 公司争夺表面风光。因此，顺理成章地，这个项目就落到 Y 公司手里。

在这个案例中，该公司老板就懂得取舍，把表面的风光，留给了竞争对手，但是，笑到最后的人也是他，他获得了巨大的利益。

管理，无外乎“人、事”二字。把下属和事务应付自如，处理得头头是道，实际上他就是一个成功的领导者。管人和管事二者是不同的。同时又是相互联系的、不可分割的。人中有事，事中有人，二者不可割裂。

马基雅维利在他的著作《君主论》中说，一个称职的君主（领导者），必须具有狮子般的威严、狐狸般的狡诈。这说明统御能力的体现，表现在两个方面，一是敢于出手的魄力，二是善于出手的智慧。没有魄力，会优柔寡断；缺少智力，会独断专行，二者缺一不可，必须两手都要抓，两手都要硬。

领导与员工所肩负的使命不一样：在公司中，领导者肩负的是公司生死存亡的重责，所以他跟下属的工作完全不一样。作为一个领导者，必须想人所不能想，看人所不能看。员工由于所处地位的原因，是不能看到这些问题的；而作为领导者，每天日理万机，没时间也没有必要去向下属解释这些。江湖上有一招“狮子吼”，就是用一种狮子一般的威严，让员工被自己的气势慑服，使自己的命令得以顺利实施。

与此同时，领导要时刻应付来自内部的麻烦和来自外部的压力，仅仅有魄力是不足以应对如此多的内耗和外耗的。狐狸作为智慧的代表，意味着领导必须有一个机智的头脑，而且更多时候，狐狸更是作为狡诈的代表出现在我们眼前，这意味着领导要善于运用手段，让自己用最小的代价获取最大的利益。

真正有智慧的领导者，要以超越世俗约束的眼光来审视局势，这样才能达到利益最大化。所以在某些时候，不妨露出自己“老狐狸”的一面，给要心眼的人予以震慑。这种震慑与狮子不同，这种震慑更是一种威胁，是在向周围人宣布：你们的小手段都是我玩剩下的。如此一来，捣乱分子必然安静下来。

聪明又有魄力的领导会让下属心甘情愿去执行命令，帮助企业选择人才，会凝聚企业核心骨干，培养员工的意愿，培养员工的能力，影响教化员工的思想，最有效的激励员工达成目标，让决策深入人心，影响团队全力以赴工作。

在竞争对手面前可以适当地示弱，对待下属也是如此。不必处处表现出领导的强势，也不要处处以领导自居，一味的自大、自满，这样只会让下属心存反感。

如果，你时常注意言辞，平易近人，表明自己虽然有过人的地方，但仍然是一个平凡的人，现在取得的成绩是大家共同努力的结果，不是一人所为，公司的明天，仍然是需要大家的共同努力。此外，要时常表扬下属，要让下属感受到自己的重要性，让他们在公司感到很风光，这样，下属才会为你努力工作，才会为你创造巨大的利益。所以说，一个好的领导，不会一味追求表面的风光的，而会把风光留给别人，这样，企业才会得到最大的利益。

第八章 Di Ba Zhang

如何打造一支打不垮、挖不走的铁血团队

团队打江山，要的是打硬仗，既然是打硬仗，那么团队必须有血性，有强硬的作风。如果一支团队动不动就搞分裂，遇到一点困难就要散伙，遇到了外界的诱惑，比如有人被高薪吸引，就跳槽跑了。那么，这样的团队就难以产生持久的战斗力。作为管理者，你要做的就是像揉面团一样建设团队，把利益、人情、制度等因素揉进去，揉出一个劲道十足、任尔东西南北风也打不垮、冲不散的团队。这样的团队，才叫铁血团队。这样的团队，才能所向披靡，战无不胜。

1. 团队建设就像揉面团，越筋道凝聚力越强

什么叫团队建设？如果用新东方创始人俞敏洪的话说，团队建设就像揉面团，越筋道凝聚力越强。在《赢在中国》第三赛季的第一场36晋级12强的比赛中，俞敏洪曾针对团队说了这样一番话："开始的时候，团队就像面粉，一拍就会散，但是随着时间的延长，往里面加水，揉啊揉，慢慢地就会成为面团，就很难散了，甚至越揉越黏，到最后这个团队就分不开了。"

在俞敏洪看来，要想打造一支优秀的团队，少不了三个因素：一是利益，二是权力，三是人情。这就是"揉面"时需要往面粉里添加的东西，俞敏洪特别强调了"人情"在团队建设中的作用。为此，他还联想到《三国演义》中的刘备和曹操，他说刘备和曹操都有强大的管理能力，不同的是刘备在人情投资方面，比曹操做得更好。

当年曹操对关羽那么好，关羽依然过五关斩六将，非要去找刘备，这就是刘备人情投资成功的一个典型例子。刘备经常跟部将们说："你们都是我的兄弟，打下的天下就是大伙儿的。"曹操却不这么说，曹操不曾和别人结拜，他聚集人才的手段既有人情，也有利益。相对于刘备，他偏重于用利益留人才。

在新东方发展的过程中，俞敏洪历来崇尚"人情+利益"的团队打造理念，不过他承认，在新东方发展初期他的人情投资比较低级，不外乎请客吃饭、喝酒、出去玩儿，他和大家称兄道弟。随着业务的不断拓展，新东方的赢利范围不断扩大，这个时候俞敏洪身

兼董事长和总裁的职务。原本这是一件好事，但是众人利益分配方面出了问题，以前“大碗喝酒、大块吃肉”的哥们儿开始陷入尖锐的利益纠纷之中，新东方遭遇了成立以来最严峻的考验。

在这种情况下，俞敏洪将利益、权力和人情三者巧妙地结合在一起，在以往的基础上，加大了“利益”的分量，使之大于“人情”的分量。最后，他在利益与人情之间找到了平衡点，他认为：利益始终应该放在第一位。如果你给员工的利益超过了其他企业给员工的利益，那么你的员工留下来的可能性就较大。在此基础上，你再给员工人情，员工就会感到很舒服，就愿意为你效力。

经历了那次风波之后，俞敏洪表示：现在的新东方非常好，不光没有散架，而且团结得更加密切，彼此之间合作的层次也提高了，而且每个人在自己擅长的领域为公司做出了贡献。比如说徐小平老师针对中国留学生出版了四五本书，王强老师出了基本口语著作。大家一起关注新东方的未来、命运和前途，彼此从理念到行为，都非常的一致。

从俞敏洪的讲述中，我们可以发现“揉面团”的过程中，既包括了团队成员之间并肩战斗，也包括了团队成员之间相互摩擦。这种摩擦主要表现在思想观念、内心需求、观点建议方面的碰撞和融合。这也让我们意识到，把一堆面粉揉成劲道十足的面团不是一蹴而就的，而是一种长期的修炼。

阿里巴巴“十八罗汉”进入公司的时间不同，大家有先有后。在多年的合作中，有过很多不同观念的冲突，彼此间也曾有激烈的争吵，甚至有几天不说话的。遇到这种情况，马云就会站出来缓和气氛，因为大家有共同的事业。最后，十八罗汉融合到了一起，彼此之间合作得非常愉快，为阿里巴巴的发展做出了重要的贡献。

很多企业像新东方、阿里巴巴这样的大企业一样，也拥有众多优秀的人才，但是他们中的一些企业，没有像新东方、阿里巴巴一样打造出凝聚力十足的团队，导致他们企业发展不那么迅速，有些企业甚至举步维艰。这到底是怎么回事呢？答案是团队成员之间没有产生有效的反应，没有揉成一个整体，没有劲道。

有一家企业由于项目好、战略措施得力，在创办后短短两年时间内，企业业绩直线上升，成为同行的佼佼者。但不足之处是，由于企业发展迅速，人力资源工作相对滞后。这家企业的人员比较特殊，有创业期的老员工，也有经验丰富的“空降兵”——职业经理人，还有初出茅庐的大学生。可以说，这家企业已经具备了发展需要的人才，可是问题就在于这些人员之间没有融合成一支有战斗力的团队，无法真正发挥团队的作用。

后来，该企业在管理专家的帮助下，开展了员工培训计划，对企业人力资源进行整合。同时，大力宣扬企业文化，提出共同的目标，很快这家企业又焕发了生机和活力。从这个案例中，我们可以看出：“揉面团”，在团队建设中，在企业文化、价值理念、共同目标统一方面，都是不可忽视的重要因素。

此外，在团队建设中，为了让团队成员之间产生有效反应，管理者应该注意以下三点：

（1）根据团队成员的个性来建设团队。我们知道，每个人都有自己的个性，有些人个性很强势，有些人个性比较温和、比较弱势。如果把个性都很强势的人捏合在一起，那么团队中就有吵不完、打不完的架，如果把个性都很弱势的人捏合在一起，那么团队就会失去骨气和气魄。这都是不明智的，最好的办法是把个性强势和弱势的人整合在一起，这样他们彼此间可以互补，自然就比较有战斗力。

（2）把能力互补的人整合在一起。有些人擅长组织，有些人擅长策划，有些人擅长执行，把这些能力侧重点不同的人整合在一起，让大家各行其是，就能把一件事做得尽善尽美。

（3）引导团队成员保持畅通的交流。良好的团队沟通可以增进大家相互之间的情感，使彼此更好地协作，有了情感基础，团队才能产生凝聚力。

2. 打造一支打不垮、挖不走的铁血团队

说到铁血团队，我们不禁想到电视剧《亮剑》中的李云龙，他所带领的队伍充满战斗力，就像狼群一样，所向披靡，让敌人胆战心惊。其实，企业在发展过程中，也需要铁血团队，尽管商界的铁血团队没有原来的金戈铁马，没有刀光剑影，没有浴血奋战，但团队中的铁血精神是不变的，那就是目标一致、纪律严明、团结协作、不畏艰难、奋力拼搏。

身为管理者，相信你也希望打造一支打不垮、挖不走的铁血团队，因为这样的团队才有战斗力。在电视剧《大染坊》中，陈寿亭的长袖善舞、不拘一格，给观众留下了深刻的印象。其中，有这样一段情节：

陈寿亭是青岛染织厂的创立者，当时染坊工人的薪水普遍很低，有些厂家还不给员工供饭。但是陈寿亭不但给员工发高薪水，还给员工供饭，为了提高工人的饮食水平，他和工人一起吃大锅饭，节假日还给工人发礼物。陈寿亭说："对工人好一点，就是花再多的钱也值，因为只要工人加把劲，机器转一转本钱就回来了，而且赚的还会更多。"陈寿亭与工人之间的关系已经超越了老板与员工之间的关系，更多的时候，他们是兄长关系，大家都很服他。

后来陈寿亭的染织厂不得不停工卖给日本，厂里的工人却不跟日本人卖力，而是陆陆续续跟着陈寿亭回到济南，最后留给日本人一座空厂。

从工人追随陈寿亭的例子中我们可以看到，他的这只团队是一

支打不垮、拆不散的团队，大家之所以始终追随在陈寿亭身边，就是因为他们在陈寿亭的正确领导下，感受到了尊重和认可，实现了自我价值。由此可见，管理者要实实在在对员工好，为员工撑起一片天，给员工指明奋斗的大方向，把员工带向光明的前程。

在现代企业管理中，管理者也应该向陈寿亭学习，向李云龙学习，把团队打造成一支充满战斗力的铁血团队。为此，要注意做到下面几点：

（1）做一个让员工看得到希望、有能耐的领路人

一支优秀的团队，首先要有一个优秀的领导者，即领路人。他的优秀体现在给大家指明正确的方向，体现在有强大的个人魅力，有振臂一呼、应者云集的威信。只有这样的领导者，才能充分激发出团队的干劲和激情。

在这里，我们要再次提到《亮剑》中的李云龙，他就是一个极富个人魅力的领袖。在剧中，李云龙所带领的部队往往能取得以少胜多、以寡敌众的胜利。这除了李云龙本人有能力之外，关键在于他给部队赋予了“亮剑精神”，使团队的每个展示都融入到共同的事业中去。这就是这支团队敢于亮剑，面对生死时义无反顾的原因所在。因此，如果你想打造一支铁血团队，你首先应该成为一个有血性、有魄力、有担当的领导者，用你的个人魅力影响团队成员，这样才能把大家团结在一起，拧成一股绳。

（2）建立完善的制度、纪律，让团队具有约束力和规矩

打造铁血团队不能缺少制度、纪律，只有在制度、纪律的约束下，全体成员才知道该做什么，知道该怎么做，而不是各自为阵，一盘散沙。在这一点上，我们不得不提孙子兵法的创立者孙武。

孙武当年为吴王阖闾训练一支特殊的军队，这支队伍是由一些宫女组成的。阖闾让孙武训练他们，目的是考验孙武的治军能力。

孙武在练兵之前，强调了几点军规，然后正式开始练兵。可是宫女们不听孙武的号令，各自嬉戏打闹，谈笑风生，孙武见状，说：

“约束不明、军令不熟，是将帅的责任。”于是他再次重申军规，然而，当他再次开始演练时，宫女们依然哄笑一片。这时孙武将违反军纪的两名队长——阖闾的两个爱妃处以斩首的处罚。

孙武说：“令行禁止、赏罚分明，这是兵家常法，为将治军的通则；用众以威，责吏从严，只有三军遵纪守法，听从号令，才能克敌制胜。”最终，吴王阖闾拜孙武为将，在孙武的辅佐下，吴国的军事实力大增。

铁血团队不能没有铁一样的纪律，因为人都有感性的一面，情感容易左右人的思想和行为，如果没有纪律规范，大家各行其是，团队就无法凝合在一起。所以说，严格的制度、严明的纪律是铁血团队不可缺少的要素。

西点军校在历史上，为美国培养了很多优秀的将领，它就十分注重军队纪律的培养。西点军校有一套详细的规章制度，还有具体的惩罚措施。比如，学员若违反军容，校方会惩罚他身着军装，肩扛步枪在校园里正步行走几个小时，甚至几十个小时。据说，艾森豪威尔将军当年在西点军校就被罚过，因为他作风散漫，经常违反军纪。因此，经常被罚围操场来回走步。经过一年的训练，纪律观念才在他的大脑生根。所以，我们才能看到后来的艾森豪威尔将军。

（3）铁血团队要有自己独特的精神和文化

什么是团队精神、团队文化？团队的精神和文化不是写在纸上、挂在墙上的，而是需要在发展中不断沉淀的。只有这样的团队精神，才能不断被传承，即使团队成员不断更换，团队精神也能永垂不朽。

相信很多人看过《士兵突击》这部电视剧，剧中的钢七连战士在战争年代获得过很多荣誉，到了许三多这一代，大家仍然因钢七连而自豪，每一位战士都把钢七连的精神牢记于心，这就是团队精神和文化所起到的影响力。所以，你的团队也需要有精神和文化上的东西，这才是团队的根本。

3. 黏合力团队：别把飞机引擎装在拖拉机上

有一句歇后语叫：“庞统当知县——大材小用。”关于这个歇后语，有一段历史故事，让我们先来看一看：

周瑜死后，庞统在鲁肃的推荐下来见孙权，孙权见他其貌不扬，没有用庞统。于是鲁肃推荐庞统去投奔刘备，庞统一开始并未交出鲁肃的推荐信，导致刘备没有对庞统引起高度的重视，只是任他为耒阳县令。庞统虽然不高兴，但还是到任了。然而，在任职期间，庞统不理朝事，终日饮酒为乐。

刘备得知这一状况，特派张飞前去巡视。张飞见到庞统衣冠不整，扶酒而至，顿时大怒。但庞统却笑着说：“百里小县，些小公事，何难断决？”于是当着张飞的面，把大量积压的公文三下两下处理掉，不到半天，就把百来天的公务处理完毕。张飞回来把庞统的事情细说了一番，刘备顿时意识到庞统是个难得的人才，马上拜庞统为副军师中郎将。

庞统才华出众，与诸葛亮并称“卧龙”、“凤雏”，但刘备却只让他当小县令，这对庞统来说是明显的大材小用，因为庞统的才华远高于县令这个职位所需。这实际上是对人才的极大浪费。而站在那个县的立场，村民们喜欢庞统吗？虽然庞统能力出众，不到半天就能处理百余天的公务，但是这百余天的公务并未得到及时处理，庞统这种为官态度显然不会受人欢迎。所以，大材小用就像把飞机引擎装在拖拉机上，这对飞机引擎和拖拉机两者来说，都不是一件好事。

阿里巴巴的创始人马云在回顾公司发展的历程时，提到过这样一个错误：

阿里巴巴网站在1999年9月建立起来，10月份，阿里巴巴获得了500万美元的风险资金。拿到这笔钱之后，马云第一件事就是大力从香港和美国引进人才。马云这次引进的人才要有能力担任“团级”以上的职务，当时人才招聘任务完成后，阿里巴巴的高管团队中，除了马云之外，其余11位均来自海外。

在接下来的几年里，阿里巴巴引进了更多的MBA，他们是来自哈佛、斯坦福及国内知名大学的MBA，遗憾的是，这些人中95%都陆续被马云开除了。为什么呢？马云表示，这些MBA来了就跟你讲年薪至少10万元，一讲就是战略，每次你都听得热血沸腾，但听完之后不知道从哪儿做起。

马云说，小企业家靠精明成功，中企业家靠管理成功，大企业家靠做人成功。因此，这些MBA首先应该做人，马云表示，这些人缺乏基本的理解、专业精神和敬业精神。他们来到阿里巴巴，好像就是来管人的，来了之后就把公司之前的理念推翻。

马云承认这些职业经理人的管理水平确实很高，但是与阿里巴巴却不合适、不合拍。就像飞机引擎一样，如果安装在拖拉机上，最终还是飞不起来。马云的意思很明显，那就是要想让团队充满战斗力，就必须使用合适的人才。

长期以来，很多企业管理者认为，只有高学历、高职称的人，才算得上是人才。否则，能力怎么体现出来呢？因此，他们在招聘人才时，首先看的是对方的学历和职称。我们不否认优秀的人才也可以有高学历、高职称，但一个人究竟能不能称得上人才，关键在于他在什么位置做什么事。如果一项工作博士生可以做、研究生可以做，本科生、专科生也可以做，他们都有能力做好，你又何必苦苦追求博士生、研究生呢？从企业人才成本方面来考量，这也是不合算的。

所以，选择人才不是一味地求“高”，而要寻找适合的人才，最适合企业的人才，比最好的但不适合企业的人才，更有利于企业发展。

日本“经营之神”松下幸之助曾经说过：“70分的员工才是最适合的员工。”这里所说的70分人才，指的是最适合企业的人才，尽管他的能力也许只有70分，算不上最出众，但是具有挖掘的潜力，有很大的提升空间。这比90多分乃至100分人才更有利于团队建设和企业发展。

还有一个问题，马云也隐约提到过：90分乃至100分的人才往往心高气傲，认为你自己无所不能，对别人的意见和建议不容易做到虚心接受。再者，人往高处走，他们一旦遇到更好的机会，就可能选择离企业而去。当然，在企业里工作得不开心，他们也会选择离去。因此，企业很难长期留住他们。

马云是谦虚的，他把自己的企业比喻为“拖拉机”。马云也是明智的，他知道“飞机引擎”式的人才不适合自己的企业。这样做对打造优秀的团队是非常有益的，因为飞机引擎式的人才在团队里不容易起到黏合团队的作用，相反，他们的高傲、自负等，倒是容易起到破坏团队和谐氛围的作用。所以，马云果断地请这类人才离开，这也值得我们学习。

4. 用目标和利益把团队成员紧紧绑在一起

管理者一味要求员工单方面付出是不现实的，也是没有丝毫说服力的。要想拴住员工的心，就要用实实在在的利益将他们与企业紧密地捆绑在一起，只有这样，才能轻松说服员工，并促使他们死心塌地为企业工作。

不少企业管理者，在教育说服员工时，往往只会讲空泛的大道理，结果不仅没有半点效果，反倒会引来一片哄笑。如果管理者能够巧妙地将员工利益与企业利益对等起来，把自己所追求的目标与说服对象的愿望、利益结合起来，设身处地地为对方着想，那么往往能够达到超乎想象的说服效果。

老杨就职于一家小型民营企业，尽管只是一个小小的部门经理，但他在说服员工方面可谓是行家中的行家。

刚上班不到半小时，老杨办公室里就多了两位不请自来的“客人”。原来一名下属迟到了，负责考勤的人事专员当即扣除了300元全勤奖，结果此举不但没能让对方认识到自己的错误，反而激起了迟到员工的愤怒，他甚至撒泼耍赖道，“我就是迟到了，怎样？我不光今天迟到，明天也不会早来。你不就是个小小的人事专员，还真拿鸡毛当令箭了。”

两个人越吵越厉害，最后来到了老陈办公室评理。老陈支走了人事专员，然后装作不经意间叹息道，“今天可是这个月的最后一天，300块的全勤奖就这样没了，真是可惜！”闻言，迟到的下属明显一愣，紧接着语气一软，“我也不是故意的啊，毕竟谁跟钱有仇？”

随即，老陈语重心长地说道，“虽然扣了你300块的全勤奖，但这也是出于公司的考虑。你们想多拿钱，公司就必须有足够的钱来发工资，公司的钱是哪里来的？还不是大家努力工作赚来的，如果大家都迟到，公司业绩上不去，工资都发不出来，更别说全勤奖了。”

借助这种利益捆绑的说服方式，身为部门经理的老陈不仅成功消除了迟到员工对扣钱的不满，还让对方意识到了自身的错误，可谓一举两得。

管理者要想拴住员工的心，就一定要让他们认识到自己的个人利益和企业整体利益是一致的，破坏公司制度也是间接损害个人利益。只有这样才能将员工与企业紧密的捆绑在一起，从而实现上下之心，团结一致的朝着既定目标努力前进。

以人为本的管理哲学，主要体现在管人管心，那就是充分尊重员工，把员工当做企业最重要的资源，根据员工的能力、特长、兴趣、心理状况等综合情况，给员工安排最合适的工作，并在工作中充分考虑员工的成长和价值。这样就能很好地调动员工的工作积极性、主动性和创造性，从而提高了工作效率，为企业创造了利润，为企业发展做出了最大的贡献。与此同时，员工的价值得以体现，需求得以满足，员工才会真心真意地拥护企业。

著名人力资源专家李诚多次在培训课程中告诉创业者："管人管事不如管心。"他认为，企业如果单纯地用管理学来管人，是很难取得理想效果的，还需要用心理学进行干预。在他看来，管心是根本，管心的目的是激发团队的潜能，提升大家的心智，为企业创造更高的利润。

李诚把员工分为四类：一类是经济人，即需要金钱满足，因为现代人生活压力太大了。二类是社会人，即追求信任和理解，在公司工作追求开心；三类人追求自我实现，他们有很好的人生观、价值观，只想利用工作这个平台实现自我的价值；四类是复杂人，既全方位追求自我，也可以说是前三种需求的综合体。

要想管好这些人，唯有从心灵入手，帮他们做出与企业发展相统一的职业规划，让他们既能赚到钱，又能快乐地工作，还能实现自我的价值。在这个规划中，要倡导终身雇佣，倡导自我学习和提高，倡导平等竞争的理念，让员工和企业一同成长和发展。

对企业管理者而言，只有管住了人，才能把企业管理好，因为企业是由人构成的，企业发展靠的是人。而要管住人，最好的办法是管住人的心，即要采用以人为本的策略，真正赢得人心。这就要求管理者有识人心的能力。

管理者要成为“有心”之人，也许从下属一个无意识的动作、一句不经意的话语中，你就能看出其内心的本意。然后，针对员工的本意，采取最贴心的关怀、最有力的说服、最动情的激励。只有这样，才能激发员工沉睡的潜能，让员工变得更有效率，让业绩有更大的提升。

在现实生活中，企业与员工之间难免会产生一些不可避免的矛盾、冲突，这时，管理者切忌不能拿“制度”压人，更不能用领导的腔调对下属进行严厉训斥，心平气和的让大家明白“企业与员工一荣俱荣一损俱损”的道理，只有这样，才能仅仅捆住员工们的心。

5. 优化团队组合，让每个人都能和谐工作

“夫兵，诡道也。专任勇者，则好战生患；专任弱者，则惧心难保。”这句话的意思是，打仗用兵时，如果只用勇敢的人，这些人往往会好战，容易生出祸端；如果只用弱者，这些人往往会胆小怕事、胜利难保。由此说明，用人要注重合理搭配，优化组合，这样才能在总体协调下最大限度地发挥团队的能量，产生良好的组织效应。

任何一个有战斗力的团队、有执行力的组织，更多的是依赖于合理的人才结构。如果人才结构残缺，则会影响团队的运转。即便各个是强者，若不能协调好，就容易产生内耗，而无法产生 1 +1 >2 的效果。反之，如果人才组合得当，往往会产生几倍甚至无限大的团队战斗力，在这方面有一个典型的案例。

在《三国演义》中，曹操派张辽、李典、乐进三人守合肥。之后曹操派人送了一个木匣到合肥前线，上面写着：“贼来乃发。”当

孙权率10万大军前来攻打合肥时，张辽、李典、乐进三人打开木匣，里面有一道文书："若孙权至，张、李二将军出战，乐将军守城。"

面对孙权来犯，张辽坚决执行曹操以攻为守的命令，率先做出行动，表示要和敌人决一死战。李典素来与张辽不和，起初对张辽的建议没有回应，但之后被张辽的行为感动，当即表示愿意听从指挥。

张辽表现出广阔的胸怀和豪爽的气概；李典表现出公而忘私、勇于摒弃前嫌，豪迈直率的性格；乐进是个中间人物，是个老好人，谁也不想得罪，而且有些怯战，所以他坚决守城。就这样，在张辽模范带头下，三人不计前嫌，齐心协力，把孙权军队打得落荒而逃，张辽也由此一战成名。

曹操远在万里之外，为什么要送这个木匣呢？他如此安排，是否脱离实际呢？会不会影响三位将军指挥呢？事实证明：曹操的做法是高明的，他清楚这三人的作战能力、用兵特点、性格修养，也知道他们三人平日有隔阂，料到他们大敌当前，难以做出一致的决策，更无法协同作战。所以，他才会下这样一道命令，目的在于促成张辽、李典、乐进三人性格互补，使他们团结起来，一致对外，达到最大化的整体效应。由此可以看出曹操优化团队组合的高超艺术。

一个团队实力的大小，固然由团队成员的能力决定，但更有赖于团队合理的人才结构。合理的人才结构，不仅可以实现"化零为整"的化学反应，达到众志成城的宏伟景象，更有利于各个成员扬长避短、取长补短，发生质的飞跃，产生一种集体合力。

在现代企业中，需要个人能力强的人才，但这取代不了团队合作的重要性。因此，管理者一定要善于优化团队组合，让每个员工在企业中，都能在适合自己的岗位上工作，同时又能协助同事，与同事保持融洽的合作。这样才能让企业产生凝聚力和战斗力。

俗话说：“金无足赤，人无完人。”在这个世界上，十全十美的人是不存在的，一无是处的人也不存在，企业用人的关键在于让每个人发挥自己的优势，让大家最优化地组合在一起，实现团队效益最大化。那么，在优化团队组合中，管理者应该从哪些方面下手呢？要考虑什么因素呢？

（1）年龄匹配

一个理想的团队应该有各种不同年龄层的成员，青年人、中年人、老年人都应该有，形成一个金字塔形的人才梯队，大家在年龄的匹配上较为和谐。这样一来，老年人的经验、中年人的理智、年轻人的干劲融合在一起，就能促使团队力量实现最大化。

（2）知识匹配

所谓知识匹配，指的是不同专业知识的人才相互结合、相互合作。现代企业的生产经营，离不开知识和技术，激烈的竞争、技术的不断更新换代，都需要以专业知识为基础，而任何一个人都不可能掌握多门科学技术和技能，因此，需要不同专业的人才通力合作。

（3）能力匹配

所谓能力匹配，指的是一个团队应有不同能力的人。有的人能力大，有的人能力小，有的人可以做决策者，有的人是优秀的组织者，有的人是踏实的执行者，有的人是细心的监督者，有的人是及时的反馈者，有的人是冷静的咨询者等等，总之每个人都有各自的特长，大家组合在一起，“八仙过海，各显其能”，各自展现自己的才能，为企业的发展而努力。

（4）气质匹配

气质是指人的脾气、性格、秉性等，有的人外向，有的人内敛；有的人泼辣，有的人通情达理；有的人沉默寡言，有的人十分健谈；有的人慢条斯理，有的人心急火燎；有的人不修边幅，有的人风度翩翩。不同气质的人，适合担任不同的职位，做不同的工作，比如，风度翩翩者适合做企业的公关人员，健谈者适合搞销售、搞外联等等。如果团队内都是性格急躁的成员，那么大家在一起工作时，就容易发生矛盾；如果团队内都是沉默寡言的成员，那么团队就会死气沉沉、缺乏轻松的氛围。总之，只有团队成员的气质相匹配，才能最大化地释放出整体的最大能量。

6. 喊破嗓子，不如给员工做出样子

二战时期，美国著名的巴顿将军说过一句非常有名的话："在战争中有这样一条真理：士兵什么也不是，将领却是一切……"巴顿将军为什么说这句话，这句话到底是什么意思呢？让我们先来看一个故事：

有一次，巴顿将军带领一支军队行进，途中汽车陷进了泥潭。巴顿将军命令道："你们这帮混蛋赶快下车，把车推出来。"大家按照命令下车推车，最后，终于把车推出来了。当一个士兵准备抹掉身上的污泥时，他惊讶地发现，身边还有一个满身都是淤泥的人，他就是巴顿将军。这个士兵一直记着这件事，直到巴顿将军去世，他才在其葬礼上对巴顿的遗孀说起这件事，他说："夫人，我们敬佩他！"

看完这个故事，再想一想巴顿将军说的那句话，便不难发现：士兵的状态，取决于将领的状态；将领所展现出来的形象，是士兵学习的标杆。如果你希望士兵成为什么样子，那就做出那个样子给他看，这样对士兵才有激励作用。

其实，巴顿将军所说的话不仅体现在军队管理上，在任何一家企业、组织、团队中都实用，凡是能够带领团队取得辉煌成绩的领

导者，必定是一个懂得以身作则、率先垂范的领导者。简单地说，就是“喊破嗓子不如做出样子”。

作为一位企业领导者，不知你可曾想过这样几个问题：为什么有些企业员工能够做到遵守制度，而有些企业员工则把企业制度视为一纸空文？为什么有些企业员工在没有加班费的情况下，仍然自愿加班，而且工作非常认真，而有些企业员工的表现恰好相反？为什么有些企业员工接到任务后，毫不拖延，坚决执行，有些企业员工却只找借口不执行？

对于这种不同，我们不排除员工个人的职业素质和品德操行，但造成这种差别的还有一个重要原因，那就是领导者是否有威信和魅力，是否做好了表率？古语说：“己欲立而立人，己欲达而达人”，意思是自己想要站得住也要使他人站得住，自己欲事事行得通也应使他人事事行得通，通俗地讲就是，只有自己能做得到，才能要求别人去做。管理者不该只一味地高声命令，很多时候，以身作则更容易凝聚人心。

一天，IBM 公司的老板汤姆斯·沃森带着客户前去厂房参观，走到厂门口时，被警卫拦住了。警卫对沃森说：“对不起先生，您不能进去，我们 IBM 的厂区识别牌是浅蓝色的，行政大楼工作人员的识别牌是粉红色的，你们佩戴的识别牌是不能进入厂区的。”

沃森的助理彼特见状，大声对警卫说：“这是我们的大老板，陪重要的客人参观。”警卫可不认识老板，他说：“这是公司的规定，必须按规定办事！”警卫的做法赢得了沃森的认可，他对皮特说：“他讲得对，快把识别牌换一下。”于是，所有的人更换了识别牌。

在很多公司，领导者制定制度、出台规定，似乎都是针对普通员工的，他们自己在遵守制度方面做得并不好。比如，公司规定上班不得无故迟到早退，有些领导者自己却经常上班姗姗来迟、下班先人一步；大厅中明明写着“请勿吸烟”，可是烟瘾上来了，最高管理者抽一支，别人也不敢讲什么；公司规定员工进入生产车间必须戴安全帽，可是领导者却做不到。

制度、规则一旦制定，就是供人遵守的。领导者若不遵守，就意味着对制度、规则的破坏。很多公司不缺少制度和规定，缺少的是领导者以身作则的理念和意识。要知道，领导者所起到的就是标杆作用，他永远站在团队的前方，他的一言一行、一举一动，都被众人看在眼里，如果领导者扮演的是制度、规定的破坏者，那么他在团队成员心中还有什么威信可言？

土光敏夫是一位受人尊敬的企业家。1965 年，他出任东芝电器的社长。虽然当时东芝公司人才济济，但是由于组织规模过大，层次过多，管理不善，员工积极性不高，导致公司效益低下。

土光敏夫上任之后，提出了一个口号：“一般员工要比以前多用 3 倍的脑，董事则要多用 10 倍，我本人则有过之而无不及。”这个口号一出，代表着整顿东芝计划的正式开始。土光敏夫以身作则的表率作用，在杜绝浪费方面表现得非常明显。

这天，东芝的一位董事想参观巨型油轮。这艘巨型游轮土光敏夫已经去过 9 次，所以，他表示愿意带路。那一天是休息日，他与那位董事约好在樱木町车站的门口会合。当董事乘公司的车来到会合地点时，土光敏夫已经等候在那里，董事礼貌地说：“社长先生，抱歉让您久等了。我看我们就搭您的车前往参观吧！”他以为土光敏夫乘公司专车来的，但是他错了。

土光敏夫说：“我并没乘公司的轿车，我们去搭电车吧！”

听了这话，董事当场愣住了，他羞愧地无地自容。

为了杜绝浪费，使公司资源合理化使用，土光敏夫以身作则，搭乘电车，给那位浑浑噩噩的董事上了深刻的一课。这件事很快就传遍了整个公司，全体员工立刻产生了警觉，大家不敢再随意浪费公司的资源了……

以身作则是领导者不可缺少的素养，因为严格地要求自己，才能对员工起到表率作用。在这方面，玫琳凯化妆品公司的创始人艾施就做得很棒，她的信条就是："今天的事绝不拖到明天。"虽然她从未要求她的员工这样做，但在她的影响下，她的7位秘书，全都养成了严谨、凌厉的工作风格。由此可见，喊破嗓子不如做出样子，对引导和规范员工的行为多么有效。

7. 有效解决团队分歧，让团队始终拧成一股绳

有一幅漫画叫《两驴吃草》，漫画非常有意思，漫画上的情景是这样的：

有两头毛驴被同一根绳子拴在一起，旁边各有一堆草。刚开始时，两只毛驴拼命向离自己近的草堆用力蹬绳子，但由于绳子不够长，两只毛驴都无法吃到身边的草。经过一番较量，它们明白：如果一直这样争执下去，谁都没办法吃到身旁的草，大家都会挨饿。于是，它们放下了争执，结伴走到一边把草吃完，然后又一起走到另一边吃另一堆草。通过这样的合作，它们都填饱了肚子。

这幅漫画让我们看到了合作的力量。虽然一开始，两只毛驴有分歧、有争执、有较量，但经过思考和协商，有效地解决了分歧，使团队产生了合力，最后顺利吃到了草。由此可见，团队有分歧不要紧，重要的是有效地解决分歧，这样才能把团队成员拧成一股绳。

在企业经营管理的过程中，由于人与人有不同的思想、观念、思考问题的方式方法，因此，分歧是处处存在的。有些分歧存在于战略决策上，有些分歧存在于赏罚问题上，有些分歧存在于执行的方式方法上。管理者在面对分歧的时候，应该保持冷静的心态和倾听的姿态，多方面了解大家的想法，全方位地思考问题，协调好分

歧双方的关系，使大家本着“对事不对人”的原则探讨问题，最后有效地化解分歧，使大家目标、行动保持一致。

在化解团队分歧的过程中，领导者要注意下面几点：

（1）听听双方的观点和意见

古人说：“兼听则明，偏信则暗。”当下属之间因为某些问题产生分歧时，管理者应在恰当的时候站出来协调彼此的关系。之所以说“在适当的时候站出来”，是因为团队成员之间有分歧是正常的，因分歧造成争辩、争论也是正常的，只要这种争论在良性的范围内，彼此间没有因分歧和争论伤和气、闹情绪，领导者就可以坐视不管。要知道，不少优秀的创意和点子，就是在分歧与争辩中迸发出来的。

当争辩、争论升级为争吵、吵架时，领导者就应该马上站出来，控制住争吵的场面。领导者可以采用询问的方式，一对一地了解事情真相。对于下属间的分歧，领导者应该做到一碗水端平，客观公正地对待彼此。有时候，甚至可以采取“各打五十大板”的办法，也不要偏向任何一方，否则，会让另一方难以接受。总之，领导者要充当“和事佬”，而不要“火上浇油”。

（2）在决策中应吸纳众人的智慧

在决策中，出现分歧是很常见的。当你提出一项决议、一个想法时，如果大家对你不认同，你该怎么做呢？有些领导者崇尚权力和权威，不喜欢被下属反对，觉得下属驳斥他的观点是没面子的事情。因此，他们在决策时往往表现得独断专行，什么事情都是他说了算，根本不给别人反驳的机会。而有些领导者崇尚民主，对于别人的不同意见，能够做到洗耳恭听、择善而从。这种领导者是值得肯定的，他们往往容易获得大家的支持和服从。

俗话说：“良药苦口利于病，忠言逆耳利于行。”如果在决策时，只有领导者一种意见，大家都说支持，那么这就不叫决策。真正的决策是在分析多种方案的基础上，最后从中选择一个最佳的方案。因此，当下属提出不同意见时，领导者要细心倾听，认真分析，如果有道理，就要给予肯定和赞扬，千万不要觉得丢面子。对于那些敢直言的下属，管理者应该感到高兴，因为这种勇气本身就是一种正能量。

（3）鼓励团队成员提出不同的意见

如果一个团队永远只有一个声音，那么结果是可怕的。所以，高明的管理者往往会鼓励团队成员提出不同的意见，他们不怕团队成员之间有分歧，他们怕的是团队成员不敢提出自己的真知灼见。美国通用汽车公司的总经理斯隆就是这么做的。

1994 年，美国著名管理学家杜克受聘于美国通用汽车公司担任管理决策顾问。杜克来公司的第一天，斯隆对他说："我不知道要您研究什么，要您写什么，也不知道该得出什么结论。这些都该是您的任务。我唯一的要求，只是希望您将您认为正确的东西写下来。您不必顾虑我们的反应，也不必怕我们不同意。尤其重要的是，您不必为了使您的建议为我们所接受而想到调和。"这番话足以表明，斯隆是一个希望听到真实想法而不担心有分歧的领导者。

（4）不被不同的意见所左右而忘记领导的职责

在决策过程中，面对不同的意见，领导者要记住一点：制定符合企业发展目标的决策，而不能为了迎合下属或见多数人不支持自己的意见，就放弃自己的观点。因为领导者是决策的主体，处于主导地位，方案有多种，主意还得自己拿。如果轻易被分歧性的意见左右，领导者就徒有其名了，这就是失职。

第九章 Di Jiu Zhang

令出如山：不能让自己的命令打任何折扣

在军队里，将领命令一经发出，士兵们就必须彻底执行，不能有任何耽搁。可是在企业中，管理者命令一经下达，员工会立即执行，不打折扣、不找借口，百分之百地执行吗？如果你的回答是肯定的，那么恭喜你，你有一支高效的执行团队；如果你的回答是否定的，那么你也无需烦恼，因为本章可以帮你打造一支高效的执行团队，让你令出如山，让员工不再打折扣地执行。

1. 一流的执行比一流的点子更重要

很多管理者有一流的创意和点子，注重制定一流的战略，但是下属却用三流的执行力来对待一流的战略，最后的结果与想象中的大相径庭。但如果企业有一流的执行，即便创意和战略差一点，企业也会充满希望。

日本软银公司的董事长兼总裁孙正义与马云曾经探讨："一流的点子加上三流的执行，与三流的点子加上一流的执行，哪一个更重要?"结果他们得出一致的结论："三流的点子加一流的执行，比一流的点子加三流的执行更重要。"

1997 年 6 月，世界拳击史上爆出了一个丑剧。在一场重量级拳王争霸赛中，著名的拳王泰森与拳坛名将霍利菲尔德对垒。在比赛中，泰森急于求成，他想在短时间内结束战斗，但对手霍利菲尔德却采取拖延战术，他不急不躁地按既定的战术比赛，并利用身高臂长的优势，很好地牵制了泰森。

每当泰森使出组合拳时，他就对泰森搂搂抱抱，这样极大地消耗了泰森的体力。泰森有劲使不上，因此非常恼怒，在愤怒之下，他居然咬下霍利菲尔德的一小块耳朵。没想到，当霍利菲尔德处理好伤口继续登台比赛时，泰森再次咬了他的耳朵，裁判只好终止了这场荒唐的比赛。

比赛后的第二天，美国有个大型超市就出现了一种名叫"霍利菲尔德"的巧克力，其形状栩栩如生，就像人的耳朵。这种新奇的巧克力，立即引起了好奇幽默的美国市民的哄抢，大家都想像泰森一样咬老霍的“耳朵”，过把瘾。那家生产“霍利菲尔德”巧克力的厂商因此大赚了一笔。

“耳朵”好吃吗？生产“霍利菲尔德耳朵”这个点子未必是最好的，但由于该厂在最短的时间内，将这个点子付诸实施，很好地抓住了消费者追求新奇的心理，所以赚了一大笔钞票。如果你的企业也有生产“霍利菲尔德耳朵”的那种执行力，那么你定能抢先他人，抓住转瞬即逝的市场商机。这就是一流的执行带给企业的竞争力，它比一流的点子更重要。

埃克哈德·法伊弗担任原康柏电脑公司总裁期间，制定了一个战略计划，他要在6年时间内将康柏公司由一家高价位办公室PC制造商转变为世界第二大（仅次于IBM）的计算机公司。

在微软和英特尔建立Wintel体系之前，法伊弗就意识到为包括掌上电脑和服务器网络在内的所有设备提供服务是一个巨大的商机。但是单凭康柏电脑公司的实力，根本无法建立起这样一个服务系统，况且为客户提供计算机服务并不是康柏电脑公司的长项。

为了提升康柏电脑公司在计算机服务方面的实力，法伊弗先后兼并了天腾公司和数字设备公司，这两家公司是高端服务器的制造商。事情进行到这，一切都进行得很顺利。法伊弗的战略计划也一环扣一环，看上去非常完美，但是他忘了一个重要的问题——如何使康柏真正进入服务市场？

对于这个具体的问题，法伊弗并没有深入地思考，也没有做出有效的规划，因此，他的战略计划没有得到执行，最后不了了之。

后来，法伊弗被康柏电脑公司辞退了，对此，康柏电脑公司的创始人和主席本·罗森表示，法伊弗制定的战略计划没有做错，但是他缺少执行力，无法打造一个有执行力的团队，这才是他被公司解雇的原因。

任何一家企业要想获得成功，都不能缺少执行力。团队执行力越强，企业越有希望。《执行力》一书的作者保罗·托马斯和大卫·

伯恩，曾在书中说过这样一段话："满街的咖啡店，唯有星巴克一枝独秀；同是做PC，唯有戴尔独占鳌头；都是做超市，唯有沃尔玛雄踞零售业榜首，而造成这些不同的原因，则是各个企业的执行力的差异，那些在激烈竞争中能够最终胜出的企业无疑都是具有很强执行力的。"

一流的执行力是企业生死存亡的关键，是企业核心竞争力的重要体现。如果企业没有执行力，那么企业就将失去核心竞争力。微软公司的创始人、世界首富比尔·盖茨多次坦言："微软在未来10年内，所面临的挑战就是执行力。"实力如此强大的公司，都能如此强调执行力的重要性，那么，对于我们这些中小企业来说，更应该着力打造企业的执行力。

2. 做老板，就要把执行力当做经营成败的关键

很多人把公司经营失败的原因归咎于策略失误，2003年初，拉里·博西迪和拉姆·查兰所著的《执行——如何完成任务的学问》一书问世并风靡全球，他们在书中指出：执行力才是企业经营成败的根本原因。

2003年，海信集团的销售收入达到221亿元，增长幅度为14.5%。海信电视、空调、冰箱、手机等主导产品的产销规模都有了较大增长，海外市场开拓、产业结构优化等也取得了不小的成绩，经营质量得到进一步提高。

在成绩面前，海信集团董事长周厚健却谦虚地表示，海信目前急需解决的问题仍然是执行力不强的问题。他还具体地指出，海信

的执行力不强的表现主要有：

第一，不能按时执行战略，导致好的思路和策略成为空谈；

第二，安排工作不到位，执行任务拖拖拉拉、没有紧迫感；

第三，执行过程马马虎虎，得过且过，敷衍了事。

周厚健表示，执行力低下是企业管理中最大的黑洞，再好的策略都必须通过执行才能显示出价值。如果企业执行力差，将会直接导致在贯彻企业经营理念、实现经营目标上大打折扣，更重要的是削弱了领导者、广大员工的斗志，破坏了工作氛围，影响了企业的整体利益。长此以往，它将会断送企业的前途。

那么，是不是说海信集团没有执行力呢？当然不是，周厚健表示，海信的管理团队和管理机制还是具备强大的执行力基础的。他还举例说明了这点，比如，1995 年海信研发空调时，公司内外一片反对声。公司相关人员经过近两年的产品分析、市场调研，最后决定研发变频空调。决策拍板后，集团上下从项目引进、消化，到迅速建成全国规模最大的变频空调生产基地，整个过程彰显了强大的执行力，从而使这个项目获得了巨大的成功。这个项目的成功，与其说是决策上的成功，不如说是执行上的成功。在海信，这样的例子还有很多，成功的或失败的，都与执行力有关。

尽管海信集团发展势头如火如荼，但周厚健表示海信集团执行力不强的观点一点也不夸张。在上世纪 90 年代以后，凡是高速发展而且发展得好的世界级企业，都是因为他们有好的执行力。IBM 总裁郭士纳曾说："一个成功的企业和管理者应该具备三个基本特征，即明确的业务核心、卓越的执行力及优秀的领导能力。"在他看来，执行力是企业成功不可缺少的特征之一。

思科系统公司是全世界最大的网络设备公司，也是 2000 年全世界股票市值最大的公司。很多人认为，这样一个拥有强大技术和实力的公司，其核心竞争力肯定是技术，但是 Cisco 全球副总裁林正刚却认为 Cisco 的成功不在于技术，而在于执行力。由此可见，世界级的大公司多么重视执行力。

那么，为什么很多企业执行力不足呢？其实，这是有原因的：

首先，管理者没有对执行力常抓不懈，他们往往虎头蛇尾，导致企业无法始终保持高效的执行力。其次，公司的管理制度不严谨，经常朝令夕改，让员工无所适从，这也会影响企业的执行力。第三，制度本身不合理，缺少操作性和针对性，或者过于繁琐，不利于执行。比如，处理一个文件只需 7 分钟，但由于公司处理文件的制度过于繁琐，文件在中间的环节耽搁太久，导致执行力低迷。

执行的关键在领导，如果领导者能强化贯彻，对提高企业的执行力是很有帮助的。当然，企业的成功主要靠团队执行力，团队有执行力，企业才有竞争力。把团队的执行任务分解到个人，就可以看出个人的执行力。从每一个员工的执行力上，可以看出企业的团队是否有执行力。

在执行中，很多员工是为领导而做的，领导说什么，他们就做什么。对此，周厚健表示，执行绝不是领导说一句，你就做一件事；领导布置一个任务，你就完成一个任务；执行不是为领导而做，而是为企业而做。

周厚健说："执行的根本目的是为了企业的发展，一切对企业不利的事情都不应该被执行。如果员工非常坚定地执行领导的一句话，而不顾企业的根本利益，将会对企业发展带来负面的影响。如果这种执行得不到有效遏制，最终受损的是企业利益。"

那么，如何强化团队的执行力呢？

（1）树立明确的目标，确定执行力的方向

确定目标，似乎是一个老生常谈的话题，但确定目标并不是容易的事。确立目标的基础是，前期做大量的分析调研工作。在制定大目标之后，要进一步将目标分解，所谓"千斤重担大家挑，人人肩上有指标"这里的指标就是每个员工的目标。如果每一名员工都能完成自己相应的指标，那么企业的大目标就能得以实现。

从企业“大”目标到部门“中”目标和员工“小”目标，体现了目标的层级关系。正是因为有了目标分解，目标才会越来越具体，越来越有操作性。当企业目标明确时，大家才会各司其职，而不是像盲人骑马，走到哪算哪；当企业目标明确时，各个部门、各个员工才能在执行中形成一股合力，从而更好地发挥聪明才智，促进目标的达成。

（2）引导员工实现团结协作

团结协作是一种良好的职业道德，需要企业营造一种团结协作的环境。要想做到这一点，可以从这样几个方面入手：一是树立美好的愿景，让员工看得到企业的前景，为共同的奋斗目标而努力；二是；建立明确的工作职责与工作目标及合理的薪酬体系，因为清晰的工作职责与目标，对员工找准努力的方向十分有利；三是加强员工教育，培养他们团结协作的合作精神。

3. 没有任何借口，坚决不折不扣地执行

在《读者》2008 年第 20 期的卷首语中，有一篇名为“90% 的玄机”的文章。这篇文章值得每一位管理者思考，它的大意是：

90% ×90% ×90% ×90% ×90% =？答案是 59%。在工作中，很多人知道，如果把工作做到 59% 就是不合格，就很可能被炒鱿鱼，但是把工作做到 100% 又太困难、太辛苦，也不现实，于是很多人觉得，如果能把工作做到 90% 就已经很不错，很满足了。殊不知，公司的各项工作之间是环环相扣的，很多看似不错的 90%，最终带来的结果是 59%，依然是不及格。

这段话告诉我们，如果不能把工作中的每个环节都做到圆满，那么五个环节之后，工作可能就会出现严重的问题。也就是说，执行经不起打折。只有每个环节都有一流的执行力，才能保证最终的执行到位。

有一位管理专家曾说：“从你手中溜走1%的不合格，到了用户手中就会变成100%的不合格。而一旦用户对你的产品失去了信心，结果就是你的产品卖不出去，企业运转失灵，最后关门。”可见，保证执行到位，绝不打折扣，关系到企业的生死存亡。只有把每个环节都做到位，把每个细节都注意到，才能保证有一个圆满的执行效果。

著名的企业管理培训大师余世维曾说过：“中国人向来聪明勤劳，也不乏创造性，但为什么我国优秀的企业不多呢？最大问题就在于我们对执行的问题缺乏敏感性，也不重视。”他表示，美国企业在很多年前就宣传一种理念：“差不多就是错”。正因为有了这种工作态度，美国的工业才会强大。而在我们的嘴里，却经常冒出“差不多”、“过得去”这样的口头语，其实，这才是最大的偏差。

余世维表示，由于对偏差没有感觉，所以，很多人只注重执行，却不注重执行到位。比如，答应好的约会，他们去了，只不过迟到了5分钟。很多人认为，不就是迟到5分钟嘛，有什么关系？在这种“做了就行”的心态驱使下，我们怎么可能把工作做到位呢？

其实，真正的执行是“做好了”，仅仅停留于“做了”是一种敷衍、应付差事，而不是执行。很多企业的员工只是满足于“做”，却不重视结果。表面上看起来，他们整天在付出、在努力、在忙碌，但是这种忙碌是穷忙、是瞎忙，忙得没有任何效率，因此，这种忙是毫无意义的。

虽然“做了”与“做好”只有一字之差，但却有本质的区别。前者只是走过场，甚至是糊弄人，后者却意味着对目标负责、对工作的品质负责。一个员工执行力强不强，关键就看他是重视“做了”

还是重视“做好”；一个企业是否抓住了执行的重点，关键就看他们是否重视执行的质量，用心抓“做好”这两个字。

一个法国农场主驾着奔驰车前往德国，一路上都很顺利。可是，当车行驶到了一个荒村时，发动机出故障了，农场主非常气恼，他没想到一贯宣称质量好的奔驰车这么容易坏。不过，他还是抱着试一试的态度，用车上的小型发报机向奔驰公司的总部发出了求救信号。

没过多久，天空传来了飞机引擎声。原来，奔驰汽车修理厂的维修人员乘坐飞机赶了过来，为农场主提供维修服务。维修人员一下飞机，就对农场主说：“对不起，让您久等了。但现在不需要很久了。”他一边安慰农场主，一边开始给汽车排除故障，不一会儿，车就修好了。”

“多少钱?”农场主见奔驰公司的维修人员坐飞机来帮他维修，心中有些担忧，害怕奔驰公司会收取一笔不菲的维修金。

“我们乐意为您提供免费服务!”维修人员回答。

听到这话，农场主简直大吃一惊，“可你们是乘飞机来维修的呀?”

“但是因为我们的产品出了问题才这样的。”维修人员一脸抱歉，“我们的质量检验工作没做好，才使您遇到了麻烦，所以我们理应为你提供免费服务。”

法国农场主非常感动，回去之后，他又买了一辆崭新的奔驰货车。

很多公司喊着“优质服务”的口号，却做不到用心为顾客提供服务，要么敷衍了事，要么干脆推卸责任，而奔驰公司要么不做，要做就要做好。这就是奔驰公司的执行态度，也是为什么奔驰公司在100多年里一直有着良好的口碑，并保持着良好销售业绩的重要原因。

只有做好了，才会让人印象深刻。企业只有不断对自己提出要求，高质量地完成工作任务，才能不断提升自己的产品质量。如果在执行中，仅满足于“做了”这一点，是一种自欺欺人。这不仅会浪费公司的资源，还会影响公司的声誉和形象，使企业陷入危机。

在这方面，海尔集团的张瑞敏和奥康集团的王振滔的做法，值得每一位管理者学习。张瑞敏砸烂了76台质量不合格的冰箱；王振滔亲手剪掉了数千双质量不合格的高档皮鞋。他们的举动向员工们传达了两个观点：一是要么不做，要做就做好；二是发现不合格的产品时，一定要从源头上杜绝，而不能让它流入市场，给公司的形象和信誉造成损害。如果你也能这样管理企业，相信你的企业将会发生质的飞跃。

4. 团队执行力：现在、立刻、马上

在西点军校，每个学员都要接受一个观念：“不要拖延，立即行动!”皮鞋要及时擦干净，被子要及时叠整齐，不容许有丝毫的拖延。想想吧，如果不是擦皮鞋，而是在战场上，在修筑工事，在对敌冲锋时，你拖延的习惯将会给你、给全军带来多么可怕的后果。这并不是把问题绝对化。因为商场和战场一样，工作就像战斗。要想在商战中立于不败之地，管理者就要充分激发员工的执行力，从而带出一支高效的、有战斗力的团队。

朱先生是温州乐清五金机械厂的老板。1992年金秋，他去上海出差，住在上海一家饭店。一天晚上，他吃完晚饭后在街上瞎逛。他很喜欢逛街，他将此称之为“跑信息”，或者说“捡钞票”。

在逛街过程中，朱厂长发现有一家食品店门口排起了一条长队。

朱先生走近一看，发现大家都在排队买板栗。顿时，朱先生敏锐地意识到这里头有商机。为什么他这么认为呢？因为他信奉一条发财之道：人群密集的地方，财神爷就在微笑。

接着，朱先生观察到买板栗的人买到板栗后，由于急于尝鲜，往往猴急地剥、咬，结果把板栗弄得支离破碎，有时候还弄得满脸脏兮兮的，那样子真叫一个狼狈。看到这里，朱先生的大脑里突然闪现了三个字“剥栗器”，对呀，如果有剥栗器多方便啊。他的大脑迅速画出了剥栗器的草图，用镀锌铁皮制成的，成本大概2角，售价大概3角。

10分钟之后，朱先生推开了那家食品店的大门，他找到店老板，向他推销剥栗器。食品店的老板对朱先生所说的剥栗器很感兴趣，他表示越早上市越好，并希望在两个月内能送到货。朱先生笑着对店老板说：“两个月？不！我一个星期就能把剥栗器给你送来。”

当天晚上，朱先生用传真把剥栗器的草图发给了温州老家的工厂。在工厂技师和员工的全力配合下，两个小时后，一副模具生产了出来。接着，冲床开始运转，大批量生产。3天后，朱先生派人把剥栗器运往上海。一时间，大大小小的炒栗贩子都成了朱先生的客户。

人们常说这是一个“大鱼吃小鱼”时代，其实，更准确地说，这是一个“快鱼吃慢鱼”的时代。速度在企业竞争中越来越重要，当企业决策出台后，要求的是现在、立刻、马上去执行，不容许有半点拖延，这样的执行力才是最高效的。

上文的朱先生从“人们辛苦地剥板栗”这一举动中看到了商机，并以出人意料的执行速度，将剥栗器生产出来。他既解决了人们剥板栗的困难，又狠狠捞了一桶金。毫无疑问，朱先生是一个快速高效的执行者，他的团队也是一个有高效执行力的团队，这就是他成功的重要原因。

试想一下，假如朱先生画出剥栗器的草图之后，要回到公司和员工商量、讨论，再决定研发，最后才到生产部门。这一套管理流程走下来，看似科学严谨，但是却会耽误很多时间。也许当朱先生将剥栗器生产出来时，已经有人抢先一步推出了剥栗器。

在当今激烈的市场竞争中，衡量一个企业、一个团队、一个员工的执行力，关键是看速度，看效果。如果一个团队能在保证完成任务的同时，以远远快于同行的速度去执行，那么这个团队将会所向披靡，这个企业将会前景无限。反之，如果团队执行速度慢，就很容易贻误战机，这样一来再完美的执行也会失去价值，这样的团队就没有执行力了。所以，大凡成功的企业家都倡导“现在、立刻、马上”去执行。

1999 年 2 月的一天，马云带领从北京回到杭州的 18 人，在自己家里召开了一次全体会议。这次会议之后，18 个像马云一样的“疯子”就开始迅速行动起来。其实，当时很多人并不理解马云的创业意图。当马云把网站的经营模式和盘托出时，程序员不同意，一些编辑人员也反对，他们对电子商务模式的认识还停留在 B2C 和 C2C 上。这也不怪他们，因为当时世界上成功的电子商务模式只有这两种。

在 18 人中，多数人认为马云的脑袋里装的 B2B 模式不可能成功。马云努力倡导自己的想法，但是没能说服他们，在这种情况下，马云当机立断，坚决地下了命令：“你们立刻、现在、马上给我去做！”

马云下令后，团队没有任何怨言，大家分头行动，快速展开执行。事后马云说：“我很少固执己见，100 件事里难得有 1 件。但是有些事，我拍了自己的脑袋，凡是觉得自己有道理的，我一定要坚持到底。”在后来阿里巴巴的发展过程中，像这样的情况出现过很多次。

有人说，阿里巴巴不是计划出来的，而是在“现在、立刻、马上”的执行理念中干出来的。在马云的带领下，阿里巴巴团队朝着自己认为正确的方向疯狂奔跑，最后他们成功了。

当然了，每个企业都渴望高效的团队执行力，但是执行力的提高并不是简单的事情。企业要想为执行提速，必须建立一套完善的控制制度。这套制度要为执行排除不必要的障碍，比如，消除繁杂的程序、严重的等级、官僚主义、推脱责任、拖延等不正之风。这套制度还要求每个管理者带头落实，每个员工严格遵守，并且大家还要互相协作，只有这样，团队执行力才能成功提速。

5. 执行一定要落实到每一个细节上

英格兰有一句民谣：“少了一个铁钉，丢了一只马掌；少了一只马掌，丢了一匹战马；少了一匹战马，败了一场战役；败了一场战役，失了一个国家。”这个传奇故事发生在英国国王理查三世身上，对此，英国著名的诗人莎士比亚曾说：“马，马，一马失社稷。”

少了一颗钉子，带来了亡国之灾。由此可见，细节多么重要。在执行中，如果忽视细节，不讲究执行质量，有可能导致企业破产。这不是危言耸听，不是肆意夸大，而是真实地发生在很多破产企业身上。

有一家建材公司的退货率有些高，但是没有引起老板的重视。后来，退货率越来越高，产品销售额逐渐萎缩。最后，企业产品无法售出，投入的资金无法收回，企业陷入了破产边缘。是什么原因导致这家企业濒临破产呢？

老板决心查出问题，经过精心调查，他发现产品质量没有问题，问题出在送货上。原来，公司的送货员在客户对产品提出一些问题的时候，他们不是置若罔闻，就是暗示客户产品质量有问题。比如，客户说："这块大理石的花纹怎么这么暗，是不是质量有问题啊？"送货员居然也阴阳怪气地说："我觉得也是。"客户一听，自然对产品失去好感，于是退货了。

了解到这一情况后，老板突然发现：各个部门都有奖金，唯独送货部门没有奖金。于是，他立即宣布，从销售部拨出10%的奖金给送货部。从那以后，退货现象少了很多。因为送货员会帮公司说好话，比如，当客户抱怨大理石的花纹太暗时，送货人会说："暗花纹可以显得庄重大方。"就这样一句话，增加了客户对产品的信任。

送货员在送货过程中，一句有损企业产品形象的话看似微不足道，但却差一点葬送了企业。由此可见，执行一定要落实到每一个细节上，只有保持细致的工作态度，在细节上下工夫，才能保证完美执行。

看看肯德基、麦当劳，凡事皆有高标准、严要求，不忽视任何一个细节。土豆条炸到怎样的程度、牛肉饼的分量够不够、店堂是否清洁、音乐是否优美等等细节，都被企业列为不可忽视的执行标准。再看看美国希尔顿饭店的高标准服务，从中我们可以发现：执行落实到每个细节是多么重要。

希尔顿是美国的"旅馆大王"，他严格要求员工：不管工作如何辛苦，都必须对客户保持微笑。他把"你今天对顾客微笑了吗"作为自己的座右铭，在他经营旅馆的50多年中，他经常巡视各分店，每到一家分店，他都不忘告诉员工：今天你对顾客微笑了吗？

1930年，美国遭遇了罕见的经济大萧条，80%的旅馆在这次危机中倒闭。希尔顿旅馆也遭遇了前所未有的困境，尽管如此，希尔顿仍然有坚定的信念，他积极飞赴各分店，鼓励员工一起共渡难关。在借债度日期间，他仍然要求员工对客户微笑，他呼吁："万万不可把心中的愁云摆在脸上，无论遭到何种困难，'希尔顿'服务员脸上的微笑永远属于顾客！"

由于全体员工在服务中很好地贯彻了微笑原则，希尔顿旅店感动了很多人。因此，希尔顿旅店的回头客特别多，渐渐地，它走出了低谷。后来，当希尔顿旅店不断扩大规模时，希尔顿问员工们："你们认为还需要添置什么？"员工答不上来。希尔顿笑着说："还要继续添置有一流的微笑！"

希尔顿告诉员工："如果我是一个旅客，单有一流的设备，没有一流的服务，我宁愿弃之而去住那种虽然设施差一些，却处处可以见到微笑的旅馆。"正是因为全体员工把执行落实到微笑这一细节上，希尔顿旅店才能至今屹立不倒，傲视群雄。

或许有人会说："执行任务就执行任务，何必要微笑呢？我们又不是卖笑的，笑与不笑有什么关系吗？"殊不知，微笑这个细节可以体现企业对顾客的尊重，能让顾客感到温暖和愉悦，使顾客对公司产生好感。

全球第一零售巨头沃尔玛也要求员工对客户保持微笑，并且有明确的规定：员工必须对三米以内的顾客微笑致意，甚至还有微笑的细则——要露出 8 颗牙齿。另外，当顾客提出问题时，员工永远不能说"不知道"。可以说，沃尔玛帝国有如今的成功，与它注重执行细节是分不开的。

有人曾问世界最伟大的建筑师密斯·凡·德罗："你的成功秘诀是什么？"密斯·凡·德罗的回答只有简单的六个字："秘诀在细节中"。他反复强调："不管你的建筑设计方案如何恢弘大气，但如果你不把握好细节，永远称不上是一件好作品。"其实，不仅是建筑设计，经营企业、管理企业也是如此。

比如，张老板想与一位客户合作，于是邀请客户来公司考察。在客户来公司之前，张老板就把客户的情况了解清楚了，给客户定的酒店是客户以前经常入住的，给客户准备的饭菜是客户最喜欢吃的，而且客户来访的第二天，正巧是客户的生日。张老板给客户精心准备了一场生日晚宴。这些细小的举动让客户非常感动。最后，客户答应了张老板的合作意向。张先生之所以能打动客户，赢得重要的签单，正是因为他在攻关客户的过程中注重细节。这个例子再次告诉我们，执行一定要落实到细节，才能保证圆满完成任务。

6. 执行力不讲如果，只讲结果

巴顿将军在他的战争回忆录——《我所知道的战争》中，记录了这样一个故事：

“我要提拔人时常常把所有的候选人排到一起，给他们提一个我想要他们解决的问题。我说：‘伙计们，我要在仓库后面挖一条战壕，8 米长，3 米宽，6 米深。’我就告诉他们那么多。我有一个有窗户或有大节孔的仓库。候选人正在检查工具时，我走进仓库，通过窗户或节孔观察他们。我看到伙计们把锹和镐都放到仓库后面的地上。他们休息几分钟后开始议论我为什么要他们挖这么浅的战壕。他们有的说 6 米深还不够当火炮掩体。其他人争论说，这样的战壕太热或太冷。如果伙计们是军官，他们会抱怨他们不该干挖战壕这么普通的体力劳动。最后，有个伙计对别人下命令：‘让我们把战壕挖好后离开这里吧。那个老混蛋想用战壕干什么都没有关系。’”最后，巴顿写道：“那个伙计得到了提拔。我必须挑选不找任何借口地完成任务的人。”

“不找借口”是优秀执行者的必备素质。“不找借口”是西点军校的流传已久的传统。

在西点军校，不管长官问什么，学员只有三种回答：“报告长官，是。”“报告长官，不是。”“报告长官，我不知道。”除此之外，不能多说一个字。当长官向学员下达指令时，学员必须重复一遍军官的指令。当长官问学员："有什么问题吗?"学员通常的回答是："没有长官。"这就意味着接受了长官的命令，意味着承诺和责任，剩下的就是不找借口、绝对执行。

当长官问："为什么不把鞋擦亮?"如果学员回答："哦，鞋脏了，我没时间擦。"那么，很可能遭到长官的一顿训斥。因为长官要的是结果，而不是似是而非的借口。没有任何借口是西点军校奉行的重要的行为准则，它强化了每一位学员的执行力，提高了每一位学员的责任心。从西点军校走出来的学员在工作中很少找借口，因为"不找借口"的理念已经烙刻在他们的思想里。

德国国家足球队也有不找借口的传统，他们在足球场上取得过辉煌的战绩。其中，最大的原因就是彻底贯彻教练的意图、承担自己的角色所担负的任务。即使球队在场上比分落后，全队陷入困难，他们也一如既往地执行既定战略，不找任何借口。他们从来不会说："如果我们没有落后，我绝不会放弃防守，疯狂进攻。"这种执行精神是每个企业管理者都应该具备的。

彼特是公司的营销部经理，主要负责产品营销业务，深得上司的器重。然而，有一次他由于执行不力，导致一笔重要的业务被别人抢去了，给公司造成了较大的损失。事后，领导询问他为什么错失这笔业务，他说："如果不是我的脚伤发作，我就不会晚半小时到达，那笔业务就不会被对手抢去。"

原来，彼特曾经历了一次车祸，他的脚在车祸中受伤了。不过，受伤并不严重，只是轻微的跛，根本不影响正常行动，也不影响他工作。如果不仔细看，谁也不知道他跛脚。

领导听了他的解释，虽然不是很高兴，但是想一想彼特给公司做出的贡献，就原谅了他。没想到，领导的宽容没有换来彼特的回报，反而使彼特越来越频繁地找借口。每当遇到有点棘手的业务时，彼特就会以腿脚不便为由来推诿工作。如果有比较好揽的业务时，彼特就会跑到领导面前，说："我的脚不行，公司应该在业务方面对我照顾点。"

渐渐地，彼特养成了找借口的习惯，每当执行不力时，他就会找借口推脱责任。时间一长，他的业绩下滑了很多。领导原本器重他，见他越来越爱找借口，对他感到非常失望。终于有一天，领导忍无可忍，将其扫地出门。

乔治·华盛顿·卡佛曾经说过："99%的人之所以做事失败，是因为他们有找借口的恶习。"一旦你养成了找借口的恶习，你所表现出来的拖拉、磨蹭、推诿、没效率等毛病，会严重影响整个团队的合作氛围。你将会因此失去别人的好感，尤其是你的上司和你的下属，当然，还有你的同事。也许你的某些借口看似合情合理，但是你必须明白，如果在工作上没有取得良好的业绩，最终受害的是你自己。

职场是一个靠业绩说话的地方，而不是靠借口生存的地方。俗话说："躲得过初一，躲不了十五。"你找借口能混一时，却无法一直混下去。比如，有位管理者在一家公司工作了十多年，一直没有获得晋升，相反，老板一步步将他降级到更低的职位。最后，把他降级为一名普通的仓管员，他感到很不解，于是找老板理论，意思是他没功劳也有苦劳，但是老板却说："不是我要降你级，而是你没有取得业绩，而别人取得了业绩，我必须对别人表示认可。"这位老板的话是非常有道理的，他告诉人们：职场讲的是业绩，讲的是结果，而不是讲如果，讲借口。

综观《财富》500强公司中的管理者，他们有一个共同的优点：执行只讲结果，不讲如果。无论在执行中遇到何种困难，他们都会想尽办法去解决，他们相信方法总比困难多，他们牢记自己的责任，一旦接受任务，就会负责到底。正是因为执行力强，他们才能成为世界500强企业中的一名管理者。

7. 有计划的执行才会让执行效果更完美

古人说："凡事预则立，不预则废。"意思是，不论做什么事，都应事先做好计划和准备，否则，就很难把事情做成。前苏联著名教育实践家苏霍姆林斯基曾经说过："敏捷而有效率地工作，就要善于安排工作的次序，分配时间和选择要点。"

在执行中，管理者应鼓励员工学会制定计划，按照计划去执行任务，这样效果会更好。怎样做计划呢？其实，只需要对所要做的工作划分步骤，分清阶段，规划好每一步做什么，每一天做什么，这样就能按部就班地把任务执行到位。

哲人说，成功的人生需要正确的规划。其实，要想成为优秀的执行者，也应该善于做计划。有计划地执行才能让执行效果更完美，而盲目地执行，走一步算一步，走不通再换，往往容易失败。

"巴基斯坦齐亚·哈克将军一行75人来华，由于气候恶劣，专机难以在北京降落。经磋商，决定改由上海着陆。现在专机正向上海飞来，两小时后到达，请立即做好迎接准备！"这是1977年11月4日，上海著名的锦江饭店接到的一项紧急任务。

接到任务时，距客人到达饭店仅有两个小时，时间非常紧迫，但丝毫都不得马虎，该怎样完成这个紧急的任务呢？锦江饭店的经理任百尊放下电话后，第一件事就是组织接待班子，急召得力干将开会，为这两小时的"战斗"做一个计划。

在会上，任百尊说："大家听清楚了，两小时后车队就要到达上海，所以我们的工作必须在120分钟之内完成。这么庞大的国宾队伍需要75套客房，由一百辆轿车组成的迎宾车队，供一二百人用膳的国宴……这一切必须在两小时内按时、按质、按量完成！”

命令一下，全体动员，各个员工该做什么事情，都有了具体的安排。在客人到达酒店的前10分钟，任百尊开始检查客房，推开房门之后，仔细打量，只见地上、墙壁上、天花板上都一尘不染，床面平挺、毛毯平顺。他点了点头，然后又检查床头的插花，只见那些花枝含苞待放、造型新奇、典雅大方。

检查完75间客房之后，服务员已经各就各位，准备迎接来宾。这时，厨师长向任百尊报告：厨房一切就绪，只等客人到来，就可以准时开饭。

就在这时，任百尊接到电话：“国宾车队已到达淮海路茂名路口，两分钟后进入客房。”

齐亚·哈克将军一行人在锦江饭店住得非常满意，他们赞不绝口地称赞其服务到位。直到那一刻，任百尊才放下那颗悬着的心。

任百尊仅用两个小时，就安排饭店完成了高规格的接待任务，这种高效、到位的执行，是每个企业都应该具备的成功元素。任百尊之所以能圆满完成任务，与他接到任务后，正确地计划和安排是分不开的。这种统筹全局的能力，是制定有效计划的重要保证，也是每个员工能够按时、按质、按量完成任务的保证。

看过警匪片的人都知道，警察接到报案后，会在第一时间赶到现场，然后针对现场的情况，制定“斗匪计划”，在哪个地方安排狙击手，从哪个地方开始突破等等，这个计划是制伏劫匪的重要保证。如果没有这个计划，很难想象警察如何完成任务。

其实，当我们在工作中接到一个任务时，也应该在第一时间制定一个计划。这个计划可以写在纸上，也可以记在脑子中，这样才能从容不迫地去完成任务。许多优秀的企业家都十分重视有计划地执行任务，李嘉诚在这方面就是高手。

当年李嘉诚为了将长江塑胶厂的塑胶花打入北美市场，他特意制作了精美的产品广告画册，并通过香港有关机构，了解欧美各贸易公司的地址，然后把这些广告画册寄出去。不久之后，有一家实力强大的贸易公司对长江塑胶厂的塑胶花产生了浓厚的兴趣，他们对李嘉诚的报价也颇为满意，并表示会在一周之后派人来香港参观，以便更好地考察工厂，洽谈合作。

李嘉诚对这家公司十分重视，他了解到该公司是北美最大的生活用品贸易公司，销售网络遍布美国和加拿大。如果能够拿下这个客户，与它建立长期稳定的合作关系，那么对长江塑胶厂的发展十分有利。李嘉诚知道，该公司派人来香港考察，并不是考察他一家公司，怎样才能赢得该公司的信任与合作，才是他要做的事情。

当时长江塑胶厂论实力、论产品质量、论企业规模，都算不上老大，拓展欧洲市场时，由于他的企业规模有限，不被客户信任。因此，他决定吸取之前的教训。李嘉诚是怎么做的呢？他立即召开公司高层会议，宣布了一个艰巨的任务计划：

在一周之内，将塑胶花生产规模扩大到令外商满意的程度。为此，要把旧厂房退租，把可用的设备搬迁到新厂房，购置新的设备，设备安装调试，招聘新人并对新人进行上岗培训。这一切都要在一周之内完成，任何一个环节出了问题，都可能使这个计划前功尽弃。

尽管只有短短的 7 天时间，但李嘉诚带领员工从容不迫地执行任务。哪组人该干什么，哪些工作由谁做，每一天的工作进度，李嘉诚都安排得十分妥当。

7 天之后，当那家公司的代表抵达香港时，李嘉诚新厂的设备已经完成了调试。李嘉诚让副手负责安排全员上岗，自己亲自开车去机场迎接客人。与此同时，李嘉诚已经派人在港岛希尔顿酒店为外商预定了房间……

一切都在李嘉诚的计划之中进行，最后，那家公司与李嘉诚签订了长期的合作协议，李嘉诚也由此蜚声全港，成为著名的“塑胶大王”。

李嘉诚能够赢得那家公司的信任，靠的不是运气，而是高效的执行力。正因为有了如此高效的执行力，李嘉诚才能在短短的7天里，完成一项浩大的工程，完成一个看似不可能完成的任务，最后把一个崭新的塑胶厂展现在商家眼前，让商家产生充分的信任感。

企业管理者推行有计划的执行方案，意义在于让每个员工在接到任务之后，都有制定计划的意识。比如，你让员工完成一个项目策划，员工马上会想：我将用几天完成这个项目策划？第一天干什么？第二天干什么？如果每个员工都有条不紊地执行任务，那么团队的执行力将会异常强大。

8. 敢于问责，执行效果关键在于监督

有一家公司，为了加强上班纪律管理，便实行上下班签到制。刚开始，迟到早退的现象有了一些改善。可是，随着时间的推移，迟到早退的现象渐渐多了起来，弄虚作假的现象也经常发生，比如，员工之间相互代签。不是有制度的规范吗？为什么迟到早退现象越来越严重呢？

有人说，这是因为个别迟到早退的员工没有受到应有的处理，有人说，这是因为弄虚作假的现象没有得到惩罚，还有人说，是上下班签到制不合理……真是这样吗？其实，这些不是根本原因，真正的原因是上下班签到制出台之后，公司没有委派负责人来监督制度的执行。所谓监督，是指当有人违反制度之后，负责人要按制度规定，对迟到者进行处罚。但是在上面的例子中，我们始终不知道谁是监督者，谁是执行者。

当一家企业的制度没有制定监管者时，那么，公司领导者就是约定俗成的监管者，当他出现在办公室时，大家都会乖乖地遵守制度，当他不在公司时，那么大家就会为所欲为起来。在这种情况下，不是制度在约束大家，而是管理者在约束大家。可问题是，管理者经常忙里忙外、不在公司，那么谁来监督制度的执行呢？如果没有监督者，员工是不可能自觉地执行的。

IBM 前总裁郭士纳说过：“员工不会做你希望的，只会做你监督和检查的。”这句话道出了管理的精髓，即检查和监督是促使员工把制度落实到位的关键一环。如果监管不力，那么制度就无法产生威信。只有做好监管，敢于问责，才能及时把违反制度的情况纠正过来。

德国纽豪斯电器公司是一家十分重视工作监督的企业，总经理纽豪斯认为，监督是保证执行效果的重要手段。在公司里，小到一张票据，大到百万欧元的项目研究，他都要求相关部门做好监督工作。

有一次，为了改善员工宿舍的生活条件，后勤部的员工马克在公司的安排下采购了一批电风扇和凉席。由于这些用品是在小商店购买的，那家小商店没有正规的商业发票，因此，只给马克一张等额的餐饮票代替。

马克原以为只要面额相等就可以，但是公司的财务部却对马克说：“这个餐饮票据无法起到正规发票的作用，你必须找商店补办合格的发票。”最后，马克费了好大的劲，才拿到正规的发票。

如果同样的事情发生在中国企业，擅长变通、灵活处事的中国人一定会说：“只要面额相等，什么样的发票都可以。”但是在坚持原则，按规矩办事的德国人眼中，这种事情是不允许发生的。例子中就是通过监督才发现了问题的所在，如果没有财务部门的认真监督，这种“滥竽充数”的现象就会更多。

不仅在执行制度方面，需要有力的监督和问责，在具体事项的执行过程中，管理者也应该做好监督工作。当前，企业中存在不少“半截子”工程，即管理者把任务布置下去之后，由于缺少有力的监督和过问，下属在执行中遇到困难之后，就把工作搁置起来，最后不了了之。等到管理者想起那个工作任务，找到下属询问执行情况时，才发现工作没有执行到位。

还有这样一种情况：由于缺少了监督、把关，有时候管理者布置给下属的工作，下属并未按照领导的意图去执行。在这方面，有一个典型的案例：

格里·奈特是美国著名的演说家，他曾讲述两件发生在自己身上的事情：

奈特前后有两名助手，一个叫琳达，一个叫艾米。8 年前，奈特前往多伦多参加一个会议。在芝加哥换机时，他给助手琳达打了一个电话，以确认琳达是否把工作安排妥当：“琳达，我演讲的材料送到多伦多了吗?”

琳达说：“6 天前我就已经将材料寄出去了。”

奈特问：“他们收到了吗?”

琳达说：“快递公司说他们保证两天后送到。”

尽管如此，奈特还是有点不放心。虽然表面上看，琳达做了自己该做的工作，甚至提前把资料交给了快递公司，但是在多伦多会议主办者收到资料之前，意味着这项工作没有执行完毕，意味着还有不可预知性。

结果，当奈特赶到多伦多的会场时，得知他的材料还没有送过来。为此，他只好将材料上的重要话题推后，直到材料送到。

8 年后，奈特再次前往多伦多参加会议，同样是在芝加哥转机，他想起了 8 年前的经历。于是他拨通了艾米的电话：“我的材料到多伦多了吗?”

“那边的会议负责人说，你的材料 3 天前就到了。”接着，艾米又说：“对方说，听众人数可能比原来多 400 人，为此，我多寄去

600份材料，这些材料也已经寄到了。”

艾米还补充道：“对方问我，您是否希望在演讲的时候，听众手中都拿着你的材料。我告诉他，你通常是这样做的，但是这是一个新的演讲，我不确定你会怎样做。如果你不同意听众拿着你的材料听你演讲，你可以给对方打电话，我这里有他的电话，你可以记下来，随时跟他联系……”

听了艾米的一番话，奈特彻底放心了。

这则故事充分说明，一流的执行必须要有一流的把关。要想员工执行到位，管理者就要做好把关和监督工作，在琳达身上，奈特的监督不够，导致执行出现了问题。但是在艾米身上，由于她是一个具有前瞻性的执行者，奈特在监督和把关中没有发现问题。但这并不意味着监督是多余的，事实上，并不是每个执行者都像艾米那样考虑周全，如果下属执行不力，管理者通过监督就能及时发现问题，避免执行出现重大偏差。

此外，在监督别人、问责别人的同时，管理者也要有强烈的自我问责意识。孔子说：“吾日三省吾身。”强调的就是自我反省。管理者应该时刻自省，当出现问题时，要反思自己的责任，扛起必要的责任。只有这样的管理者，才能真正在下属心目中树立威信。

第十章 Di Shi Zhang

没有规矩，不成方圆——制度才是真正的老板

车水马龙的道路上如果没有红绿灯的规范，就会陷入混乱；公司里如果没有制度的约束，就无法正常运转。身为企业的管理者，要想保持企业的稳定发展和高效运营，就必须建立一套合理的制度，用制度管人，按制度办事。只有这样，才能让“坏”人在制度的约束下不做坏事，慢慢地变成好人，而让好人在制度的保护下，能够充分发挥自己的激情和干劲，为企业的发展注入无穷的能量。只有这样，企业才能长久地发展。

1. 一流企业用制度管人，二流企业用人管人

《孙子兵法》指出："要规定明确的法律条文，用严格的训练整顿军队，对士兵过于宽松，过于爱怜，结果会导致士兵不能严格执行命令，部队陷入混乱而不能加以约束。"当前企业面临的竞争，其残酷程度不亚于冷兵器时代战场上的血肉拼杀，如果企业没有严明的制度，做不到令行禁止，是不可能在竞争中取胜的。

俗话说："没有规矩，不成方圆。"规矩、秩序、制度的重要性不言而喻，当一个团队缺少规章、制度、流程时，团队就很容易陷入混乱，这是非常糟糕的事情。下面是企业因没有合理制度的规范、主要靠人治而产生的常见弊病：

（1）职责不清

在很多企业中，经常会遇到由于制度不合理，导致工作安排不合理，造成某项工作好像两个部门都管，但实际上哪个部门都没有认真负责。两个部门对工作纠缠不休，扯皮推诿，使得原本应该是职责分明的人员安排变得混乱无序，造成极大的内耗。

（2）业务流程无序

由于人治带有很大的随意性，很容易导致一项工作原本应该按照一定的流程来进行，但是人受情绪变动的影响，往往容易跳出这个流程，任意所为，最终造成流程无序。举个例子，采购人员拿着资金外出采购，回到公司原本要上交账单，和财务交接工作。但是由于公司没有明确的制度规定，采购人员可能迟迟不与财务对账，甚至私吞公款，利用假票据蒙混过关。

（3）缺少协调与配合

由于制度中没有明确规定哪个部门负责哪项工作，那么部门之间的协调工作就会出现问题，甚至出现部门间的断层，彼此间缺乏协作意识，你站在那儿观望，我也站在那儿观望，大家都认为这件事应由对方部门负责，结果工作没人管，导致小问题被拖成大问题。协调不力是管理中最大的浪费之一，因为它使团队无法形成凝聚力，使员工缺少团队意识，导致工作效率低下。

（4）有章不循

还有一种情况是，公司有相关的规定，但规定出台后领导者不遵守规定，也不严格按规定办事。当员工违反规定后，没有任何惩罚措施，导致员工不把规定放在眼里。比如，有一家公司的领导对大家说："从今天开始，大家每个月只有两次迟到的机会，请大家不要迟到。"可是大家根本不把领导的话当回事，习惯了迟到的员工继续迟到，而领导者一点都不觉得这有什么不妥，没有采取任何惩罚措施，就连半句批评都没有。这就是典型的有章不循，其根本原因在于规章制度不严肃，随口一说，而且并未说明：如果迟到了第三次，将受到何种处罚。

从以上四点可以看出，当一家企业崇尚人治，忽视用制度管人时，员工就会变得没有执行力。这就是为什么在很多企业中，当老板在公司时，员工就有执行力。当老板不在公司时，员工就没有执行力。因为不用制度管人的公司，其员工往往会无视制度，而只看重老板的言行。这就是人治造成的不良后果。一般来说，人治有这样几个弊端：

第一，人治带有明显的随意性，缺乏科学性，难以服众。

第二，人治带有专制性，缺乏民主性，容易造成决策失误，人际关系紧张。

第三，人治经常过不了人情关，很容易使员工产生不公平感，企业无法产生凝聚力。

作为一个企业的领导者，最重要的就是建立完善合理的制度，用制度与纪律管理企业，并使制度与纪律成为员工的行动准则。在这一点上，红楼梦中的王熙凤就做得非常出色。《红楼梦》中有这样一个故事：

宁国府贾蓉的媳妇秦可卿死了，宁国府举办隆重的丧事，每天前来吊唁的人很多，里里外外的事情也很多，怎样才能把这些杂乱的事情处理好呢？贾蓉的父亲贾珍把荣国府的王熙凤请来，让她帮忙管理这摊事。

王熙凤来到宁国府，首先建立了人事管理制度。她把各项工作都安排到位，让每个人都有事可做，各司其职，互不推诿。谁干什么，谁来监督，清清楚楚。顿时，一个一两百人的集体在规章制度的规范下，形成了一个高效率的执行团队。

其次，王熙凤建立了考勤制度和物品管理制度。规定什么时候点名，什么时候吃早饭，什么时候领发物品，什么时候请示汇报，谁管什么地方的工作，谁领什么物品等，都规定得非常清楚。在这些制度的规范下，王熙凤把宁国府的丧事处理得有条不紊。

试想一下，如果王熙凤不用制度管人，而是靠自己临阵指挥，恐怕一两百人的集体会乱作一团。这个案例告诉我们，用制度管人管事比用人奏效得多。如果你想让企业完成从人治到“法治”的转变，你首先要制定完善合理的制度，其次还要让制度产生威慑力，让大家严格执行制度。只有这样，你的公司才会在硬性制度的规范下，稳定有序、高效率地运营。

一家工厂的工人盗窃了厂里的产品，虽然盗窃的产品数量不大，但性质恶劣，属于盗窃。由于这个工人是厂里的老员工，平时找他帮忙的同事很多，大家与他关系都不错。于是乎，当老板准备依据公司的制度惩罚这位老员工时，很多员工都来为老员工求情，有人说：“原谅他吧，只要他知错就好了。”有人说：“少数服从多数嘛！”

厂长理直气壮地说："厂里的规章制度通过了大家的认可才出台的，既然有了制度，就要按制度办事，绝不能徇私情。"结果，那名老员工受到了制度的严惩，虽然当时厂长有点被孤立的感觉，但是时间一长，大家都理解他的做法，而此后厂里的盗窃案也少了很多。

在这件事中，如果厂长不顾厂里制度，顺从了大多数人的意见，不处理或从轻处罚那名偷窃的员工，不仅厂里的偷盗之风得不到遏制，厂规厂纪也会变成一纸空文。届时，厂里一片混乱，厂长的威信扫地，那才是真正的孤立。由此可见，制度出台之后，就要严格执行，绝不能找借口，公然违背制度的规定。只有按制度办事，才能维护制度的威信，才能遏制不正之风，维护企业的利益。

一流的企业用制度管人，二流末流的企业用人管人。看看国内外著名的企业，它们几乎高度一致地认同用制度管人。比如，日本东芝公司规定，女工严禁擦粉，男工必须刮净胡子，操作时绝对禁止说话、咳嗽、打喷嚏，以防空气振动，扬起尘埃。美国格利森齿轮机床厂规定，只要进入车间，不论是路过还是干活，必须佩带安全帽，穿硬底皮鞋。谁不遵守安全制度，谁就会受到严厉的处罚。

2. 你不讲制度，别人就跟你讲条件

国有国法，家有家规。任何一个企业都应该有自己的一套规矩，而这一套规矩，就是公平合理的企业制度。如果你不讲制度，不用制度管人，而是用人情管人，那么员工就很可能跟你讲条件，这样你就很难服众了。

蔡先生是北京一家公司的老板，小兰是他的助理。小兰是山西

贫困山区的苦孩子，当初聘用她时，就是考虑到她的家庭实际情况（父亲早逝，母亲下岗，还有一个弟弟要上学），加上她能吃苦耐劳，蔡先生在她进入公司时直接按照正式员工的工资给她。当时公司其他的几位管理者认为蔡先生这是妇人之仁，太过于讲人情，而没有按公司的制度办事，这样不利于管理公司。可是蔡先生不以为然，两个月后，果然出了问题。

因为蔡先生提前给小兰转正，让她享受了正式员工的待遇，所以，两个月后，她的工资没有继续涨。可是小兰不满意，她说了很多理由，说她一个人干了好几个人的工作，特别辛苦。蔡先生只好对她表示理解，但是这个岗位只有这样的薪资水平，蔡先生没法给她加。否则，会引起大家的不满。考虑再三，他对小兰说："这样吧，我把你个人出的保险费报销了，相当于每个月给你涨了 200 元工资，你觉得怎么样？你要想涨工资，也只能等半年以后了，毕竟你的资历太浅。"小兰答应了。

随后的一个月，小兰在工作中频繁出错。蔡先生听说她的母亲要来北京，以为她是受家庭琐事干扰，所以没太在意。当时公司的生意正转入旺季，急需人手，其他事情也特别多。在这个节骨眼上，小兰又找到蔡先生，要求涨工资。小兰似乎觉得自己不可替代，觉得自己的价值没被发现，要求公司每个月给他涨 500 元工资。这让蔡先生非常恼火。

后来蔡先生和财务经理、销售经理、物流经理商量，他们都觉得公司给员工的待遇应按照公司的薪资制度、奖励制度来定，而不应该任凭员工讲条件。最后，蔡先生辞掉了小兰。

蔡先生作为一家公司的老板，在员工的工资问题上不遵照公司的薪资制度来定，而是和员工讲人情。没想到，他对员工的照顾却没有换来员工的理解，员工屡次和他谈条件，要求涨工资。这真可谓是"好心被当成了驴肝肺"。这个案例告诉我们，你不和员工讲制度，员工就会跟你讲条件。

其实，中国人最爱讲人情，尤其是在员工犯错的时候，老板很喜欢说“下不为例”。可是，有了下不为例，就会有第二次，第三次。老板一定要认识到：在制度合理的前提下，如果你法外开恩，那么就会为制度的推行埋下地雷。

古语说：“没有规矩，不成方圆。”这句话充分说明了制度、秩序、规则的重要性。如果企业缺乏明确的规章制度，那么工作中就很容易出现问题。如果企业有制度，但是却不按制度执行，制度就会成为一纸空文，对员工根本无法产生约束力。

一般来说，有制度却不严格执行，而是制度之外开恩，会造成诸多不良的后果。比如，造成员工职责不清。很多企业都有制度，但是却不按制度执行，这就很容易造成某项工作好像谁都在负责，但实际上谁都没有真正负责。于是，两个部门对一项工作纠缠不休，相互扯皮，使原本有序的工作变成无序，造成了极大的浪费。

为了避免员工和你谈条件，你一定要把公司的规章制度严格推行下去，让每个员工按照制度去行事，避免造成管理的无序，对员工的积极性造成消极的影响。

一个人的智慧、水平是有限的，而且很多人对别人的能力往往又不太认同，都认为自己聪明能干，所以不太容易服从别人。因此，如果单纯的“人管人”、“人治人”，就很容易产生这样那样的弊端。下面我们具体来看一下。

“人治”带有明显的随意性、主观性，缺乏科学性，员工很难适应；“人治”有很强的专制色彩，缺乏公平性、民主性，很容易导致决策失误，也容易造成管理者和员工的关系紧张；“人治”是以人为主的，很容易出现“一朝天子一朝臣”的现象，员工很可能会巴结管理者，不利于“人和”；“人治”往往难过人情关，因为人与人之间，有亲疏远近的关系，一旦发生“奖亲罚疏，任人唯亲”的事情，管理者就会失去威信，团队也会失去凝聚力。

所以，建立企业制度，凡事以制度为准，才是最靠谱的。看看战场上，军纪严明，众志成城的军队，总能打败纪律涣散的乌合之众。同样的道理，企业也需要严格的管理制度，有了合理的制度，员工的工作效率才有保障，企业的长远发展才有保障。

3. 明确告诉员工制度的前因后果，让他明白该怎么做

在企业管理中，有一个常见的问题：企业制定了某项制度，员工却不乐意执行或执行不力。管理者感到不解，认为员工公然违反制度，是挑衅制度的威严，于是严厉地处罚员工。按理来说，员工不遵守制度，受到处罚是应该的，但是在没有搞清楚员工为何不遵守制度的情况下，贸然地处理员工，未免显得操之过急。因为有这样三种情况，是管理者不得不考虑的：

第一种情况：制度的出台没有走民主路线，员工觉得管理者忽视了他们的意见，没有得到应有的尊重，于是员工故意不遵守制度，以示不满。

第二种情况：员工不理解制度的意图何在，不明白为什么要制定这样的制度，到底出于什么考虑。这种不理解导致员工对管理者产生不满，他们认为管理者想当然地制定制度，缺乏必要的商量，于是故意不遵守制度，以示不满。

第三种情况：制度规范不明确，让员工感到茫然。员工误解了

制度，导致执行不到位。

对于这三种可能的情况，我们不妨借用一个案例来说明，相信看完这个案例，你就非常清楚了。

有一家公司的行政主管在某一天出台了一个规定：按照座位的顺序，大家轮流打扫公司的卫生，每个人值日一周，每周一、三、五这三天打扫卫生。然而，行政主管嘴上却说：女生可以不用打扫卫生。但奇怪的是，在公告栏的值日表上，女生们的名字清楚地写在上面。

行政主管为什么规定女生不用打扫卫生呢？男同事们不得而知，大家私底下犯嘀咕：难道行政主管有意偏袒女同事？若真是这样，那就不公平了。女同事相对于男同事虽然弱势了一点，但不至于弱势到不用打扫卫生。

这项制度出台之后，执行情况并不好，时常有同事“不值日”。当然，并非他们故意不值日，而是因为行政主管言行不一致，让大家感觉规则混乱了。他嘴上说女同事可以不值日，为什么又在公告栏的值日表中把女生排上呢？大家在轮流值日时，到底该跳过女生，还是应该把女生算进去呢？

一个很简单的事情，因为一个糟糕的制度规定，导致事情变得复杂，导致公司卫生状况没有保障。由此可见，糟糕的制度会让员工变糟糕，让大家的执行力变得糟糕。试问，如何才能避免案例中的问题呢？其实，最简单的做法是，在出台制度之前，明确地告诉员工制定这项制度的原因和动机，让员工明白该怎么去遵守。

回归到上面的案例，如果行政主管在出台制度之前，和大家进行简单的商议，向大家说明情况：之所以提议女生不值日，是因为值日的工程量“浩大”，女生体力有限，应付不过来。因此，出于照顾女生的考虑，不让她们值日。然后询问大家对此是否有异议，如果大家没有异议，那么在值日表中，就不应该将女同事排进去，以免男同事产生误解，认为女生应该按值日表上的规定去轮换值日。

如果大家有异议，要鼓励大家说出来，然后在民主协商的前提下修改这个制度，比如，为了公平起见，可以让两个女同事合为一个值日小组，和男同事进入轮换，这样很好地兼顾了公平原则与照顾女同事的原则。

当行政主管做到这些时，可以说，他已经做得足够好了。这样既能让大家感受到尊重，又能让大家明白制度的前因后果，便于更好地执行到位。

在出台制度时，征询员工的意见是非常有必要的。因为规章制度的出台，只有经过了民主程序的肯定，顺应民意，才能持久，才能有公信力。如果只是由几个管理者或董事会的成员制定实施，那么，一方面可能制度考虑不周，另一方面可能得不到广大员工的支持。

某家电器制造厂的几位管理者经过简单的商议之后，出台了一项规定：如果员工延迟交货，他所在的车间一律要交付违约金。然而，员工延迟交货多半事出有因，比如，生产过程中遇到了不可抗拒的天灾、人祸或车间设备出了故障等。结果，这项规定有名无实，原本应该及时修改，但管理者出于面子的考虑，认为刚制定的规定，如果马上推翻、修改，无异于打自己的脸，下属肯定会笑话，于是，这项规定就变成了一纸空文，没有任何实际意义。

这个案例中的制度问题，就是因为管理者在出台规定时，没有征求民意。如果征求了民意，相信不会出现这种情况，因为员工们最清楚延迟交货的常见原因。这再一次告诉管理者们：出台规定时多和员工商议，明确告知员工前因后果，对提高制度的执行力，让制度发挥应有的作用是非常有必要的。

4. 制度的设置应兼顾公平和效率

在某工厂的生产车间门口，门卫提醒前来视察的领导戴上安全帽，但是却被领导恶狠狠地瞪了一眼：“懂不懂规矩，没看到领导来视察吗?”门卫无奈地赔笑道：“对不起，对不起!”某公司会议室的墙壁上有一个醒目的标语：进入会议室请关手机。但是有些领导者却没有这么做，开会时经常有短信或电话铃声响起，有些领导者还公然在会议上接听电话、回复短信，对墙上的标语视若无睹。

从这两件小事中，我们看到了一些领导者的特权思想，他们把自己凌驾于制度之上，在用制度管人的同时，自己却不遵守制度，当了员工的反面教材。如此一来，制度就缺失了公平性，员工感受不到公平感，工作积极性就会受到影响，工作效率也会降低。因此，优秀的管理者都懂得维护制度的公平性，以保护员工的工作效率。

维护制度的公平性首先要从管理者自身做起，自觉地遵守制度的规定，在这一点上列宁为我们做出了榜样。俄国十月革命后不久，列宁参加苏维埃会议。当卫兵要求他出示证件时，他才意识到忘了带证件，结果被卫兵挡在了门外。后来，有人向卫兵说情，说那是列宁，但卫兵依然坚持按制度办事。列宁不但没有批评卫兵，反而特意表扬他。

IBM 公司有一条重要的管理理念，那就是人人平等。公司的总裁汤姆·沃森表示，企业的最高管理者经常犯一个错误，他们对自己和员工采取双重标准，他们在违反公司的规定之后，往往会受到宽待，甚至不会受到任何惩罚。但是当员工违反了公司规定时，他们则会按照规定惩处员工。汤姆·沃森说："这种做法会造成很坏的影响，你应该毫不留情地把这类管理人员开除。只有在制度面前，人人平等，公司的利润才能实现最大化。"这就是IBM成功的重要因素之一。

IBM创立于1911年，目前拥有职工30多万人，其业务遍布全世界160多个国家和地区，是世界上最大的信息工业公司。其创始人老沃森出身贫寒，在奋斗的过程中，深感不平等给人心理带来的创伤，给人事业上造成的障碍。因此，在创办了IBM之后，他将人人平等的理念融入到管理中来，坚持在制度面前人人平等的管理原则，让每个员工都感受到平等和尊重，使他们有机会展现自己的才华。

在IBM，管理者与普通员工是平等的，那里没有单独的经理餐厅，没有管理者特有的俱乐部、高尔夫球场，也没有专供经理人使用的卫生间、停车场。这些都反映了一种追求平等的企业文化。

在IBM，每个职工都有平等的机会展示自己，无论你是谁，都必须从基层做起。当你做出成绩，当你证明自己有能力胜任某个更高的职位时，你就会得到晋升的机会。这一点，在小汤姆·沃森身上也没有例外，尽管他是老沃森的儿子，但是进入公司后，他和普通的员工一样，必须先接受公司的销售培训，然后进入基层工作。培训结束后，担任一名普通的销售代表，负责曼哈顿的销售业务。

在IBM，还有一项规定：不得歧视有色民族或少数民族。在美国，很少有公司出台这样的规定，IBM能做到这一点实属不易。曾经有两个年轻聪明的犹太人来IBM求职，结果被拒之门外。两位年轻人认为自己受到了歧视，才失去了进入IBM的机会。于是他们写信给老沃森。

老沃森十分重视这件事，立即派人调查事情的来龙去脉，结果证实公司的招聘人员确实对犹太年轻人有种族歧视。老沃森非常恼火，他将所有的招聘人员召集起来，把两位年轻犹太人的来信读给他们听，最后严肃处理了公司的招聘人员。从此以后，IBM 再也没有发生这类歧视事件。

IBM 还规定，每个员工都可以对公司的管理问题、对自己所受到的不公正的待遇向管理高层提出意见和申诉。有一次，IBM 的一家分公司的员工被开除了，他写信给老沃森，说他干活多，拿的工资却很少。老沃森经过调查，发现情况属实，结果严肃地处理了这家分公司的管理者，最后留下了那名员工，还给他增加了工资。

IBM 的制度文化告诉我们，制度不只是针对普通员工的，而是针对公司所有人员的，这里面包括了所有管理人员以及公司的老板。在制度面前，每个人不论职位高低、对公司的功劳大小，大家都一律平等。公司有公平和正义，公司的工作氛围才会和谐，员工的积极性才能得到保护和激发。当大家意识到只要努力工作，就能得到公司的回报时，他们自然会加倍努力地去工作。

5. 制度朝令夕改，员工就会找不着北

在企业管理中，有一种管理者经常令员工们苦不堪言。他们出台规定，朝令夕改，今天这样规定，明天那样调整，整来整去，整得员工不知所云。结果，员工怎么做也不符合他们的要求，员工感到非常受打击。

有个年轻人在一家公司担任经理助理一职，但是他工作得很不开心。理由是，他很怕见到老板，不知道怎么工作是对的。他说，老板经常不停地改变想法出台规章制度，让他无所适从。老板经常说的话是“你这样做不行”“你把那个通知追回来”“准备修改一下

原来的方案”等等。

还有一家规模不小的公司，在管理上也出现了朝令夕改的问题。公司一切都看老板娘的心情，老板娘今天开心，出台一项福利制度；可是明天却予以否认，或说忘记了，或说昨天出台的制度没有细想，还要具体思考一下。然而，当你没有按照制度执行时，她却突然间想起某项制度，大声质问你的不对。

曾经有一次，公司要出台员工绩效考核制度，但是这项制度前前后后改了五六次，到最后还是没有确定。或许是因为这些原因，公司的员工频繁流动，今天可以招来30名员工，一个星期后，可以炒掉29名员工。

管理者在出台制度、下达命令时朝令夕改，会让员工摸不着头脑，无法应对工作，整天忙着收拾残局。在这样的企业员工不可能快乐，因为他们工作起来没有积极性，没有成就感。这样的企业也是没有希望的，因为它缺乏向心力和凝聚力，管理者彻底失去了员工的信任。所以，企业管理者要认识到朝令夕改的危害性，改变这种不良的管理习惯。

一般来说，企业制度朝令夕改，会产生以下几种危害：

（1）动摇制度的稳定性和延续性

好的制度要起作用，有一个前提是：具有稳定性和延续性。一旦制度失去了稳定性，决策的时候就会存在诸多不确定性，让员工感到无所适从，也会使投资商产生不信任，从而影响企业的发展。

（2）损害管理者的威信和影响力

管理者在制度上朝令夕改，会使员工对制度产生困惑，难以准确地理解和把握制度，从而导致执行中出现偏差，无法执行到位，甚至会起反作用。

（3）浪费管理者的时间和精力

反复调整、修改制度，会极大地浪费管理者的时间和精力，在增加管理成本的同时，又无法提升管理绩效，这是一种极大的浪费。

当然，管理者出台制度时朝令夕改是有原因的，一般来说主要有以下几种原因：

（1）感觉制度不合法。比如，感觉公司的制度内容与法律相悖，制度制定的程序不合法，比如，在制定制度时，没有征询员工的意见，没有体现出民意。等到事后才意识到这些问题，于是推翻了原来的制度细节，重新修改制度内容。

（2）制度操作难度太大，可行性太差。有些企业在制定规章制度之前，没有对实际工作进行调查，没有充分考虑生产、销售、售后等各个环节的实际情况，于是闭门造车，或生搬硬套别人的制度，结果制度出台后，发现水土不服，缺少可操作性。这样也会导致朝令夕改。

（3）制度没有系统性和连贯性。企业规章制度是一项较为复杂的系统，但不少企业管理者在制定制度时，却抱着“走一步算一步”的态度，不注重制度的前后联系，导致前一项制度与后一项制度缺少连贯性，甚至割裂开来、相互拆台，这也是造成制度朝令夕改的原因。

除了以上三个原因之外，管理者出台制度朝令夕改最大的一个原因是，他们本人性格犹豫不定、遇事反复无常，或做事不慎重等等。那么，怎样才能避免出台制度朝令夕改呢？管理者可以从以下几个方面去努力：

（1）制定制度要慎重一些，注重前瞻性和大局观

在制定制度时，管理者要考虑到客观情况的变化，要前瞻性、全局性地看待实际情况。尽可能制定多种制度方案，慎重地从中选出最佳的一个方案，以保证制度经得起客观实际的考验，即使遇到一些突发性事件，也不至于大幅度地调整制度。

（2）制定制度要结合实际，注重具体性和可行性

制定制度是为了真正能够解决实际问题，如果制度对解决实际问题没有任何帮助，比如制度空洞无物、过于抽象，让人无所适从，

或者制度要求过于严格、目标太高，让人无法达到等，这样的制度都是没有意义的制度。因此，在制定制度时，要从实际出发，结合企业的具体目标，站在全局的高度，把握制度的具体性和可行性。

（3）制定制度要征询员工意见，体现民主性和人性化

有些企业花了很长时间制定了详细的制度，但就是执行不下去。为什么呢？这与制度缺乏民主性和人性化有很大的关系。要知道，如果只有生硬的制度，却没有体现出人性化，员工没有明确制度出台的动机和细则，往往会产生排斥和不认同的心理。因此，在制定制度前期，应多与员工交流，听取员工的意见，并在制度中附上明确的考核体系和奖惩标准，这样的制度才会产生约束力和激励性，才容易被员工有效地贯彻执行。

6. 奖要奖得心花怒放，罚要罚得胆战心惊

一个科学合理的管理制度，如何能够有效地执行呢？那就是在企业管理中，奖要奖得员工心花怒放，罚要罚得员工胆战心惊。具体而言，那就是制定诱人的奖励制度和令人望而却步的惩罚措施，并坚决地执行。在这一点上，商鞅变法给我们现代企业管理树立了一个很好的榜样。

商鞅在变法之前，让人把一根长三丈的圆木放在集市的南门，然后当众宣布：谁能把它搬到北门去，就奖赏他10金。10金是什么概念呢？在当时，如果你家有10金，你绝对称得上是个富有之人。

如此简单的事情，奖金却那么丰厚，这让围观的群众感到很奇怪，没有人动手去搬。商鞅见状，又对大家说：“谁把这块木头搬到

北门，赏50金！”

全场群众大惊，这很自然会让人产生一种“赌一把”的心理，尽管多数人以为商鞅是在忽悠他们，但也有人认为，就算被耍了，也不过是白费点力气而已。于是，有个男子站了出来，他把圆木搬到了北门。在众人的期待中，男子果真得到了50金的奖赏。顿时，全场惊呼一片，商鞅趁机颁布了变法法令。

商鞅的这一举措很好地树立了当权者的威信，也昭示了商鞅变法的决心。

然而，商鞅变法是一场长期而艰苦的斗争，变法还未付诸实施，就遭到了以甘龙、杜挚为代表的旧势力的反对，双方发生了强烈的争辩。在变法的过程中，公子虔、公孙贾又教唆太子犯法，故意阻挠变法的推行。面对权贵的挑战，商鞅秉公执法，按制度严厉惩罚了公子虔和公孙贾，分别对他们实施了鼻刑和黥刑，大挫变法反对派，为变法扫除了障碍。

趋利避害是人之本性。老板如果能抓住人性，对员工好的表现给予重奖，对员工不好的表现予以重罚，那么重奖之下必有勇夫，重罚之下必然让员工心存敬畏，会大大减少员工的不良行为。通过这样的双重举措，可以很好地净化企业内的风气，营造积极向上的工作氛围。

北京有一家大型购物中心，为了提高营业额，出台了一项制度，决定重奖销售业绩好的员工。当时大家以为这不过是管理层的又一次“忽悠”，所以根本没有把这项制度当回事。然而，当某位员工因业绩出色而受到了嘉奖，获得了2万元奖金时，全体员工顿时惊呼起来，他们意识到了这项奖励制度的分量，从那以后，大家都很努力地工作，结果大家的工作积极性都被充分地调动了起来。

联想总裁柳传志认为，奖励机制是“好的运行机制”的核心。在这方面，联想做得比较好，他们对员工，尤其是骨干员工，都有很好的奖励方式。联想的薪金标准强调的是公平、公正和公开，不同类型的员工有不同的薪资制度。比如，研发人员、销售人员、人事管理人员、财务人员等等，各有各的薪资制度。其次，联想给员工的奖金非常丰厚，每个员工的奖金都与三个因素有关：一个是集团的效率，一个是本部门的效率，一个是个人的表现。根据这三者，来评定员工的奖金。

只有丰厚的奖励，却没有严格的惩罚是不行的。只有奖惩结合，才能充分调动员工的积极性。在联想的奖惩制度中，如果员工违反了这样几条：吃回扣、收红包、利用工作关系牟取私利，那么公司第一次会给予员工批评，第二次会扣罚员工的奖金，第三次会将员工退交人事部处理甚至开除。这些条条框框对很多公司来说，不过是一个形式，一个虚设的条文，但是在联想，谁触犯了这些“天条”，谁就逃脱不了严惩。

重奖就像一箩筐的糖果，放在员工的面前，让员工通过努力去追求。但是，并不是每个员工都稀罕这些糖果，有些人在重奖面前依然慢条斯理地对待工作，依然粗心大意，屡教不改，他们认为：反正我再怎么努力，也难以获得好的业绩，干脆“打酱油”得了。对待这些不思进取的员工，如果你总是对他们说采取劝说、鼓励、引导等措施，或许没有什么作用。因此，必要的时候，你应该动点真格的，给他们一点颜色看看，让他们意识到自己行为的消极性。

某公司的财务室被撬开了，里面的保险柜被打开，50 万现金不见了。这笔钱是公司两天后急需的购买原材料的款项，一时间，老板如热锅上的蚂蚁似的，不知道怎样找回丢失的现金。

然而，令人不解的是，财务室的这个保险柜是国内最先进的一种保险柜，柜子上有报警系统，还有电击功能和密码装置，而且密码系统是由电脑控制的。那么，这个保险柜是怎样被打开的呢？

原来管理保险柜的出纳员是个马大哈，虽然财务室有一整套规章制度，但是他总是视而不见。在他看来，保险柜确实不错，但使用起来很麻烦。由于他怕电击，所以不敢接电源；由于他怕忘记密码，所以把密码设成简单的123456；由于他怕丢钥匙，所以，索性把钥匙放在办公桌的抽屉里。结果，盗贼从他的抽屉里拿出钥匙，按照说明书，轻松地打开了保险柜，拿走了里面的50万元现金。

失窃后，公司报警了，虽然警方很快就抓获了盗贼，但是那50万元钱已经被盗贼挥霍一空。该公司一时间凑不齐购买原材料的款项，被迫停产，并因无法按时交付订单而违约，不但失去了商机，还因违约而支付了违约金。

事实上，公司多次批评过出纳员马虎粗心的行为表现，但是出纳员完全当成耳旁风，根本没有放在心里。而公司也没有重罚出纳员，没有让他意识到自己的责任重大。如果公司之前就对出纳员的不良工作习惯进行了严惩，或许他会引以为戒，就可能不会发生后来的失窃事件。

这个案例告诉老板们，对于员工不正确的工作态度和陋习，一定要早一点予以纠正。如果员工屡教不改，不妨制定严格的制度，给予员工一定的惩罚，让员工记住深刻的教训，从而有效地避免将来犯大错，给公司造成重大损失。

7. 制度治人，绝不容许破坏团队的“野狗”存在

路边有条高压线，旁边有一个警示语：高压危险，不准触摸。可是有人偏偏不信，非要上去摸一下，结果被高压电击中，当场毙命。对于这种人，我们除了心生一丝同情之外，剩下的就是觉得他活该。企业规章制度就像“高压线”，虽然它没有高压电那么可怕，

一碰就毙命，但它应该发挥“高压线”的威慑力，让人不敢触碰，这样的制度才有威信。

然而，有些企业在制度落实上缺乏刚性措施，出现了“处处高压线，常常不带电”的怪现象。这在很大程度上是由于“好人主义”泛滥，导致在处理违反制度的人和事时心慈手软，往往是高高扬起板子，然后轻轻落下，不痛不痒，使制度无法成为带电的高压线。

当制度的高压线没了电时，制度就变成了“稻草人”，彻底失去了权威性和指引力，而那些不遵守规章制度的“野狗”就会肆意妄为、横行出没。管理者若不治一治这些“野狗”，企业将永无宁日，企业长远发展也会沦为一种空谈。

在国内彩电行业，康佳彩电知名度颇高。康佳公司有一条规定：在工作场合不准吸烟！然而，这个看似简单的事情，并非每个员工都做得到。公司里有一个20多岁的年轻技术员，非常受公司领导的器重。由于他的能力出众，进入公司不久便晋升为一个车间的副主任。在走向领导岗位之后，他工作更加积极，表现更加优秀。

可是，他有一个不好的习惯——抽烟，而且烟瘾极重。由于公司明文规定不准在工作场合吸烟，因此，他只好每天上班之前猛吸几口烟，到了中午吃完饭，再猛吸几口烟，然后强忍着烟瘾熬到下班。

一天，年轻人发现楼梯的拐角处比较隐蔽，他个人觉得这个地方不能算是工作场合。于是，他抱着侥幸的心理，在上班的间隙来这个地方抽烟。非常不幸的事情发生了，正当他享受吞云吐雾的快感时，公司的副总经理恰好路过此处。

虽然当时副总经理没有过多地批评他，但是公司的人力资源部很快就做出了处理决定：第一，免除车间副主任的职务；第二，罚款；第三，全厂通报批评。

这事件被公之于众后，在康佳公司的整个生产车间引起了巨大的反响。很多员工认为公司的管理方式太苛刻，惩罚力度太大。但是自从这件事之后，再也没有人在工作场合吸烟了。

也许那位年轻的车间副主任觉得自己非常冤，心想：不就是违反了公司的规章制度吗？我下次改了不就得了吗？给个口头警告就可以了，或者让我私下写个检讨书，再不然罚我一两百块钱，至于撤我的职、全厂通报批评，让我难堪吗？

然而，如果每个员工违反规章制度后都这么想，公司管理者都这般从轻发落，公司的制度恐怕就无法产生万伏高压，无法震慑全体员工。要知道，公司越大，管理起来的难度也越大，如果每个人都在犯错之后要求领导者对他法外开恩，信誓旦旦地说："我下不为例……"那么，公司的制度经得起几次这样的糟蹋？

对于违反公司规章制度的现象，管理者如果不制定严格的处罚措施，不下几剂"猛药"，单纯地依赖口头批评教育、警告、记过、降级等软绵无力的手段去处理，很难让员工发自内心地意识到自己的错误，也无法对其他员工产生震慑力。

再说了，有些员工脸皮比较厚，你对他们进行批评教育、警告或记过等，他们根本不往心里去。因此，早一天做出严厉的处罚是很有必要的。从这个角度来说，康佳公司的管理层对吸烟的那位员工的处罚看似严酷，实际上是非常明智的。因为通过这样一件事，就很好地遏制了有规不遵、有章不循的现象。由此可见，让一些人被"电一电"并不是坏事，至少可以消除制度的"隐患死角"。

第十一章 Di Shi Yi Zhang

合理授权：让有能力者成为你的左膀右臂

有一句话说得很好："紧攥着拳头里面什么也没有，张开双手你才能拥有全世界。"把这句话用到企业管理者授权上，再恰当不过了。当一个管理者紧攥着权力不肯放手时，他不是权力的拥有者，而是权力的奴隶。只有当他把权力授予下属，让下属有空间释放自己的能力时，管理者才是真正的权力拥有者。要知道，权力不是用来控制人的，而是用来激励人做事的，所以，学会授权才是管理者最应该做的事情。

1. 管理者不能事必躬亲，必须要有所为，有所不为

在很多企业中，尤其是中小企业，由于刚刚起步，为了节约用人成本，很多事情领导者都会亲自去做，一人多能，一人多职的现象十分常见。随着公司慢慢发展壮大，有些事情不需要他们去做了，但是他们已经养成了事必躬亲的习惯，觉得谁做事都不放心。结果，因为需要做的事情太多了，领导者往往迷失在繁杂的事务里，效率低下。

其实，真正做大事者应该“有所为，有所不为”。面对企业管理众多繁杂的事务，应该清醒地认识到：哪些该“为”，哪些该“不为”。对于那些应该自己做的事情，努力去做好，对于那些不应该自己做的事情，授权给他人去做。这样，领导者才能真正从繁杂的管理中解放出来。

在中国历史上，有个“丙吉问牛”的故事，大意是这样的：

西汉时期，有个名叫丙吉的宰相去吴国巡视，在路上，他遇见一群乡民打架，有个乡民被打死了。对此，他竟然不予理睬，催促随从快点赶路。

走到不远处，丙吉看见一头牛在路边不停地大口喘气，于是立即叫人停下来，向当地百姓调查这头牛为何会大口喘气。

丙吉的举动让随从们十分不解，于是随从问丙吉：“为什么人命关天的大事你不去理会，却如此关心一头牛的性命呢？”

丙吉说："路上打架杀人之事自有地方官吏去管，如果我去过问，就是越俎代庖；而在温度不高的天气，牛大口喘气可能是瘟疫的前兆，这关系到民生疾苦，这些问题地方官员一般不会注意，我作为宰相，肯定要调查清楚。"

"丙吉问牛"的故事启示我们：身为管理者，一定要明确自己的角色定位。不是什么事情都必须管，你要做的就是管好该管的事情。至于那些不该你管的事情，尽量放权让员工去管。故事中，丙吉不去过问路人打架杀人事件并非这件事不重要，而是因为这件事已被授权给地方官处理，因此，如果他去管，就有干预下属工作、越权之嫌，同时也为自己增添了额外的麻烦。

领导者要"有所为，有所不为"，这句话说起来容易，做起来却很难。因为不论"为"还是"不为"，始终都是围绕着利益和权力在打转，关键看领导者能否跳出利益与权力这个层面，以更高远的眼光、更宽广的胸怀、更深邃的思想来面对工作中的问题。哪些事情要"有所为"，哪些事情要"有所不为"，说到底，这其实是一个集权与分权的关系问题。

优秀的领导者往往把主要的精力放在"做决策"和"用人"上，他们认为做好了这两项工作，就能全盘性地把握大局，至于那些具体性的事务，他们不会牵扯太多的精力，而是大胆地交给下属去办。在"有为"与"无为"中把领导与下属拧成一股绳，实现最大合力。

有一位企业家管理方式很简单，他只过问三件事：财务状况、产品质量、市场反馈。他认为这三件事关系到企业的命脉，把关好这三方面的事务，公司就能稳步地发展下去。也正是因为他敢于放手那些小事，他才有时间悠闲地旅游和打球。

这位企业家的做法是高明的，他没有被纷繁的企业管理事务和市场乱象所迷惑，而是抓住了经营的几个关键点，而后把更多的时间放在关乎企业生死存亡的大事上。这样他才能跳出企业这个庞杂的“局”，用乐观、冷静、理智的思维去思考企业的未来。

美国投资大师乔治·索罗斯就是这么做的，他对部下采取“放任”的态度，把公司的很多事情都交给员工去打理。他鼓励员工“先斩后奏”，经常对员工说：“很多事情你们自己拿主意就好，不用事前向我请示，如果每件事情都向我汇报会错失掉很多时机。”索罗斯为什么大胆放权给员工呢？其实，这与一件事情有很大关系。

有一次，索罗斯从国外出差回到办公室，还没坐下来，秘书就抱着一大沓文件过来让他签字。这些文件都是他出差的日子里积下来的，索罗斯翻看了文件之后，发现里面有几个文件还非常重要。索罗斯非常生气地质问道：“部门的经理都在忙什么，这些文件为什么不让他们签，你知道耽误的几天浪费掉多少机会吗？”

秘书一脸委屈地答道：“这都是你自己定下的制度，每份重要文件都必须交给你亲自过目。”

索罗斯听后，马上想起他曾经在一次会议上说过这句话，顿时觉得自己真是搬起石头砸自己的脚。于是他立即召开部门经理会议，向大家宣布了一个重要决定：“除非碰到你们没有办法解决的问题，否则不要耽误我打球的时间。”

从此，秘书再也没有抱着成堆的文件来找索罗斯签过字。

有时候，索罗斯会自我解嘲道：“这帮家伙都把我晾在一边，不再理我了。”正因为索罗斯懂得有所为，有所不为，懂得下放权力，他才能有更多的时间去思考公司战略层面上的问题。

当然，下放权力给员工并不意味着管理者对员工的工作进展不闻不问，任由员工“胡作非为”，而是让员工主动承担起属于自己的责任。管理者只有做到了这点，员工才能有机会获得成长，也才能让自己告别“穷忙”一族，更好地去思考和把握企业发展的大局。

2. 领导的任务不是替下属做事

孔子在《论语》中讲："在其位，谋其政；不在其位，不谋其政。"指的是不去做不该做的事，这样才有时间和精力去做该做的事。可是很多管理者不明白这个道理，他们以为做得多就等于效率高，自己"一肩挑"，把下属该做的事情也做了，就能赢得下属的敬佩。如果真是这样，要下属干什么？还不如让老板一个人干。

王强是某公司的企划部总监，每当他和朋友谈及近况时，他就会说："最近忙死了，公司有新品上市的企划，我要做产品定位、广告创意、软文写作、上市活动设计、物料制作等等一大堆的事儿，我还要巡视市场、拟定促销方案、媒体购买和执行促销活动……"

朋友们感到奇怪，就问："你是部门的领导，你手下还有一帮人呢？他们干什么去了？怎么都由你来干呢？"

"他们？别提了，他们有他们的事做，况且这些事他们也做不了……"

事实真是这样吗？当然不是，现在我们就来看一看，当王强忙碌时，他的下属们都在做什么。

当王强坐在电脑前面苦思冥想几个小时，只为写一个企划案时，他的下属们已经浏览了很多网页，然后在互联网上看了一场长达两个小时的NBA直播；当王强为了制定一份新的市场管理制度，把头皮都抓破了时，他的下属们已经聊完了国内明星的花边新闻，开始将话题转移到科比的风流韵事上了；当王强为了一份印刷品、几样物料、一则报纸广告，多次往返于公司与印刷厂、广告公司、报社之间时，他的下属们正在办公室吹着空调，吃着零食，天南海北地神侃瞎聊。

为什么王强不将手头的工作分一部分给下属做呢？他完全可以安排下属做市场调研，安排下属负责软文写作，安排下属拟定促销方案。难道他担心下属做不好？如果他的下属连这些技术含量较低的工作都无法胜任，那当初公司又为什么经过层层筛选，将这些人招入他的部门呢？

请不要笑话王强，因为很多管理者和王强有类似的表现——上班比谁都早，下班比谁都晚，做的事比谁都多。整天忙得晕头转向，而他们的下属却闲得没事可做，只好通过上网、游戏、看新闻、聊天来打发时间。管理者为什么有那么多事情要做呢？因为很多原本不属于他们的事情，都被他包揽下来了。说得更明白一点，他们在做自己应该做的管理工作的同时，还在任劳任怨地替下属做事，“敬业”精神可见一斑。

可是你想过没有？公司给领导者招聘助手和下属，原本是想减轻领导者的工作压力，让他们从繁琐的事务中抽身出来。但是令人想不通的是，有些领导者偏偏不领情，偏要替下属做事，好像只有这样才能在下属面前显示自己的才能。那么，领导者到底为什么会替下属做事呢？细细分析一下，有这样几个原因：

（1）担心下属的能力太差，不信任下属

就像父母永远不放心孩子一样，有些领导者永远都不放心下属，他们对下属没有信心，害怕交给下属任务，下属无法胜任。因此，很多事情他们能做就替下属做了。可能你会问：“为什么他们不教一教下属呢？”因为他们会想：与其教下属去做事，不如我亲自动手，省得费时费力。

比尔·翁肯是美国著名的管理顾问，他曾提出过一个十分有趣的理论——背上的猴子。在这个理论中，“猴子”指的是每个员工应负的职责。管理者要做的就是给下属分配职责，组织他们完成自己的职责。可是很多管理者却把下属的“猴子”背到自己身上，亲自为下属承担职责，结果累坏了管理者，下属也没有得到锻炼和成长，继而他们失去主动性和独立性。管理者替下属背猴子的做法是不可取的，因为这样会打击下属的工作热情，最后导致有才能的下属流失，剩下一群懒散的庸才。

（2）担心下属的能力太强，害怕被比下去

有些管理者见下属能力比自己强，处处提防着下属，遇到有挑战性的工作时，他们会亲自攻克，生怕给了下属，被下属攻克下来之后，会让自己显得逊色。在工作中，他们抢着和那些比自己优秀的下属比拼能耐，为的就是表现得比下属强。这就很容易导致下属没有机会去做他们本该做的事情，因此，很容易打击下属的积极性。

（3）技术骨干成了管理者

这种情况在很多企业普遍存在，比如，某个销售员业绩突出，公司提拔他为销售经理。做了销售经理，意味着要管理整个销售团队，可是他并不是管理方面的人才，他只是优秀的执行者。因此，一旦公司有了销售任务，他就会一马当先，这也会出现“替下属做事”的现象。

管理者并不同于普通员工，管理者通常是战略任务的制定者、任务的下达者、工作进展的监督者，而不是具体事务的执行者，因为普通员工才是最坚实有力的执行者。如果管理者“闲”不住，把原本应该由员工做的事情做了，那他并不是一个值得称颂的领导者。相反，他是一个拙劣的领导者，因为领导者的任务不是替下属做事，而是让下属服从自己的命令，替整个团队和公司做事。所以，领导者一定要明确自己的职责，千万不要越俎代庖。

徐先生是做设计出身的，后来他开了一家装饰公司。曾经有一段时间，他每天白天出门见客户，晚上在办公室给客户画装修的图纸。累了就趴在办公桌上睡觉，饿了就吃点饼干或泡一袋方便面。后来，他招来几个专门从事设计的员工，但是他忙碌的状况并没有得到改善。

上班的时候，徐先生和往常一样拼命地工作，下班后他和往常一样拼命地加班。但是他的员工上班却偷偷地聊QQ，玩“反恐”、“魔兽”等网络游戏，下班了，他们一个比一个跑得快。为什么会这样呢？因为活儿都被徐老板抢去做了。

有一天，徐先生终于发现了自己的问题，他痛下决心，将以前不放心交给员工的工作交给员工，把主要的精力用在市场开拓上。再后来，徐先生轻松了很多，与员工的感情也融洽很多，公司的业绩稳步攀升。

作为一个管理者，你再也不能事无巨细地操心、担心和不放心了，你应该大胆地把工作交给员工，让他们承担应有的责任，让他们忙碌起来，这样他们的能力才能得到提升，他们才能为公司的发展贡献自己的力量。只有这样，他们的存在才是有价值的。

3. 权力下放，给下属以施展的空间

在企业中，领导者不可能事事亲力亲为，毕竟一个人的时间、精力、知识和能力是有限的。如果领导者想让工作更加富有成效，就要善于下放权力，给下属施展才华的空间，激发出员工无限的潜力。

沃尔玛创始人山姆·沃尔顿曾经说过：“一名优秀的经理，最重要的一点就是懂得授权和放权。”他认为在管理中，领导者必须分清哪些是战略性的工作，哪些是战术性的工作，哪些工作应该自己做，哪些工作应该让下属去完成。这样才能满足员工自我成长、获得成

就的心理需求，同时为企业的发展增添动力。

有一位著名的企业家在演讲时，被众人问到有关事业成功的秘诀。企业家没有直接回答，只见他拿起一支粉笔，在黑板上画了一个留有缺口的圈。然后他指着这个圈问大家："请问这是什么？"

有人说是"零"，有人说是"圆"，有人说是"圈"，有人说是"未完成的事业"，听众们七嘴八舌，众说纷纭。

企业家没有评判大家的答案，他说："其实，这是一个未画完的句号。你们问我成功的秘诀是什么，其实很简单，我不会把事情做圆满，就像画一个句号，我肯定会留一个缺口，让我的下属去填满，以保证下属有施展能力的空间。"

不把事情做满，而是留下一个缺口，让下属去完成任务。这样至少有两点好处：第一，权力下放给下属，下属有了展现个人能力的机会；第二，在下属的付出下事情圆满完成，他们会收获一种成就感。如果这个时候领导者足够有智慧，抓住机会表扬下属，把功劳归于下属，对下属无疑是一种很好的激励。

如果领导者总是把事情做满、做好，把什么事情都包揽了，这样的领导者充其量是一个将才，而非帅才。那些懂得将权力下放给员工，自己稳当坐镇、运筹帷幄、指点江山的领导者，才是真正的帅才，才是杰出的领导。这样的领导者才能引爆员工的无限潜能，带企业实现飞跃性的发展。

詹森维尔公司创立于1985年，是一家典型的美国式家族企业，创业之初资金有限，规模很小，但是发展速度却相当惊人。那么，詹森维尔公司发展的秘诀是什么呢？其实，就在于公司实行了权力下放的政策。

举个例子，通常来说公司的财务预算都由财务主管、财务人员来制定，但是詹森维尔公司却把制订预算的任务交给现场的工作人员。由于现场工作人员对实际情况更为了解，因此，他们的预算计划最切合实际。而且一段时间后，现场的工作人员学会了预算，财务人员只负责把关就行了。这样既大大提高了财务人员的工作效率，又充分调动了现场员工的工作热情。就这样，在自行制订的预算指导下，当生产线上需要增添新设备时，他们会写一份报告并附上一份自己完成的现金流的分析文件，向财务主管证明添置设备的必要性和可行性。

自从实行权力下放以来，詹森维尔公司的经营形势一片大好，公司每年的销售额都保持15%的增长速度。这远远超出了公司创始人创办公司时的预期，后来公司的创始人塞塔尔深有体会地说："如果不是权力下放，公司不会有今天的成绩。一把抓的控制方式是一种错误做法，最好的控制来自人们的自制。"

领导者唯有授权，才能让自己和团队获得提升。当你意识到下属有能力完成某项工作时，就应该赋予他们充分的自由和权力，而不是牵制他们的行动。这样才能充分调动他们的积极性、主动性及创造性，下属也才有机会大展身手，而不会因空间狭小、领导的不支持不信任而束手束脚。

事实上，下放权力可以使员工从被动的执行者变成具有判断、创新能力的人才，这样可以激发他们的潜能，使他们发挥高效的执行力。所以说，下放权力不仅是权力的赋予，也是让员工不断学习和成长的必要途径。再者，下放权力可以表达对下属的信任，可以使下属感到领导对他们的尊重和重视，有助于建立相互信赖的上下级关系。

有一年，李嘉诚去汕头大学出席学校的董事会，汽车行驶在途中他突然接到公司一位经理的电话，说有一笔10亿的生意等着李嘉诚签字。李嘉诚说："我不签字，你自己看着办吧，能做就做，不能做就算了。"说完就把电话挂断了。

这个经理当时愣住了，他以为听错了，于是再次打电话给李嘉诚确认，这才得知原来没有听错。李嘉诚这种充分下放权力的做法，让员工感受到无比的信任，他们对李嘉诚十分敬佩。因此，员工们一个个干劲十足，充分施展自己的能力为企业谋发展。

管理界的权威人物史蒂芬·柯维说过这样一句话：“有效授权，也许是唯一且最有力的杠杆作用行为。”李嘉诚对这句话十分推崇，他认为这句话道出了管理的精髓，并将其奉为管理的宝典。在几十年的经商生涯中，正是因为李嘉诚懂得下放权力，给属下发挥的空间，激发他们的斗志和激情，他才能将庞大的企业集团管理得井然有序，他才能把更多的时间花在思考企业发展方向上。

美国环美家具跨国集团的总裁莫若愚老先生也是如此，他在近40年来的经商生涯中，没有亲手签过一张支票，因为他推崇充分授权。他曾经幽默地说：“具体的事情，如果我做错了，连骂都没得骂，而让别人去做，我还可以保持骂的权力。”由此可见，下放权力是领导者管理好企业、激发员工潜能力、推动企业发展的不二法门。

4. 把握原则，让交办的工作有章可循

在管理中，有一种情况十分常见：你把下属找来，交给他一项任务。交代之后，你忙其他的事情。接到任务之后，下属认为你交代的工作不那么着急，于是把你的工作放在一边，忙他手头着急的工作。一个星期过去了，你突然想到交代给下属的事情，于是问下属要结果，但下属却说：“我还没做好呢！”你火冒三丈，批评下属做事没效率，下属委屈地说：“你又没说多久完成任务？我怎么知道你什么时候要结果？”顿时你哑口无言……

你碰到过类似的事情吗？在交办工作时，你会对下属说什么呢？为什么有些领导者交办工作给下属，下属三五分钟就能完成，而有

些领导者交办工作给下属，下属拖一个星期甚至半个月？其实，交办工作是有学问的、需要讲原则的。

一般来说，交办工作需要注意以下几个原则：

（1）具体原则

所谓具体原则，是指你在交办工作给下属时，要清楚地告诉下属：具体要做什么事情。千万不要泛泛地交代，让下属摸不着头脑，不知道你想让他做什么。

具体原则还包括，这项工作多久完成，达到怎样的效果。很多领导者只是把工作交给下属，却不说明具体什么时间完成，导致下属认为：领导交办的这件事不着急，我先放一放。这样一来，下属就可能拖着不执行，等你需要结果时，得到的却是失望。要想改变这种状况，你要做的就是，向下属讲明时间："这件事交给你去办，明天上班之前给我结果。"这样一来，下属还敢拖着不执行吗？

（2）适当原则

所谓适当原则，指的是交办给下属的工作量、工作难度要适当，工作量太小、难度太小，无法激发下属的积极性，不利于下属尽职尽责地完成；工作量太大、难度太小，超出了下属胜任的范围，下属就无法取得令你满意的结果。因此，在交办工作时，你要考虑到下属的工作能力、忙碌程度等因素，交办给下属适当的工作任务。

（3）信任原则

在交办工作时，对下属表达信任是很有必要的。千万不要一边对下属说："这件事拜托给你了，一定要做好。"一边却对下属说："做不好也没关系。"当然，信任原则还指在下属执行的过程中，管理者不应该随意干预下属。所谓"用人不疑，疑人不用"，一旦你把某项工作交办给下属，就要信任他，如果你不信任他，最好不要把工作交给他。

有些领导者为了表达对下属的信任，在交办工作时这样说："这项工作就全拜托你了，一切都由你做主，不必向我请示……"表面上看，这是领导者对下属的充分信任，但实际上这种做法是不可取的，因为一切都由下属做主，而且不必向你请示，很容易导致下属执行偏离你的预想，导致执行出现偏差。当然，工作交办下去之后，也不能大事小事都干预，大事过问一下，小事让下属做主，这才是明智之举。

（4）汇报原则

所谓汇报原则，指的是下属在执行任务的过程中，有必要适当地向领导汇报任务的阶段性进展情况。当然，这通常指的是系统性、较大的工作任务。如果是一些具体性的小事，下属没必要向领导汇报，直接给领导工作结果就行了。

很多领导者把任务交给下属后，就任由下属去“折腾”，而不要求下属汇报。等到出了问题，他们要么冲着下属发火，要么捶胸顿足暗自懊恼。

某公司实施一项投资计划，董事长把财务预算的任务交给财务总监并让他负责这项投资计划。过了一段时间后，董事长得知财务总监预算的投资数额严重超出他的期望，而且这项计划已经半路夭折了，他找到财务总监，对其吼道：“为什么你没有向我汇报财务预算的情况？为什么我不知道这项计划的进展情况？为什么把我蒙在鼓里？”

你不要求下属汇报，你不主动和下属针对交办的工作进展进行沟通，下属就可能在执行中出现问题。所以，不要等到出了问题，才痛斥下属的不汇报，而要在交办工作的一开始，就明确告诉下属：“及时向我汇报情况，最好两天一个汇报。”值得注意的是，在倾听下属的汇报时，要避免下属报喜不报忧，怎样避免呢？那就是下一原则要讲到的。

（5）监督原则

依靠下属的汇报来了解交办的工作的进展，这是领导者被动监督下属的表现，高明的管理者不只是被动监督下属，他们往往会主动去了解下属的工作进展。他们从来不会把工作交办给下属之后，就做起“甩手掌柜”。不管他们对下属多么信任，在一些关键问题上，他们一定会亲自过问。这种把关和监督是非常重要的。

（6）带责原则

带责原则是指交办给下属一项任务，同时让下属对这项任务负责，也叫授权授责。领导者若能明确地将权与责同时授予下属，不仅可以促使下属尽职尽责地对待工作，还可以避免下属有权不负责或滥用权力的情况。在交办工作时，领导者应该向下属交代清楚权限范围，这样便于下属正确行使职权，更好地完成任务。

总之，如果你想让交办的工作有章可循地推行下去，让下属坚决彻底地贯彻执行，你就有必要在交办工作时把握以上的6条原则。

5. 根据下属的特长进行授权

对NBA有一定了解的人，想必对以前公牛队的队员“大虫”丹尼斯·罗德曼不会陌生。罗德曼是一名怎样的球员呢？此人满头红发，经常穿奇装异服，很多人看他不顺眼，但是在教练眼里，他却是一个有着超凡天赋的防守型球员。

罗德曼加盟到公牛队的第一天，教练就郑重地告诉他：“在这里，你唯一要做的只有一件事情。”罗德曼问教练：“什么事？”教练说：“你每一场比赛，必须抢下15个篮板球。只要你能抓下15个篮板球就可以了，至于你能得几分，哪怕得零分，都没有关系。但你要记住，抓篮板才是你最应该做的事情。”就这样，罗德曼在公牛队的体系中，锻炼成著名的“篮板王”。

为什么教练把抓篮板球任务交给罗德曼呢？因为他了解罗德曼，知道他有抓篮板球方面的天赋和特长。我们都知道，当篮球装上篮筐再弹回来时，很多个子高的球员一伸手就能抓到篮板。但罗德曼的身高并不突出，他是怎样抢篮板的呢？

原来，当篮球弹起来时，他通常跳起来用手挑一下篮球，然后再跳起来把球抓住。通常来说，人只有在膝盖弯曲的时候才能跳起来，但罗德曼居然能够在不弯曲膝盖的情况下连续起跳。因此，当球第二次下落时，个子高的球员正在屈膝准备起跳，但他已经“蹭”地一下跳起来，把篮球抓在手里了。

当年的公牛队不缺少得分手，因为乔丹就是最伟大的得分手。因此，在防守方面罗德曼起到了很大的作用，抢篮板是罗德曼的特长，是他的优势，是他了不起的地方，而英明的教练将这项任务交给他，可以说是让对的人做对的事。所以，公牛队当年才能缔造3连冠。

其实，领导一个团队、管理一个企业，和带领一个球队的道理一样，领导者就像球队的教练，一定要学会正确地用人，把相应的工作授予对的人。如果你能把每一个员工都安排在正确的位置上，让每个员工做他擅长的事情，那么每一个员工都能发挥出最大的价值，团队的战斗力就会无比强大。

每个员工都有自己的特长，领导者不能求全责备，而应该根据他们的特长进行授权。这样，他们才能做自己擅长的事情，更好地发挥自己的能力。那么，怎样才能发现人才的特长呢？这就需要领导者实现对人才的相关信息进行了解，比如，了解他们的教育知识背景、兴趣爱好、专业特长、工作经历等。只有用心地去了解，才能发现人才的闪光点，才能避免授权给错误的人。

1981年底，已经成为PC机操作系统领域“霸主”的微软公司决定进军应用软件领域。当时比尔·盖茨雄心勃勃，坚定地认为微软公司不仅能开发软件，还能成为具有零售营销能力的公司。他的想法非常好，但却在行动中碰到了难题。因为虽然微软公司有很多软件设计方面的人才，可是在市场营销方面却人才匮乏，这直接导致微软迟迟无法进入零售市场。

这个时候，比尔·盖茨意识到必须找到营销方面的高手来帮忙，经过四处打听，最终他将目光锁定到罗兰德·汉森身上，此人是"肥皂大王"尼多格拉公司的营销副总裁。因为汉森具有丰富的市场营销知识和经验，于是他把汉森引入微软。

当时微软的高层主管对盖茨的做法很不放心，因为汉森虽然是营销专家，但是对软件一窍不通。而盖茨认为，汉森虽然不懂软件，但是在公司广告、公关、产品服务，以及产品的宣传与推销方面，能起到十分重要的作用。

汉森进入微软之后，在营销方面得到了盖茨的大力授权，他也因此给那些只懂得软件、不懂市场的微软精英们上了一堂统一商标的课。在汉森的强烈建议下，微软公司所有的产品都要以"微软"为商标出现，不论是哪种类型的产品，都要打出微软的品牌。不久，微软在美国、欧洲乃至全世界被世人熟知，微软的产品也迅速被人接受，其市场占有率也迅速得以提升。

员工擅长做什么事情，你就把他擅长的工作方面的权力授予他，让他自主地完成相关的任务。这种做法是管理者在授权时必须重视的问题。

授权给有相关特长的员工，其实在某种程度上来看，也是授权给相关的专业性人员。比尔·盖茨之所以把营销方面的权力授权给汉森，是因为汉森是一位营销专家。同样的道理，在你的企业和团队中，也有一些人才是某方面的专才，如果你能发现他们的专业优势，并大胆地授权给他们，他们可能会给企业带来巨大的效益。

6. 科学分配任务，把正确的事情交给正确的人

在我们身边，经常会看到这样的管理者：他们整天到晚忙忙碌碌，时间一天天过去，却没忙出头绪，没有忙出成效。该解决的问题没有解决，团队的各项工作都卡在他们手里，而员工却闲着没事做。聪明的下属想帮忙，他们却不领情，认为下属瞎操心。当被人说他们工作方法不对时，他们却振振有词："做事要慢慢来！"

遇到这样的管理者，不知道是企业的悲哀，还是员工的悲哀。这样的管理者通常不知道：身为管理者，最该做的是什么。他们不知道，管理者是通过分配任务、指挥别人来做事的，而不是具体完成工作的人。对一个管理者来说，忙不是他的功劳，忙不是他做不好工作的理由。定计划、分任务、跟踪检查，促成团队目标达成，这才是管理者的本职工作。

不可否认的是，不少管理者是拙劣的任务分配者。虽然他们也分配工作，但对工作的情况、对下属的优势不完全了解，经常把工作分配给不适当的人去做，结果当然无法取得好的执行效果。等到出了问题之后，他们往往卷起袖子，亲自去做。这样一来，既浪费了时间，又浪费了人力物力，而且还会打击下属的积极性。那么，怎样分配任务最好呢？要注意什么呢？下面我们就来介绍一下分配任务的几大要点：

要点1：选定工作

在分配工作之前，要认真考虑：什么样的工作需要委派给下属去做？这些工作有什么特点，难度怎么样？如果没有搞清楚这些问

题，不要轻易委派工作。

关于这一点，需要注意的是：有一种叫做“热土豆”式的工作是不能轻易委派出去的。什么叫“热土豆”式工作呢？它指的是重要且紧急的工作，这类工作要求管理者马上去处理。另外，非常保密的工作也不适合委派给下属。

要点2：选定能够胜任的人

原则上讲，你可以把任何一项工作，交给任何人去做。但是在企业管理中，我们追求的是管理效率，员工追求的也是执行效果。因此，你应该选定能够胜任工作的人，这才叫把工作交给正确的人。这样往往能取得较好的执行效果，下属在出色完成任务之后，也能获得成就感。

要想快速地选定能够胜任某项工作的人，就要求你平时多花时间去了解下属的能力。比如，你可以要求下属通过书面形式，把自己的优势、喜欢做什么工作都写下来，以便你去了解他们。当然，你也可以经常和下属沟通，多观察下属，这样也便于你了解下属的能力。

举个例子，你可能知道某个下属打字速度很快，完成同样一份材料的录入，他的速度远远快于他人，而且出错率很低。这样一来，当你有一些材料需要急用时，你可以把录入的工作交给这个员工。反之，如果你不知道谁打字快，随便把这项工作交给一个下属，而他恰好不擅长录入，那么不仅耽误了时间，还会影响你的正常工作需要。

要点3：委派工作的时间

同样是一项工作，什么时候委派给下属最合适呢？很多管理者不注意这一点，往往喜欢在上午委派工作，结果，员工原本可以按部就班进行的工作，完全被打乱，还会损害员工执行任务的积极性。为什么会这样呢？

因为一般来说，员工往往会在早上上班时，就想好了一天要做的事情，他们带着计划来到办公室。一上班，还没做几分钟，就接到了新任务。这个时候，他被迫改变原定的日程安排，工作的有限顺序也要调整。他们的内心会产生一种莫名其妙的烦躁，这会影响员工执行的积极性。

那么，应该在什么时候委派工作呢？除非紧急性的工作，管理者应该在每天下午或快下班时委派工作，让员工第二天来处理这些工作。如此一来，第二天员工就可以全身心地处理你委派给他的工作。

要点 4：委派工作的方式

怎样委派工作也是要注意的。有些管理者喜欢通过第三者传达委派的任务，而不是当面向员工交代，这样一来，经过一道中转，有可能发生信息传递误差，导致执行者错误理解领导者的意图。而且这种委派工作，会让被委派者觉得领导者不重视自己，容易影响他的积极性。因此，管理者最好面对面地委派工作，这样下属有什么疑问，可以当场提出来，便于沟通和交涉。当然，留便条、写邮件委派工作，也是不错的方法，但不会给下属深刻的印象。

要点 5：委派时要做的事

在委派工作时，你不妨告诉下属：你为什么要把这项工作交给他，向他指出他有某项特殊的才能，适合完成这项工作，这样可以表达你对他的信任和赏识，有利于激发他的积极性。同时，你应该让下属知道，这项工作的重要性，完成这项任务，对公司的直接影响，让他意识到肩负的责任。

在委派工作时，你有必要解释一下工作的性质和目标，向下属交代一些相关的信息，告诉下属：这项工作要做到什么效果，什么时间完成，在这个过程中向谁汇报工作进程，等等。

最后，一定要记得用肯定的语气对下属说："我确信你能做好这项工作。"这句话对下属将会产生很大的激励作用。

7. 授权之后不要忘记检查，监控并不代表不信任

说到“授权”，给人的感觉是放弃控制，放任不管，让被授权者全权负责。其实并不是这样，授权不代表放任不管，授权离不开事后检查和监督。日本“经营之神”松下幸之助认为，领导者在管理中，必须遵循“授权＋控制”的原则。如果不授权只控制，那么局面将会变成一潭死水；如果授权之后不加控制，后果将会是四分五裂。关于这一点，有一个特别典型的案例，对很多小老板都有启发。

有位先生在2001年创办了一家企业，在十余年间，公司从原来的一家变成了8家，经营规模越来越大。在这个过程中，他已经变得越来越力不从心，因为他的个人精力有限，无法管理8家企业。为了让自己从日常管理中解脱出来，做更多的事情，比如，他想开更多的分店，于是他让自己的亲戚加入自己的企业。他让自己的哥哥管一家分店，让自己的嫂嫂管一家分店，让自己的妹妹管一家分店，让自己的表哥管一家分店……

开始的时候，他手把手地培训这些亲戚，等他们上手之后，他就开始完全放权，让他们全权负责店面的经营管理。在这期间，他从来不过问分店的事情，也不要求亲戚们向自己汇报工作，更没有走下去检查工作。因为他觉得都是自己人，没必要去检查，相信他们会用心做好工作。

然而，3年时间过去了，大家产生了不少矛盾与误解，亲戚们纷纷离开公司，自立门户，而且把分店的重要员工也带走了。一时间，

各分店一下子垮掉了。面对这种情况，他不得不重新沉下去做管理。一边忙着进货，一边忙着招聘员工。

这时他才真正发现，原来店内的很多制度都是白纸一张，员工工作作风散漫，对公司抱怨不止，不断有员工流失，客户的投诉也此起彼伏，业绩快速下滑，顾客不断流失，甚至很多工作都无法继续开展下去……

这样的案例在我们生活中并不少，出现这种情况，根源在于老板放权之后没有检查和监督，导致授权后失控，最后企业管理混乱。

管理者要认识到一点：授权之后，如果从不过问、不干涉，就叫做弃权。授权就是授权，根本不是弃权。管理者必须关注进程、关注成果。有些管理者在检查和监督下属时，让下属产生了不被信任的感觉，甚至感到压力巨大。

有一位被派驻在北美市场的高级业务主管表示：“老板很‘关心’我，经常派人来视察工作，而派来的人，每次都会召开主管会议，并让我们汇报业务发展的近况，那种威风凛凛的样子，让我想到了古时候皇帝派下去视察工作的钦差大臣，就差八抬大轿、敲锣打鼓、前簇后拥了。”

从这位主管的话中，我们可以感受到他所承受的压力。这种压力的产生，与老板检查和监督的方式不当有直接关系。那么，到底该检查到什么程度，监督到什么程度呢？对此，松下幸之助先生做得卓有成效。

在放权之后，松下先生既能让被授权者发挥主观能动性，又不至于使他们完全脱离控制而发生重大的失误。他有一条著名的授权监督理论——60%智慧，即放60%，管40%。他通过特定的程序选出被授权者，使对方主动要求领导者的指导，这样既发挥了他们的积极性和创造性，又化解了检查和监督导致领导者与下属之间产生的不信任和猜疑。

在企业管理实践中，不少管理者经常感叹：任务布置下去之后，总有下属拖着不办，推一推，动一动，有些下属推都推不动。其实，出现这种现象，问题不在于员工，而是由于管理者监督不力导致的。如果管理者在布置任务之后，提出要求、任务完成期限，并有严格的检查和监督机制，那么就能彻底打消下属的侥幸心理和拖延心理，促使他们快速高效地完成工作。

有一位成功的企业家对授权做了很好的诠释："授权就像打篮球一样，不是把球交到谁手里，责任就是谁的，就什么也不管了。一定要考虑整体局势，进行控制，相互照应。这样，被授权员工的智慧才会获得增长，才能有足够的力量去完成授权任务。"对于授权的事情，你可以放手不管，但是不能撒手不管，对于授权之后，下属完成该工作的情况，一定要定期检查和监督。

高明的管理者，在授权之后懂得在恰当的时刻，选择最恰当的方式，使自己随时掌握工作的进程。当他们发现下属执行跑偏时，会用恰当的方法把跑偏的马拉回到正确的轨道上来。形象地说，这就叫做"扶上马，送一程"。通过"送一程"，确保被授权者在执行中取得更好的成效，保证授权的成功。这就要求领导者在授权之后，不只是对下属说："现在，你可以放手去干了。"还需要管理者告诉下属："如果有需要，就来找我吧！"

8. 授权收权，要做到收放自如

授权不是最终的目的，而是实现企业发展目标的一种手段。老板通过授权，可以充分调动被授权者的积极性，借助大家的力量，使大家团结在一起，各司其职，把公司的事务做好。而不是把企业的权力分封给各个部属，然后老板当甩手掌柜。因此，在授权之后，老板还要学会收权，没有收权同样是行不通的。

老板必须对自己有准确的角色定位，只有自己才是企业的真正负责人、长期的负责人。不论属下的管理者多么聪明，多么负责尽职，多么忠诚可靠，都无法完全取代你在企业中的权威性和影响力。因此，如果老板授权下属，下属执行不到位，甚至把工作搞得一团糟，这个时候老板就有必要对权力进行调整，收回授予的权力或另选授权对象。

1989 年 4 月，宏基公司总裁施振荣任命刘英武为宏基执行总裁。刘英武是何许人也？他是毕业于普林斯顿大学计算专业的博士，曾在 IBM 公司软件开发实验室电脑部担任主管长达 20 年之久，在美国电脑界非常有声望。施振荣非常器重他，声称他是宏基全球扩张的“秘密武器”，并把经营决策权毫无保留地交给他。结果怎么样呢？

刘英武上任之后，向宏基灌输了他从 IBM 带来的“中央集权”的企业文化。他频繁地召开马拉松式的会议，而且对下属的建议基本不听，下属必须无条件服从。宏基的一位经理回忆道：“强迫大家同意总裁的观点与以前宏基的风格大相径庭，施振荣从不会强迫你做任何事，除非你同意或愿意去做，所以很多人便离开了公司。”

之后，刘英武又做了一系列收购的决策，但基本上以失败告终。他从外部聘来了 9 个高级管理人员，为此公司损失巨大，人心浮动。这一切都被施振荣的妻子叶紫华看在眼里，为此他向施振荣抱怨，说他不看事实与真相。

渐渐地，施振荣意识到自己对刘英武的过度授权是一个错误。他说道：“我认为 IBM 是世界上管理最好的电脑公司，刘英武理所当然比我更有能力和经验。但他不是企业家，我对他授权太多了，太早了。”1992 年，施振荣开始重掌帅旗，他决定按自己的方式塑造宏基，而不是仿效 IBM 公司。

在这个案例中，施振荣虽然在授权之后收权了，但是由于收权不及时，导致企业损失严重。这种现象值得每个管理者尤其是企业老板深思。

也许很多老板懂得授权，也懂得收权，但真正能做到“授收自如”的老板却不多，在这方面，刘邦可以称得上是“大师”。

韩信被萧何称之为“国士无双”的人才，但刘邦敢于放权给他，又能做到在恰当的时候把权力收回来，可谓收放自如。

当年刘邦拜韩信为大将军，并将兵权交给韩信，从此韩信手中经常握有数万军队，而且他所统帅的军队长期远离大本营。到灭楚前夕，韩信的兵力达到了空前的规模，其势力足以和刘邦、项羽相抗衡。如果这个时候韩信背叛，那么刘邦将前功尽弃。尽管刘邦对韩信有所顾忌，一直觉得他是心中的一块石头。但他依然大胆放权。

当然，刘邦不是吃素的，他在放权给刘邦的同时，心中经常盘算着如何有效地控制韩信，以免韩信背叛自己。为此，他使用的最有效的一招就是每次韩信完成军事任务时，刘邦就收回韩信的军权。而且伴随着收权，刘邦经常会奖励韩信，封他爵位和钱财。这样一来，很好地安抚了韩信。

刘邦在韩信身上之所以能做到权力收放自如，总结下来有三个原因：

第一，刘邦总是在最恰当的时机收权，容易被人理解为是形势所需，减弱了韩信的反感。

第二，韩信被拜为大将军，甚至被封王，爵位步步高升，他感到心里踏实。

第三，刘邦对韩信的日常生活颇为关照，使韩信感到了受器重。相比之下，项羽听信谗言，一气之下收回范增的兵权，引起范增的极大的反感，最后范增彻底对项羽失望了。

俗话说：“水满则溢，月满则亏。”授权与收权是一对矛盾的统一体，总是此消彼长。在企业管理实践当中，随着企业处于不同的发展阶段，实际情况也会有所变化，因此，授权还是收权，应该结合实际情况，根据具体需要来授权和收权。

那么，哪些权力该授，哪些权力该收，这个问题不好一概而论，而要求管理者根据企业的具体情况来决定。一般来说，涉及企业命脉的权力不能授，比如战略决策、财务决策等应由老板掌控，而一些带有方法性的、具体事务的执行权限，完全可以授予给员工，以充分发挥他们的能力。

在授权之后，如果发现出了问题，管理者应该立即对授权事件进行检讨，思考问题出在哪里，找出症结。如果发现被授权者能力不够，无法胜任工作，应立即收回权力，然后选择更适合的对象进行再次授权。如果被授权者圆满完成了工作，应予以肯定和奖励，然后顺理成章地收回权力。要做到一事一授权，一事一收权，授权起始于任务的开始，收权起始于任务的完结。

第十二章 Di Shi Er Zhang

少管是最好的管，无为而治是管理的最高境界

所有拙劣的管理者都有一个通病，那就是绝对相信自己，却不放心下属，他们经常疑神疑鬼，并且无节制地干预别人的工作。试问，这样做真的对企业的长远发展有好处吗？古人云：“无为而治，乃治之本也。”身为管理者，应该坚持“少管精管”的原则，给员工足够的自由度，重视下属积极性与创造性的发挥，而不是裹住他们“思维的灵性”，使得他们举步维艰。

1. 经营企业靠的是“王道”，而非“霸道”

经营和管理企业，有两种不同的思路：一个叫“王道”，一个叫“霸道”。所谓王道，指的是做一个产业，要和别人合伙来做，一起把产业做大，让大家都有钱赚，使大家的路越走越宽。所谓霸道，是指一人独大，这个产业我全做，形象地说就是“走我的路，让别人无路可走”，垄断就是典型的“霸道”经营。

企业管理者如果坚持王道的经营策略，而是走霸道路线，甚至走“贼道”路线，那么不但损人，而且终将损害自己。有这样一个案例，值得我们深思：

有个县级企业每年的销售额在5000万元以上，把生意做得有声有色。随着生意越做越大，公司的老板赵先生也越来越牛气。同行王先生想拜访赵老板，和他洽谈一个很好的合作项目，但是去了几次，都没见到赵先生。因为他不是在开会，就是在接待客人。最后一次，王先生终于见到了牛气的赵老板。

对于王先生的来访，赵老板没有表现出丝毫的热情，他坐在老板椅上，身子都没动，接过王先生的名片，也只是看了看，然后对王先生说：“我们公司是当地的行业老大，不会和你们这样的小公司合作的，而且我告诉你：两年内，我们将会垄断这个行业……”

赵老板不过是一个年销售额超过5000万的企业老板，他的霸气体现出来得更多是愚昧和可笑，一个不懂得与同行搞好关系，不懂得与同行合作的企业，恐怕很难继续做大做强。因为一个实力强大的企业，往往依靠几个主要产品或业务赢利，有些产品或业务并非行业最强的，这就好比一个人：他的能力很强，有很多优势，但在某些方面，他也有不足。如果企业管理者能够认清形势，认清自己的劣势，通过与同行企业合作，实现优势互补、取长补短，那么就可以实现双赢，于人于己都是有利的。

再者，从竞争态势上来看，在某一行业、某一地区形成“一强多弱”的格局之后，即便“一强”处处占据上风，但如果“多弱”联合起来，一起对抗“一强”，“一强”也不一定能完胜。而且市场处于不断变化之中，企业的口碑很重要，“一强”能否聚拢下线企业，能不能得到其他企业的支持和消费者的认可，很大程度上决定了企业的命运。因此，企业实力再强也不要处处显露“霸气”，因为做人不能太“霸道”。

某公司的张经理发现市场上出现了窜货，于是向总经销商反映情况。总经销商对此反应冷淡，嘴上对张经理说：“我马上派人去查，查出来就要严厉处罚。”但过了几天，总经销商依然没有查出货是从哪里发出来的？没办法，张经理只好亲自出马，去零售商店询问情况，通过层层查下去，最后发现是总经销商自己窜的。张经理非常气愤，但为了赚钱，不好与总经销商撕破脸皮，但是心里却想着：“你和我耍心眼，看我以后怎么对付你，吃了我的，早晚让你吐出来！”

案例中，那位总经销商的行为不仅是“霸道”，更是“贼道”。他在经商中违反了诚信原则，用非正当手段牟利。这种做法只会引起合作伙伴的极大反感。这样的总经销商，早晚会砸烂自己的招牌，因此，我们应该引以为戒。

作为一家实力较强的企业，也许在某一时期、某一区域，你的成功会引起同行的敬重。但是管理者千万不要自以为是，认为天下是自己的，霸道得不可一世。要知道，得人气者得天下，无论你的企业实力多么强大，如果“失道”，必然寡助。李嘉诚那种“有钱大家赚”、“要对手不要敌人”的经营思想，值得每一位企业管理者学习。

华人首富李嘉诚的生意做到了全世界，但他却没有任何“霸道”作风。相反，他处处表现得很平和，对待同行企业，十分尊重和友好，充分彰显了“王者风范”。当年牛根生等企业家组成一个团队，一起来拜访李嘉诚，当时李嘉诚已经79岁了，但他早早地守候在电梯前。当代表团从电梯里走出来时，他一一和他们握手。席间，李嘉诚逐桌坐下，和每一位成员亲切交谈，回答他们的提问。当代表团告别时，李嘉诚再次将他们送到电梯。从李嘉诚的表现和他一贯的经营思想来看，他所奉行的是“王道”经营思路，绝非“霸道”经营思路。

李嘉诚曾经说过：“做事要留有余地，不把事情做绝。有钱大家赚，利润大家分享，这样才有人愿意合作，假如拿10%的股份是公正的，拿11%也可以，但是如果只拿9%的股份，就会财源滚滚来。”

俗话说得好：“多一个帮手，就多一条出路。”做生意也应与人为善，而不能不顾同行的利益，否则，就很容易树敌，就会把生意做得越来越孤立。反过来，如果像李嘉诚那样，即使自己是一家独大，也懂得与人合作，并考虑合作者的利益，达到利益均沾，虽然短期内可能少赚一点，但从长远来看，会获得数不尽的合作机会和源源不断的利益。这样才能把生意越做越大。

2. 管理者重要的不是权力，而是智慧

在企业中，有一种领导说出来的话“一言九鼎”，全体员工非常拥护，积极按照领导的意图去执行任务；有一种领导说出来的话却“一文不值”，全体成员不屑一顾，但“人在屋檐下，不得不低头”，只能被迫去服从。这两种领导的差别在于，前一种领导靠的是智慧、权威和个人魅力来领导员工，后一种领导是靠单纯的权力来管理

员工。

领导者的权威留存于员工的内心，权力却是浮在表面上的。员工当面对你敬畏，背后对你异常钦佩，这是权威的作用；员工当面对你点头哈腰，背后却说你非常糟糕，这是权力的作用。作为领导者，肯定希望用智慧和权威领导员工，而不是用权力“压迫”员工。因此，你必须认清领导智慧与权力在管理中各自发挥怎样的作用。

众所周知，一个领导者必须拥有权力，领导者本身的职位就赋予了他这样的权力，没有权力，便不称其为领导。权力的力量就使别人服从，如果运用得当，权力可以产生巨大的影响力。但如果使用不当，权力就会成为“暴政”的工具，成为强制员工服从的外在力量。在这种情况下，员工会对你产生反感，他们很难发自内心地服从你、支持你、认同你。

不少领导者没有认识到这一点，认为自己是领导，就应该对员工呼来喝去，就有权“专制”——说一不二，一言九鼎，员工必须绝对服从。否则，就用权力来强迫员工、处罚员工。而真正有智慧的领导者不会这样做，他们深知：打动员工、赢得员工敬意的最好办法，是用自己的智慧和能力来带领团队。所谓“将帅无能，累死三军”、“兵怂怂一个，将怂怂一窝”，足以证明领导者的能力对整个团队的重要性。有能力的领导者在团队里，很容易产生巨大的号召力。

一个成功的领导者，在管理企业的过程中，往往会表现出超群的智慧，能赢得下属的敬佩和拥护。与此同时，他们还要有较好的内在品格和个性魅力，这样一来，他的威信就会逐步树立起来，在工作中他就会一呼百应，大家都会心悦诚服地听从他的安排和管理，这样就很容易将工作做好。

领导者的权力是职位赋予的，但领导者的影响力则产生于他本人的能力、素养和品质。权力的运用往往依靠高压，而影响力的发挥则表现为发自内心地赢得对方的认同、打动对方的真心。权力可以通过个人的资源、势力去影响他人的行为，而影响力则能促使他人态度、信念、价值观和行为的改变。

影片《葛底士堡》中有这样一个片段，展现了张伯伦上校处理逃兵的过程。当时一批逃兵被抓之后，逃兵的一个代表向张伯伦抱怨："我们在战争中做了很大的贡献，但是却受到了很多虐待，我们厌恶战争，我们想回家……"

张伯伦是怎样处理的呢？他没有动用手中的权力，严惩甚至枪毙这些动摇军心的逃兵，而是对逃兵说了一番情真意切的话："这场战争非常重要，如果北方军失败了，那么我们就将失去最宝贵的自由。既然你们不想战斗下去，那你们就走吧，我不会处罚你们。在你们走之前，我只想告诉你们：我们都渴望回家，但是如果战争失败了，即使我们回家也将失去意义。"

最终，这些逃兵改变了主义，他们重返战场，全军团结一心，取得了葛底士堡战役的胜利。

在这个故事中，张伯伦上校作为一个领导者，他拥有处罚士兵甚至枪毙士兵的权力。但是他没有用权力镇压逃兵，而是选择用自己的智慧——通过以情动人、以理服人的办法，说服逃兵重返战场，最后他成功了。也许他的成功不在于他的说理多么有说服力，而在于他这种行为本身所产生的感染力。

要知道，很多军官在战争中，往往动不动就向不服从命令的士兵大吼大叫，甚至用枪口对准他们，毫不犹豫地扣动扳机。如果张伯伦也这么做了，也许逃兵会屈服，但这往往是口服心不服，结果人在曹营心在汉，又谈何战斗力？这种服从是暂时的，一旦有机会，士兵就可能再次哗变，甚至"临阵倒戈"，这种结果是非常可怕的。而张伯伦通过个人影响力打动了下属，所产生的影响力是内在的、长久的。

事实上，战场上的将军领导士兵，与企业中的领导者管理下属，道理是一样的。看看今天的中国商界，华为的任正非、联想的柳传志、海尔的张瑞敏，他们都在用自己的智慧影响着企业员工，用自己的能力带领企业迎着世界趋势锐意进取，使企业在激烈的竞争中，依然能取得骄人的战绩，这也使他们在员工心目中的影响力进一步提升。

领导者的智慧表现在很多方面，既表现为制定长远的战略规划上，还表现为按制度办事，公平公正地对待员工上，也表现在日常管理中，与员工和谐相处上，等等。如果你想树立自己的影响力，那么不妨动用聪明才智，想方设法让员工“服你”。在这方面，英特尔公司总裁的做法非常值得借鉴：

曾经有段时间，英特尔公司的员工经常迟到。公司领导者对迟到者处以批评、扣工资等处罚，但是问题依然没有解决。最后，总裁想了一个办法，他每天第一个到公司，并站在门口迎接员工。迟到的员工见总裁在门口迎接自己，内心产生了强烈的自责感，他们发誓不再迟到。那些没有迟到的员工见总裁来得比自己早，便提醒自己：明天我要来得更早一点。渐渐地，员工迟到的现象得到了根本的改变。

毫无疑问，总裁先生的做法是充满智慧的，他通过以身作则的方式，给员工树立了一个标杆，让员工自觉地向他看齐。这样一来，不用发火动怒、不用扣钱惩罚，员工迟到的现象就得以解决。试问，这难道不是高明的管理智慧吗？所以，如果你的员工上班也经常迟到，那么请先反省一下自己：是不是我经常迟到，是不是我不重视员工迟到问题？同时了解员工迟到的原因，而不是用权力来处罚员工。

员工迟到问题只是管理者的问题之一，在管理中，你还会碰到很多问题，但无论碰到怎样的问题，不到万不得已，不要轻易动用你的权力去“镇压”你的员工，而要试着用感情、劝说、说理等软的办法，用你的个人品行和人格魅力去影响员工。

当然，对于明确的制度规定，如果员工违反了，该罚还得罚。当然，要记住：罚不是目的，不能罚完了事，而要用你的影响力，引导员工走向你所期望的方向。

3. 领导者个人魅力大小决定团队气场大小

每个人都希望自己有魅力，个人魅力可以展示自我的外在形象，无形之中传达出我们的正能量。在企业中，领导者尤其需要强大的个人魅力。

优秀的领导者除了具备优秀的领导才能，还应有与众不同的魅力。领导者的个人魅力是领导才能的一种反应，是凝聚人心、激励斗志、带领队伍完成任务的重要保障。领导者的魅力能让领导者产生持久的影响力，使他在团队中充满威信，去影响团队成员的行为。

曾4次被美国《国际投资者》评为“世界最佳饭店”的泰国曼谷东方饭店，有一个十分出色的总经理——库特·瓦赫特·法伊特尔。他在泰国是个很有声望的人，曾被泰国秘书联合会数度评为“本年度最佳经理”。正是在他的管理下，曼谷东方饭店才有蒸蒸日上、嘉誉满天下的盛况。

法伊特尔的管理秘诀就是“大家办饭店”，他把东方饭店当成一个大家庭来经营。在饭店内部，除了有一套行之有效的管理制度之外，法伊特尔的个人魅力也起到了十分重要的作用。作为饭店的总经理，作为饭店的最高负责人，法伊特尔从来不摆架子，他对每个员工都十分和蔼。无论是哪个员工遇到了困难或疑问，都可以直接找法伊特尔面谈。

在管理企业中，法伊特尔十分重视感情交流，他经常为员工及其家属举办各种活动，比如，生日舞会、运动会、佛教仪式等等。通过这些活动，各部门之间、员工之间、上下级之间有了更多的交流和接触，大家的距离就拉近了，这对提高员工的工作积极性、融洽彼此的关系、凝聚团队人心具有强大的推动力。

在东方饭店，从看门的人到出纳员，每个员工都充满着荣誉感。在这里，员工不仅有丰厚的工资，还有丰富的福利待遇，比如，免费就餐、年终红包、职业保险、年终休假、紧急贷款、医疗费用等等。这些对推动员工积极工作，也起到了举足轻重的作用。

领导是一门艺术，领导者的个人魅力在这门艺术中起着重要的作用。很多人认为，领导者必须有知识、有学问、有铁血手腕、有手段，但实际上，真正高明的领导者不会以拥有这些为荣，相比之下，他们更重视用个人的修养、亲民、和蔼的姿态，表达对员工的尊重和重视，使员工感受到被尊重、被信任，从而凝聚人心。当领导者具备了这些特质时，他的团队成员就会紧密团结在他周围，形成一个气场强大的团队。

在中国历代君王中，不乏优秀的领导者，但说起唐太宗李世民，我们不仅要用优秀来形容他，还要用“个人魅力强大”来形容他。早在当秦王时，虽然他的地位不及兄长李建成地位显赫，但是他以独特的个人魅力，吸引了众多能人志士追随。当他登上皇位之后，满朝文武，智者云集。后来，他们在李世民的带领下，打造了一个“贞观之治”。

在位期间，李世民从来不像其他权贵一样发号施令、玩弄权术，而是选择身体力行，为文臣武将做出示范。行军时，他与士兵同甘共苦，并把下属视为知己；打仗时，他不畏强敌，冲锋在第一线；决策时，他不独断专行，而懂得倾听他人意见，通过集思广益来制定策略。正是因为这些超凡脱俗的个人魅力，李世民才能让一群桀骜的草莽豪杰心甘情愿地臣服于他，并终生为他效力。

身为管理者，你的个人魅力与团队的气场有直接的关系。如果你的魅力强大，大家就容易在你的影响下抱成一团，凝成一股强大的合力。领导者的魅力不是天生的，完全可以通过实践来培养。一般来说，领导者可以在这样几点上努力修炼自我：

（1）高贵的人格

人格是指人的性格、气质、能力等特征的总和，也是一个人道德品质的体现，孟子在《滕文公下》中说："富贵不能淫、贫贱不能移、威武不能屈，此谓之大丈夫。"这就是君子的人格魅力。而有些企业领导媚上欺下、耍两面派，这就是最大的人格缺陷。作为领导者，最应具备的人格就是正直、行事光明磊落、有责任感、有担当。

（2）独特的风格

所谓独特的风格，指的就是一个人的个性和特点，如果管理者没有自己的风格，就很难出类拔萃。这种独特的风格，不是处处长杨、标榜自我，而是一种适合于己、业已成熟、便于识别、行之有效的行为方式。比如，阿里巴巴的总裁马云、搜狐公司的张朝阳，他们就是有个性的领导者。

（3）大胸怀、大气魄

一个人的魅力不是取决于他的身高有多高，而是取决于他的胸怀有多宽广。就像林则徐写的一副自勉的对联："海纳百川，有容乃大；壁立千仞，无欲则刚。"试想一下，如果领导者小肚鸡肠、斤斤计较，怎么称得上有魅力呢？怎么可能赢得他人的追随呢？

（4）以身作则

以身作则的重要性不言而喻，通过以身作则，可以形成上行下效的良好团队氛围。领导者做得好，下属们还敢胡来吗？许多优秀管理者的例子都告诉我们，管理者的一举一动，往往会影响着下属的积极性，给下属留下深刻的印象。因此，率先垂范，树立榜样，是一个领导者必须重视的问题。

（5）睿智的头脑

领导者是决策者，必须要有睿智的头脑，想问题、做决策应有理有据、有条有理，尤其是在遇到棘手的问题时，要冷静地思考，泰然处之，而不能慌不择路，这样才能聪明地处理问题。

（6）渊博的学识、学习的心态

一个有魅力的领导，应该是一个爱学习、有学识的人，同时，他们还拥有丰富的管理经验，懂得虚心请教、耐心倾听、乐意与下属交流。这样不但可以让领导者扩充学识，还能使他们显得有亲和力、谦逊、温和。

总而言之，领导者若想打造个人的魅力，不妨从以上几个方面去努力，不断地提升自己、完善自己，这样一来，个人魅力定会油然而生。

4. 企业一定是先做精、再做强、后做大

在经营企业的过程中，为了能让企业健康迅速地发展壮大，每个老板都必须考虑一个问题：是先把企业做大、再做精、后做强，还是先把企业做精、再做强、后做大，还是先把企业做强、再做大、后做精？

对于这个问题，可谓众说纷纭，各抒己见，什么样的理解都有。但有两种相对集中的答案，相当一部分老板认为：应该先把企业做精、再做强、再做大，理由是把企业做精是基础，有了坚实的基础，企业才能图谋发展，才能做强、做大。还有一部分人认为，应该先把企业做大、再做精、再做强，理由是市场竞争太残酷，只有迅速做大，抢占市场的份额，才能占据足够的资金，才有机会做强、做精。

不可否认的是，这两种理解都有道理，但选择哪种发展模式，更有利于企业发展呢？答案是先把企业做精，再做强，后做大。而先做大企业，再做强、做精企业，这种发展模式适合资金充足的老板。因为只有资金充足，才能迅速做大，快速抢占市场。对于大多数创业者来说，投资的每一分钱，几乎都是自己的血汗钱，金钱有限、资源有限，只有选择卧薪尝胆式的修炼，等到产品做精了，才

有出头之日。

世界沐浴产品行业，品牌林立、鱼龙混杂。不过，有一家企业特别引人注目，那就是德立精工，尤其是它那句“求精做细，就是德立”的口号，更是让人耳熟能详。

德立精工从一家生产沐浴配件的小企业，发展成行业第一家自主研发全套沐浴产品的公司实属不易，其产品远销欧洲、美洲、亚洲的众多国家，它坚持从客户的淋浴感受出发，专注于每个细节，求精做细，这使它多年以来稳步发展成为行业里的领军企业。

从2003年下半年开始，德立开始走上自主研发的新道路，率先推出了多种创新产品，在行业内引起了很大的反响。可以说，不经意间，德立精工在业内的知名度、产销量、市场占有率等方面，都在行业内遥遥领先。那么，它的发展秘诀是什么呢？那就是：先做精，再做强，后做大。

德立公司对产品的质量要求特别完美，每一环节都要严格控制。很多低端的沐浴房产品把玻璃、拉手、滑轮、胶条等半成品买回来，经过简单组装就对外出售。而且在组装过程中，不注重产品质量，但德立公司不会这么做，他们独立研发、设计、生产密封胶条和磁胶条、滑轮、拉手等部件，并对组装质量进行严格控制。正是这种精益求精的企业精神让德立公司不断发展壮大，在众多沐浴产品企业中脱颖而出。

德立公司表示，他们会继续坚持“先做精、后做强”的理念，不盲目求大，而是重点考虑产品质量的稳定性、供应能力、代理商的生存质量等等，稳固地提高公司的实力。

把企业做大做强，是很多老板的梦想，他们都在试图通过产业整合，或融资手段实现企业的快速扩张。但是著名经济学家郎咸平认为，企业盲目做大做强会导致其偏离主业投资，甚至加速企业的灭亡。正确的出路是先把企业做精，再做强，后做大。

在自然界中，一颗树苗能否长成参天大树，要具备两个条件：一是树的质地要好，可以抵抗风雨寒暑；二是要有较快的生长速度和长大的潜力。如果一颗树苗生长速度很快，但是质地不好，就算长得再大，也无法成为栋梁之才。如果树的质地很好，但是生长速度很慢，或者没有长大的潜质，也难以堪当大用。

其实，一家企业也是这样。只有同时具备了内在的素质和生长能力、生长潜质，经过几十年甚至上百年的持续稳定发展，才能在国内甚至国际市场上占有一席之地。毫无疑问，企业先做精，再做强，最后做大，是企业健康发展、稳步壮大的必由之路。只有做精了，企业才能健康，只有做强了，企业才能持续，只有做大了，企业才能稳定。

有一家公司，在十几年中，只做音乐播放器和手机，而且只做了五个型号的音乐播放器和两种款式的手机，你觉得这家公司有希望吗？在这个山寨机猖獗的时代——看看深圳数码产品的小作坊，一天就可以制造出几十种产品，再看看诺基亚和摩托罗拉公司，一年少说也会推出几十种型号的手机……

尽管现实如此残酷，但是这家公司依然能强大到无法撼动，它的名字让人们为之疯狂，它早已是时代的代名词，它就是美国的苹果公司。提起苹果公司，相信大家都不陌生，虽然它推出的产品只有屈指可数的几款，但是其市值一度超过了 Google。这不得不令人佩服。

乔布斯经营苹果的思路就是专注，就是求精。他把所有的研发、市场和推广都专注于一个产品上，甚至只有一种型号、一种颜色，不留任何后路。正是因为苹果公司坚持做精，苹果的产品才能以质取胜，风靡全球。乔布斯坚信：只有专注，才能把每件事情做到极致。这就是苹果公司每款产品横扫全球市场，缔造王者之气的原因所在。

把企业做精，就是企业要有自己的核心业务，要对核心业务投入 100% 的技术、心血和精力，把它做到极致。有人说，市场经济就像地上撒了很多钱，你一定要先捡离自己最近的钱，因为你比较有优势。同样的道理，你要做自己最有优势的产业，并用心做好，这样你永远不可能空手而归。只有把企业做精了，你才有希望把企业做强、做大。

5. 管得越少，成效越好——让管理回归简单

在管理界，流传着杰克·韦尔奇的名言："管得少，就是好管理。"杰克·韦尔奇认为，管理者没必要事必躬亲，什么事情都对别人不放心，粗鲁地干预别人的工作过程。因为这样做很容易形成一个怪圈：上司管得越多，部属越束手束脚，并养成依赖、封闭的习惯，最后把主动性和创造性丢得一干二净。而且，领导者什么都管，最终只会累坏自己。

尤金·杜邦是美国杜邦公司的第三代继承人，他是一个典型的专权者，凡事事必躬亲，大包大揽。在掌管杜邦公司之后，尤金坚持实行"恺撒式"的经营管理模式，即专制统治，绝对掌控管理权力。公司所有的决策和许多细微的决策，都必须由他来完成。所有的支票都由他亲自开，所有的契约也由他签订。他亲自拆信复函，做利润分配，周游全国以监督几百家经销商。

每次在会议上，他总是不断地问别人，别人一一回答。这种管理方式使杜邦公司的组织机构完全失去了活力和弹性，面对市场的变化，他们很难做出正确而及时的决策，导致公司遭受致命的打击，濒临倒闭的边缘。

而且尤金本人也陷入了公司错综复杂的矛盾之中，痛苦不堪。1920年，他因体力透支而去世，公司的董事长和秘书兼财务部长，也相继累死。

每每看到累死的管理者，就感觉他们的命运如此悲催。事实上，

将管理者击垮的不是管理上的繁杂事务，而是他们自己。1988 年，在哈佛商业评论上，管理大师德鲁克发表了一篇名为《即将来临的新组织》的文章，里面就很好地诠释了他“少管”的管理理念。

在杰克·韦尔奇看来，要想通过“少管”达到“管好企业”的目标，领导者需要符合 4 个条件：

（1）精力。领导者的精神状态很重要，如果一个领导者整天打不起精神，不管是身体的问题，还是精神状态的问题，他都没法当好领导。杰克·韦尔奇认为，当领导者有充沛的精力时，他才能够激励大家实现团队目标。

（2）激励。领导不光要自己精神十足，还要能激发别人充满干劲。当领导者把权力下放给部属之后，他所要做的就是激发员工活力，帮他们实现各自的目标。

（3）敏锐。平时领导者可以把权力交给部属，但是当团队遇到困难，在问题很复杂或两难的处境时，领导者必须有当机立断的能力，绝不能优柔寡断。

（4）实施力。实施力其实就是执行力，这一点杰克·韦尔奇看得很重。他认为，有些领导者充满精力，也能激励别人，也有决断力，但是做什么事情都虎头蛇尾，就是出不了成果，这对团队的影响非常不好。领导者只有充当执行力的典范，才能在部属心中产生威信。

松下幸之助曾说过这样一段话：“当创业初期员工只有一百人时，我总是身先士卒，坐在他们面前，走在他们面前，员工增加至千人时，我采取分层负责的管理方式，员工上万人之后，我只是站在他们旁边，合掌感谢他们为公司效命。”

松下幸之助明白：企业发展要靠众人的力量，所以，他非常重视人才，重视授权。他认为，管理者应该少管甚至不管，把更多的精力用于提升自己的修养，通过自律来影响全体员工，比如，关心员工、鼓励员工，对员工表达爱，通过自身的积极工作，带动整个企业的工作氛围，从而使员工自觉地对待工作，自觉地遵守公司的制度。

越是放心不下他人的领导，越是喜欢从头管到脚，结果越管越独断专行，反观部下依赖性越来越强，不仅丧失了原本的工作激情和创造力，还会做事畏首畏尾，在无形中增加公司的运营成本。管得多并不是好事，但管得少也要能管得住，最理想的状态就是“无为而治”，让每个人都学会自我管理。

只给职不给权，事无巨细都由自己拍板，这只会挫伤下属的积极性。企业领导人不要死抓权力不放，要舍得让下属表现，敢于让他们放手去做。被称为鞋业大王的环隆企业集团创始人蔡长汀，不仅敢于放权，更敢于把权交给“外人”，这也正是环隆集团不断发展壮大的秘诀之一。

进入20世纪80年代，蔡长汀四处开疆扩土，随着企业的不断发展，分公司的数量也随之越来越多，除了“环隆电气公司”和“美国国际开发公司”交由儿子和女婿管理外，其余分公司均是年轻精明的青年管理者。

当时，蔡长汀这种大胆放权的做法并不为人所理解，不少人都认为他是把自己辛辛苦苦打下的事业拱手送给了外人经营。对此，他却十分想得开，“交给后生小子啦，我乐得当太上皇不管事啦。”蔡长汀管得少，也很少过问每笔生意的成败，这就让他腾出了更多的时间去寻找信息，开发市场，联系国际业务。

在管理上，蔡长汀的秘诀只有十六个字，即“一日知人，二日善用，三日放权，四曰无私。”一方面可以让下属独当一面，另一方面自己也可以养精蓄锐，看准商机和市场，随时调整经营策略，从而保证公司的长远发展。

这也管，那也管，这并不能证明你管理本事大，而恰恰说明你管得不够好。好的管理是不再需要管理，从这个角度来说，最少的管理才是最好的。不少公司原本有一套完善的规章制度，结果因为领导管得太多，反而让这些制度成了摆设，原本简单的问题反而越来越复杂。

所谓“君忙国必乱，君闲国必治”，企业管理者也是一样，管理的本质在于把事情交给他人去做，既然给了下属职务，那么，就要将相应的权力也交给对方，“扶上马，不撒缰”的做法只会挫伤员工的自尊心，对公司的发展而言，有百害而无一利。

6. 无为而治——自发的才是最有效的

作为企业领导，你的任务不是处处管着、处处监视员工，而是建立一个能让每个人都能成为人才的制度，让员工自发地对待工作。因为一个企业最好的控制方法，就是来自于员工的自我管理。

杰克·韦尔奇有一句经典名言：“管得少就是管得好。”管得少却能管得好，是因为各种制度、措施真正发挥了主导作用。在良好制度的规范下，员工的自觉性、责任感、积极性都能得到充分的激发，这对减轻管理压力、简化管理环节、提高执行力，都有非常好的作用。这一点在下面的例子中得到了充分印证。

苏州某工业园区实行体制规范、政策透明的“授权管理”，先后制定了45项新的管理办法和实施细则，里面清楚地规定什么可行，什么不可行，哪类问题应该怎么做，都规定得非常详细。在“授权管理办法”实施以后，员工们发现，领导亲自过问事情的现象越来越少，但按制度办事的良好风气却在园区内逐渐形成。

由于少了很多管理环节，一些项目审批、海关物流、外事管理等看似复杂的问题变得十分简单而有效，园区的主要经济指标8年保持50%左右的增长速度。仅2002年全年的GDP总额就达到了252亿元，财政收入32亿元。

管得少并不是说管理者的作用被弱化了，恰恰相反，由于在管理上变“人”治为“法”治，真正实现了按制度办事，用制度规范企业，管理的效率大大提高，管理者可以从繁杂的管理事务中解放出来，更好地去做企业的战略规划。

台湾奇美公司是一家生产石化产品ABS的企业，该企业虽然比不上王永庆的台塑公司，但它的生产力是同行企业的4倍。在20世纪70年代，其产品掀起了石化业的一场革命，其产品质量之高、价格之低让同行的美国和日本企业都畏之如虎。公司想要投资的地方，众多的美日厂商都会退避三舍，不敢与之竞争。

为什么奇美公司有如此强大的竞争力呢？这得益于公司董事长许文龙的“无为而治”的管理方式。虽然许文龙挂着董事长的头衔，但这是一个十足的虚名，他就像英国女王一样，对企业内部的大小事，根本就不参与管理，而是全部授权给部属。许文龙从来不做任何书面的指令，即使偶尔和主管们开会，也只是闲聊家常。很多时候，他甚至根本不知道公司的图章放在哪里，更奇怪的是，他连专门的办公室都没有。因为他很少在办公室，而是经常开车去外面钓鱼。

有一次，他在外面钓鱼时，突然遇到大雨，于是他就开车去公司避一避雨，顺便看一下公司。当员工看到他时，竟然惊讶地问道：“董事长，没有事你来干什么？”他想了想说：“对呀！没事来这干什么？”说完，一溜烟地开车离去了。

许文龙的例子启示我们，老板一定要信任员工，充分放权。“无为”并不是什么都不做，你别看许文龙什么都不做，实际上他对奇美的发展情况心明如镜。“无为”是让企业在制度、文化的规范下，非常自然有效地运行，就像钟表上了发条，尽管你不在钟表旁，但是它不会因为你的离开而停止运行。

海尔集团的董事长张瑞敏曾说：“我经营海尔主要是无为而治。我只抓大事，企业的大事就是文化、组织和战略。”在张瑞敏看来，“无为”中有“有为”，他认为“无为”就是企业的价值观，它是无形的，但是非常重要。在这个无形价值观的指导下，可以产生有形的企业发展成果。张瑞敏说："所谓的'超级领导'，就是当你的下属没有你的管理时，仍然能够正常工作。"

反观一些中小企业的管理者，就缺乏无为而治的勇气和自信。据一份权威的调查分析报告称："中国企业每个层次上的管理者，大概都把80%的时间用于管理，把20%的时间用于工作上。"许多管理者习惯于崇拜自己、相信自己，对员工不放心，经常不礼貌地干预员工的工作，从始至终都不敢放开下属的手，每个环节、每道关他们都要严把。管理者忙得团团转，到最后企业却在生存的边缘上苦苦挣扎。究其原因，就是因为管理者管得太多造成的。

因为管得太多，管理者终日疲于奔命，没有精力抓制度、抓战略、抓落实，因而很难取得工作实效；因为管得太多，管理者顾此失彼，漏洞百出，问题层出不穷，使企业利益严重受损；因为管得太多，员工的积极性和创造性会严重受挫，会变得越来越束手束脚。时间一长，企业就会缺少活力，缺乏生机。

管理者管得太多，对员工的危害是致命的。在这方面，我们可以用"大象理论"来加以阐述。大象小的时候，饲养员用一条铁链将它拴住，使它无力挣扎。时间久了，大象就失去了挣扎的习惯，习惯了铁链。直到它长成大象，原本力气足够大，可以轻而易举地挣脱铁链时，它也不去挣脱。

其实，领导者对员工管理过多、管理过严，最终也会把员工变成不想挣脱铁链的"大象"。员工会习惯性地依赖管理者，而不会积极地思考、创新，不会独立地、自信地完成工作。在这种情况下，员工不可能获得成长，不可能变得出色。

因此，管理者应该从一开始，就放开拴住"小象"的"铁链"，即使你觉得员工能力不够，也要给他机会去尝试、去锻炼、去成长。这样，他们才有可能成为中流砥柱式的人物，分担你的压力，帮你实现"无为而治"的管理愿景。

7. 领导者加强自我修炼，是“简约管理”的第一步

领导者如果想获得优秀的人才，首先应该加强自我修炼，让自己充满人格魅力。这样一来，人才自然会登门拜访，主动加盟你的平台，为你效劳。

人格魅力来源于领导者的品格、素质、知识、能力、道德修养等，人格魅力越大，权威性越大，影响力越大，对优秀人才的吸引力自然就越大。因为跟着有魅力的领导打天下，是绝大多数优秀人才渴望的事情。

联想集团的创始人柳传志就是一个有魅力的领导者，他把“其身正，不令而行”这句话挂在办公室的墙上，用来勉励自己。联想公司由20万元起家，发展成为如今资产上百亿的大型集团公司，成为中国电子工业的龙头企业，这与柳传志的个人魅力有巨大的关系。

柳传志说过：“创业的时候，我没高报酬，怎么吸引人？就凭着我多干，能力强，拿得少，来吸引住更多志同道合的老同志。”这句话充分展现了柳传志个人魅力对人才的吸引力，因为一家企业在创立之初，公司无法给员工提供高报酬，但柳传志却能身先士卒，多干、少拿，并且他的能力强，大家有目共睹，大家觉得跟着他干有前途，自然愿意跟在他身边。

下面这段话，从某个角度也能反映出柳传志的领导魅力。

“要部下信你，还要有具体办法，通过实践证明你的办法是对的。我跟下级交往，事情怎么决定有三个原则：同事提出的想法，我自己想不清楚，在这种情况下，肯定按照人家的想法做；当我和

同事都有看法，分不清谁对谁错，发生争执的时候，我采取的办法是，按你说的做，但是，我要把我的忠告告诉你，最后算后账，成与否要有个总结。你做对了，表扬你，承认你对，我再反思我当初为什么要那么做。你做错了，你得给我说明白，当初为什么不按我说的做，我的话，你为什么不认真考虑；第三种情况是，当我把事想清楚了，我就坚决地按照我想的做。”柳传志如是说。

身为公司的领导者，想必你也有过替人打工的经历，在你选择一家公司时，什么因素最吸引你？工资待遇、工作环境、晋升空间，还是事业前景？对于一个目光远大的人来说，肯定会选择事业前景，而跟随一个有魅力的领导打天下，市场前景是最光明的。

这一点在很多历史人物身上，都有很好的体现。比如，常山赵子龙一开始追随袁绍，但是不被袁绍重用，于是转投白马公孙瓒，但他发现公孙瓒魅力不够，跟着他没有什么前途，直到遇到刘备，他才觉得遇到了明主，从此跟随刘备南征北战，创业打天下。

我们不得不承认，领导者的魅力对人才的感召的重要性。不信的话，我们可以举一个例子：两家实力相当的公司看中了一个人才，给出的待遇也差不多，其中一家公司的领导者涉嫌偷税漏税、走私，还有克扣员工工资的劣迹，而另一家公司的领导正直廉洁，多次受到媒体的褒奖，试问，如果让你选择，你会选择去哪一家公司发展？一般来说，脑子正常的人，都会选择后一家公司，这就是领导者魅力的吸引力。

想一想，为什么全世界的精英都想去微软公司一展身手？这在很大程度上，是因为微软公司及其领导者本身魅力的吸引。微软公司的创始人比尔·盖茨中途退学，其勇气和魄力可见一斑，在他的经营下，微软公司从一家小公司发展成为全球最大的软件公司，其能力可见一斑。比尔·盖茨的勇气、魄力、能力等，都是吸引人才的地方，甚至很多人觉得在比尔·盖茨麾下工作，是一种无上的荣耀。

所以，领导者一定不能忽视个人魅力对工地的影响。要知道，你的形象对公司来说，就如同一面镜子，你时刻向外反射着公司的情况。那么，领导者的魅力主要表现在哪些方面呢？

（1）重视人才，爱惜人才

领导者吸引人才的前提是重视人才，爱惜人才。赵云当初之所以投靠刘备，是因为他知道刘备重视人才，知道刘备赏识他。如果刘备不重视人才，不赏识他，就算刘备魅力再大，恐怕赵云也不会为他卖命。

福特汽车公司是一家名气很大的公司，该公司的显著特点是：器重人才。有一次，公司的一台马达发生了故障，怎么也修不好，最后请人找来一个名叫斯坦曼的人来修。斯坦曼来了之后，看了看出故障的机器，然后指着电机的某处说："这儿的线圈多了16圈。"当他去掉16圈线后，电机马上运转正常。福特当即觉得斯坦曼是个人才，邀请他来公司。但斯坦曼说，自己的老板对他很好，他不能离开。没想到，福特对他说："我把你所在的那家公司买下来，你就可以来我这里工作了。"结果，福特真的买下了那家公司。

常言讲"三军易得，一将难求"，企业竞争最终归结于人才之间的竞争。企业领导者只有重视人才，爱惜人才，并想方设法招贤纳士，让人才看到你的诚意，你才能打动他们。

（2）礼贤下士，拥有优秀的人格

齐桓公得管仲，靠的是人格魅力，结果管仲帮他成就了一番春秋霸业；秦始皇得韩非子、李斯，靠的也是人格魅力，结果统一天下；刘邦得萧何、张良、韩信的辅佐，也是靠人格魅力，最后打败项羽，建立汉朝。纵观古今中外，得人才者得天下，如何得人才？靠的是领导者优秀的人格所产生的感召力。一般来说，优秀的人格包括"仁、义、礼、智、信、温、良、恭、俭、让"等传统美德，拥有这些品行的领导者，才能称之为品德高尚的人。

身为领导者，一定要充分认识到学习的紧迫性，认识到只有不断提高知识素养，才能紧跟时代的步伐，成长为优秀的领袖。要知道，没有人天生就是卓越的领袖，而学习是唯一的途径。只有不断学习，善于学习，你才能拥有渊博的知识，才可能在观察问题和分析问题时保持敏捷的思维、抓住转瞬即逝的机遇，带领企业展翅高飞。

8. 大胸襟、大气魄，成就卓越的领导者

企业管理是一个做人做事的过程，在这个过程中，领导者能否做到大肚能容、宽厚待人，能否做得到眼观六路、耳听八方、胸怀全局、心怀天下，很大程度上决定了企业能长远地发展。因为宽厚待人，才能广结人缘，才有可能得到员工的支持，因为胸怀全局，才不至于目光短浅，捡了芝麻丢了西瓜，这是一种大气魄。

很多时候，大胸怀与大气魄是紧密联系的，很容易理解的一点就是：大胸怀表现为不与人计较，为的就是从长远来看，与人为善，使自己多一个朋友，少一个敌人。这一点在企业管理中显得尤为重要。有些领导者嫉贤妒能，害怕下属抢了自己的风光，于是处处打压下属，这就是典型的缺少胸怀和气度的表现。

提到三国时期的周瑜，很多人就会产生刻板印象，认为周瑜嫉妒心强，心胸狭小，其实并非这样的。程普是东吴的老将，他原先与周瑜不和，两人关系相当紧张，但是周瑜并没有因程普对他不友好而报复。相反，他把程普的不友好抛之脑后，选择了大度宽容，后来，程普被他的宽宏大量感动了，两人成了挚友。程普还用“饮醇醪自醉”来评价与周瑜的交往，意思是与周瑜交往，就像喝了又浓又醇的美酒，让人神清气爽。由此可见，大胸怀是化解矛盾、消除隔阂的良药。

企业管理者不但要在做人方面有大胸怀，还要在做事方面有大

气魄，这样才能让你的领袖气质影响更多的员工。李嘉诚当年创办塑胶厂时，将厂子的名字定为“长江”，他的解释是：“长江不择细流，故能浩荡万里。长江之源头，仅涓涓细流，东流而去，容纳无数支流，形成汪洋之势。日后的长江塑胶厂，发展势头也会像长江一样，由小到大。”

在做人做事做生意的过程中，李嘉诚总是提醒自己多一点大度、多一点让利。他说：“重要的是首先得顾及对方的利益，不可为自己斤斤计较。对方无利，自己也就无利。要舍得让利使对方得利，这样，最终会为自己带来较大的利益。我母亲从小就教育我不要占小便宜，否则就没有朋友，我想经商的道理也该是这样。”正是这种胸怀天下的大志向和大气魄，促使李嘉诚不断将事业做大做强。

无独有偶，格力集团的董事长董明珠也是一个拥有大胸怀和大气魄的人。在营销界，她被誉为传奇人物。这不仅在于她为格力创造了前所未有的营销模式，更在于她对营销保持着与众不同的态度。

很多人在搞营销时，都会陪尽笑脸、说尽好话，跟在客户身后，服务周到，但是董明珠搞营销却不这样，她总是开宗明义地告诉客户：如果你不按我的规矩来，就别和我玩这个游戏。结果，客户围绕在她身边抢着付钱，还对她保持 12 分的敬佩。这到底是怎么回事呢？

有人曾问董明珠：“你怎么敢肯定，客户会按照你的规则跟你玩游戏呢？”董明珠说：“因为我的出发点不是我个人的那一点眼前利益，我手中把握的是合作双方的长远利益。”看到这样的回答，我们就不难理解为什么客户愿意与他合作了。

另外，董明珠还是一个有大气魄、大格局的领导者，她的一位下属曾表示：“董总特别善于观察，而且反应敏捷，在你还没开口之前，她已经知道你要什么；她也会让你明白，她手里掌握的正是你想要的——她永远控制着大局的进程。”

领导者的大气魄、大格局很大程度上，表现为企业战略的制定和企业长远的规划上。就像董明珠这样，站在“大格局”的角度上，统筹内部和外部的一切资源，将利益最大化发挥得淋漓尽致。这一点在威盛电子董事长王雪红身上也有典型的表现。与董明珠向营销渠道的强权发起挑战大同小异，王雪红在威盛电子创立不久，就敢于向行业巨头英特尔叫板，结果一战成名。

王雪红向英特尔挑战并不是哗众取宠、借故炒作威盛的知名度，而是因为她从一开始就看准了中国电子公司不能永远都做“高级作坊”的趋势，必须拥有自己的芯片技术。结果，威盛在她的领导下，一点一点做技术，一点一点赢得市场，最终的结果是威盛和英特尔、AMD 并称为全球三大芯片生产商。

敢于挑战是大气魄，这需要勇气，需要胸怀，需要长远的规划和大格局上的把控。企业领导者就应该具备这些素养，要学会着眼未来，积极地为明天准备；要学会掌控全局，判断企业的健康情况，以此掌控企业的运营和走向。